*Harald Jele*
*Die Wut in mir*

Harald Jele

# Die Wut in mir

*Fünf Erzählungen*

Bibliografische Information der Deutschen Nationalbibliothek.
Die Deutsche Nationalbibliothek verzeichnet diese Publikation in der Deutschen Nationalbibliografie; detaillierte bibliografische Angaben sind im Internet unter http://www.dnb.de abrufbar.



Helmholtzstr. 2–9
10587 Berlin
Umschlag: Jasmin Plawicki nach einem Motiv von Clara Jele
Druck und Bindung: Totem - Inowrocław - Polen
ISBN 978-3-96543-434-9
www.lehmanns.de

## Inhaltsverzeichnis

*Ο καθένας μπορεί να θυμώσει, είναι εύκολο. Αλλά να θυμώσεις με τον σωστό άνθρωπο, στο σωστό βαθμό, για τον σωστό λόγο, τη σωστή στιγμή και με τον σωστό τρόπο, αυτό δεν είναι καθόλου εύκολο.*

*Jeder kann wütend werden, das ist einfach. Aber wütend auf den Richtigen zu sein, im richtigen Maß, zur richtigen Zeit, zum richtigen Zweck und auf die richtige Art, das ist schwer.*

*Aristoteles - Nikomachische Ethik*

## Das Gewicht der Wut

An manchen Tagen wünschte ich mir, die Welt wäre ganz ohne Wut und Zorn. Dafür aber sollten Friede und Freude vorherrschen. Denn dann sähe ich sie ganz und gar unverstellt, durchsichtig, hell und klar. Nur sonnige Farben würden den Alltag prägen, alle Finsternis wäre schlichtweg nicht vorhanden und wenn doch, dann schnell vergessen. Kein Lärm würde stören, keine lauten oder gar schrillen Töne, die einem die Trommelfelle platzen ließen, wären zu vernehmen. Und immer dann, wenn ich einer solchen, vielleicht allzu romantischen Stimmung nachhänge, weiß ich natürlich gleichzeitig auch, dass die Wut wichtig ist in dieser Welt, dass es ohne sie nicht ginge, auch wenn dies vordergründig nicht unbedingt sofort einsichtig sein mag.

Denn die Wut ist heftig und mächtig. Sie kann sich vom kleinen, harmlos scheinenden Ärger bis hin zum ausgewachsenen Zorn entwickeln. Sie kann Menschen spalten und einst Schönes willkürlich zerstören, bis davon nichts mehr vorhanden ist. Ist die Wut einmal am Tapet angekommen, ist sie so schnell nicht mehr einzubremsen und aufzuhalten, denn die Wut ist voll wilder Energie, wie kaum ein anderes Gefühl. Sie treibt einen jeden, von dem sie Besitz genommen hat, bis zur Erschöpfung an, denn sie beschützt uns effektiv vor allerlei Angriffen und Bedrohungen von außen, die einem ohne sie leicht zu viel werden können und einen nicht selten aus der inneren Mitte, dem Gleichgewicht der Gefühle, drängen. Entfaltet die Wut all die ihr innewohnende und plötzlich frei werdende Energie, muss diese schließlich irgendwo hin, muss sich entladen können, der Mensch wieder zur Ruhe kommen und zurück zu sich finden. Nur, die Wut ist ein Gefühl, das nicht einfach plötzlich weg ist, das sich einmal entlädt und dann verpufft wie ein schlechter Geruch. Nein, sie bleibt dann noch ein wenig. Ganz und gar abwartend. So, als würde sie sich fragen, ob sie vielleicht nicht doch noch gebraucht würde und dafür Reserven anzubieten hätte.

So effektiv und so hilfreich die Wut für den Einzelnen auch sein kann, so schlecht ist zugleich ihr Ruf. Denn Wut kann einen zumindest auf einem Auge blind machen und mit großer Wucht Kollateralschäden verursachen, die so keiner je wollte. Nur, der Ruf allein wird ihr nicht immer gerecht.

Würde ich in meiner, von mir manches Mal romantisierten Welt leben, nur Friede, Freude und Glücklichsein empfinden, würde mich dieser Cocktail an Gefühlen antreiben, immer mehr und mehr davon haben zu wollen. Ein Bremsen würde es nicht geben, denn ein solches würde ich in meinem, mich ständig selbstbestätigenden, Leben nicht brauchen. Es wäre an einem Tag schön, am nächsten schöner und irgendwann würde ich brennen von der immergleichen Bestätigung, mehr und mehr davon haben zu wollen. Aus dem anfänglichen Brennen vor Glück würde ungebremst zunehmend ein Verbrennen am Glück werden. Manisch angetrieben von den mich bestärkenden Glücksgefühlen würde ich, von mir allzu lange unbemerkt, schließlich verglühen. Es sei denn, andere würden einspringen, würden mir helfen, mein Tempo zu drosseln, mir Fahrt aus den vollen Segeln zu nehmen und es schaffen, mich zurückzuholen in Richtung der gedachten Mitte aller Gefühle. Denn dort liegt, gut verborgen, das Glück.

I

## Philipp – In den Ferien

*Unbestritten ist, dass bei Kindern bestimmte Persönlichkeitsmerkmale überzufällig häufig mit Delinquenz im Allgemeinen und Gewaltdelinquenz im Besonderen verknüpft sind. Zu ihnen gehören Impulsivität, Risikobereitschaft, sensationssuchendes Verhalten, reduzierte Empathiefähigkeit und Extraversion. Von großer Bedeutung sind ferner soziale Einflüsse wie niedriger sozioökonomischer Status, Vernachlässigung, Alkoholismus und/oder Drogenkonsum in der Familie, körperliche und/oder sexuelle Misshandlung.* [1]

Ich liebe diese heißen Tage im Sommer, wenn die Zeit der intensiven Augustregen noch nicht gekommen, nichts von der drohenden Schwüle der sich dann rasch anbahnenden Gewitter zu bemerken ist und die Sonne am Horizont so hoch steht, dass die umliegenden Bäume zur Mittagszeit einen tiefschwarzen Schatten zu ihren Wurzeln hinabwerfen, der in seiner gefräßigen Finsternis mitten am Tag augenblicklich alles verschwinden lässt, was er in sich aufnimmt. Dann begebe ich mich an jenen Ort, der in meiner Kindheit ein ganz besonderer war. Er war nie ein besonders schöner oder gar einer, an den ich mich noch heute gerne erinnere, aber doch einer, der mit mir und meinem weiteren Leben schicksalhaft verbunden ist. Er ist einer jener Plätze, die man entweder unbewusst aufsucht, weil sie einen mehr anziehen, als man bewusst wahrnimmt, oder in meinem Fall einer jener, die man aufsuchen muss, weil sie zutiefst mit Erlebtem und Erfahrenem verknüpft sind, sodass man ihnen nicht entkommt. Wenn ich es zudem schaffe, zu mir selbst ganz offen und ehrlich zu sein, dann muss ich mir eingestehen, dass dieser, für andere bloß schöne und vielleicht liebliche Ort, sich für mich mit der Zeit in einen durch und durch schrecklichen verwandelte, dem ich mich nun schon lange mit all seiner Bitterkeit stellen muss.

Lange habe ich ihn gemieden, habe mich angestrengt ferngehalten von ihm, habe ihn ignoriert, wie ich nur konnte. So, als würde er nicht existieren, ganz so, als hätte es ihn nie gegeben, damals nicht und auch heute. Doch das Leugnen dieses Ortes und der damit untrennbar verbundenen Tat brachte mich nicht weiter, brachte mir im Gegenteil oft eine quälende Düsternis in meine Gedanken und ließ mich als sehr fröhliches und offenherziges Kind, das ich einmal war, mehr und mehr verstummen. Und ich ahnte, beziehungsweise wusste damals bereits, dass ich mich diesem Platz, dem eigentlichen Geschehen und damit letztlich meinem inneren Selbst stellen muss, damit ich nicht gänzlich verkomme und ich die mich immer noch peinigenden Albträume meiner späteren Jugend endlich würde ablegen können. Denn rasch und äußerst erfolgreich hatte eine undurchdringliche, alles zudeckende Finsternis die entsetzlichen Abgründe meines ehemals noch kindlichen Tuns zugedeckt, und es war später unsagbar schwer, hinabzusteigen in die Tiefen des gänzlich Verschütteten, um dieses in mühsamer Kleinarbeit Stück für Stück wieder freizulegen und erste Klarheit darüber zu gewinnen, was zu dieser Zeit tatsächlich geschehen war.

Um an jenen, bei vielen Alteingesessenen unter den Spaziergängern besonders an den langen Wochenenden beliebten Ort zu gelangen, der äußerst idyllisch auf einer kleinen, im Hinterland bewaldeten Anhöhe im Süden dieser Kleinstadt, inmitten von sehr viel Nichts, liegt, bedarf es eines einfachen Fußmarsches, der zwar einen richtigen Ausflug nicht auszufüllen, einem Vormittag aber doch die eine oder andere Stunde zu stehlen vermag. In der Zeit, als wir noch Kinder und später zu aufmüpfigen Jugendlichen herangewachsen waren, konnte man diesen Platz von unten gut erkennen. Einen zweiten oder gar dritten

Hügel gab es in dieser Himmelsrichtung nicht. Eine Verwechslung mit anderen, ähnlichen Plätzen war somit so gut wie ausgeschlossen. Man musste bloß des Mittags zur Sonne aufschauen und schon streifte man ganz automatisch jenen Punkt, der sich oben, in der beglatzten Mitte der im Westen sanft ansteigenden Erhebung, deutlich abzeichnete. Zu Füßen dieser Anhöhe lagen in den Ausläufern kleinerer Gräben einst Wiesen und Felder, die von den Bauern der Umgebung intensiv bewirtschaftet wurden und deshalb nicht immer dazu einluden, durch sie hindurch den kürzest vorstellbaren Weg zu nehmen. Auf den Wiesen stand im Sommer das Vieh, das einem rasch die Idee nahm, die vorstellbare Ideallinie anzustreben. Stattliche und durchaus wehrhafte Kühe mit ihren jungen Kälbern schauten uns finster und sehr bestimmt entgegen, wenn wir, an einem der Zäune angekommen, den Eindruck hinterließen, in ihr Revier eindringen zu wollen, was wir dann zumeist lieber unterließen. Die Felder hingegen waren während der Sommermonate in dichten Reihen mit dem bereits hochstehenden Getreide bewachsen, das von Jahr zu Jahr mal höher, mal weniger hoch aufragte, und einem im Sommer ein Durchkommen nicht ermöglichte, ohne beträchtlichen Schaden an der Ackerkultur anzurichten, der aufgrund seines zu Boden getretenen Musters uns Kinder wohl allzu leicht verraten hätte.

Heute allerdings stehen dort, wo einst das Vieh friedlich weidete, dicht an dicht angelegte, parallel verlaufende Reihenhauszeilen, die den freien Blick auf das damals nach drei Seiten weit geöffnete Land einschränken. Mit ihren dazwischenliegenden Carports und Garagen, den Pools und Trampolinen hinter den einzelnen Einheiten und den parkenden Zweit- und Drittwägen davor, wirken sie von oben wie ein fein gearbeitetes, gleichmäßig angelegtes Muster, das nur an einigen wenigen Stellen leichte Unregelmäßigkeiten aufweist, die davon herrühren, dass doch noch nicht alle Nachbarn drei Autos ihr Eigen nennen und der eine oder andere auf den Bau eines Pools bislang verzichtet hat. Die dichte Bebauung am Ortsrand verhindert nicht bloß den freien Blick auf ganze Teile des Wohngebiets, sondern auch auf genau jenes Haus, in dem einst mein Onkel und meine Tante wohnten und das heute ziemlich verwahrlost und halb verfallen zwischen lauter Neubauten ein wenig attraktives Aussehen zur Schau stellt. Beide sind sie längst verstorben, meine Tante früh, mein Onkel als betagter Mann, der eines Tages nicht mehr vor seinem Haus erschien und ein beherzter Nachbar Nachschau hielt. Zu diesem Zeitpunkt lebte der Onkel noch, zwar stark unterkühlt und fast verdurstet. Ein paar Tage später verstarb er jedoch im Krankenhaus und seither ist es ungewiss, was mit dem kleinen Haus auf dem großen Grundstück passieren wird.

Im Haus selbst hängen auch heute noch jene schweren, samtroten Vorhänge im Schlafzimmer, die mir damals anzeigten, ob sich meine Tante bereits zum Schlafen niedergelegt hatte oder nicht. Denn wenn sie Ruhe und Erholung in ihrem Bett suchte, schloss sie diese ganz fest, sodass kaum Tageslicht hindurchdrang und das Zimmer auch im Hochsommer in eine düstere Höhle verwandelte, in der sie sich regelmäßig verkroch, die Außenwelt vergaß und für niemanden ansprechbar war. In diesem Zustand durfte sie in keinem Fall gestört werden. Nur mein Onkel durfte sie dann, ganz behutsam und sachte in ihrem Zimmer aufsuchen, um zu erkunden, wie es ihr denn ging und ob sie in absehbarer Zeit wieder ihr Bett verlassen wollte. Heute sind die Vorhänge jedoch längst nicht mehr rot, denn ihre aktuelle Farbe lässt einen eher vermuten, dass diese einst braun gewesen sein mussten. Doch der direkte Blick dorthin ist durch die rege Bautätigkeit längst verstellt und man kann aus einem sehr experimentell anmutenden Winkel mehr raten als erkennen, ob man denn das besagte Fenster nun sieht oder nicht.

Das Fenster und die Vorhänge waren nicht immer das einfachste Mittel, um herausfinden zu können, ob's der Tante gut ging und sie im Haus zugange war. Bevor nämlich Onkel und Tante mit dem Wenigen, das sie hatten, beschlossen, auf der geerbten Wiese ein eigenes Haus zu bauen, wohnten sie unweit am elterlichen Hof. Dort hatten sie, aber erst nachdem sie geheiratet hatten, ein großes, gemeinsames Schlafzimmer, nur sonst nichts Eigenes. Das Bad, die Toiletten, die Küche, einfach alles mussten sie teilen. Nicht nur mit ihren Eltern, sondern zudem auch mit ihren vier Brüdern, die allesamt jünger waren und damit wohl noch länger auf dem Hof bleiben würden. Das störte soweit niemanden, außer die Tante. Diese forderte ständig und vehement mehr Freiraum für sich ein, obwohl allen, und wohl auch ihr, klar war, dass sie die Erste sein würde, die ihr vorzeitiges Erbe antreten und mit ihrem Mann ein Wohnhaus errichten würde. Die Brüder waren untertags nicht zu sehen. Sie gingen ihrer Wege. Zwei waren selbst zu Bauern geworden und hatten Felder zu bestellen und Vieh zu versorgen, der Vorzeigesohn war zum Studieren in die Hauptstadt geschickt worden und der vierte soff sich schon in jungen Jahren zugrunde, sodass er frühzeitig in ein Heim für betreutes Wohnen gesteckt wurde, von dem man hoffte, dass es ihn nicht so schnell wieder in die Freiheit und zu seinen Kumpanen entlassen würde.

So war die Familiensituation meiner Tante, wie ich sie kennengelernt und einen Sommer lang selbst am Leib erfahren hatte. Mein Onkel spielte, wohl wie immer, keine oder nur eine ganz kleine Rolle in dieser Familie. Er verschwand tagtäglich sehr früh aus dem Haus, zur gleichen Zeit, wenn die anderen morgens in den Stall gingen, um die Tiere zu versorgen, die dann meist schon laut und eindringlich zu rufen begonnen hatten, ging flink die kurze Strecke hinüber zum Zug und nach einer kurzen Fahrt weiter ins Büro. Am Abend tauchte er mit einem der vielen Pendlerzüge wieder auf und sah ganz frohgemut den anderen zu, wie sie, einer nach dem anderen, im Haus nach getaner Arbeit wieder eintrafen und sich anschließend ordentlich wuschen, bevor sie zum gemeinsamen Abendessen in der Küche erschienen. Die Funktion meiner Tante war, sich um das Essen, das Einkaufen und das

Kochen zu sorgen. Da sie sich letztlich aber niemals darum kümmerte, sondern sich dafür lieber über Stunden in ihrem Zimmer einsperrte und auf kein Rufen oder gar Bitten reagierte, übernahm schließlich die Magd diese Arbeiten. Diese schickte am Vormittag einen der verfügbaren Buben zum Einkaufen und kochte und putzte zwischendurch. Ganz so, wie es eben ging, mal einfacher, mal gründlicher. Nur ich wurde dazu nie herangezogen. Ich blieb bei diesem Ganzen außen vor. Lange dachte ich, dass ich einfach noch zu jung dafür wäre, um Einkäufe zuverlässig zu erledigen. Bald aber bemerkte ich, dass auch Gleichaltrige hin und wieder zum Zug kamen, geschickt und dafür auch belohnt wurden. Aber vielleicht lag dieser Umstand daran, dass ich hier zu Gast war und die Magd mich in jene Gruppe einordnete, die gekommen war, um sich zu erholen und damit zum Nichtstun verurteilt wurde.

Ganz richtig wäre die Magd mit dieser Einschätzung nicht gelegen, aber zudem auch nicht ganz falsch. Richtig war, dass mich meine Eltern regelmäßig zu Onkel und Tante in die Ferien verschickten, weil sowohl mein Vater als auch meine Mutter berufstätig waren und über deutlich weniger Freizeit verfügten als ich. Die beiden waren jedoch zu dieser Zeit noch ohne Kinder, die Tante zudem weder berufstätig noch auf dem Hof wirklich unabkömmlich. Daraus schlossen meine Eltern, ich könne doch einen größeren Teil meiner Sommerferien dort verbringen, auf dem Hof ein wenig mithelfen, mich mit den Kindern der Umgebung anfreunden und so Spielkameraden finden, mit denen ich über die Wiesen und Felder tollen konnte.

Letzteres fiel mir leicht, denn ich hatte unglaublich viel Zeit für mich und alles was noch kommen konnte. Nachdem ich morgens aufgestanden war, stellte mir meine Tante wortlos einen Krug Milch hin, dazu eine der vielen angeschlagenen Tassen und strich mir ein Butterbrot. Wenn sie sich um zweiteres kümmerte, wusste ich, dass die Chancen auf einen guten Tag gar nicht schlecht standen. Denn dann begann die Tante neben mir eine Liste für den Einkauf zu schreiben. Ich verzehrte das Brot, trank die Milch bis auf den letzten Schluck und sah ihr zu, wie sie mit ihrer ungelenken Schrift und der mangelhaften Rechtschreibung die Einkaufsliste aufsetzte, genau so, als würde es sich um ein hochheiliges Schriftstück handeln, das ganz besonderer Aufmerksamkeit und Hingabe bedurfte. Manchmal stand sie dabei auf, hielt sich den Stift an die Lippen, hob den Kopf und ging nach langem Überlegen in die Speisekammer, um sich anschließend wieder an das Schreiben zu machen. Hatte sie hingegen keinen guten Tag, was deutlich öfter vorkam, blieb sie stumm neben mir sitzen, starrte ein wenig auf das Wachstischtuch, den Milchkrug und die offene Butter und schien ruhelos etwas zu suchen, woran sie ihren Blick festmachen konnte. Hatte sie schließlich dieses Etwas gefunden, starrte sie schier endlos auf genau diesen Punkt, der sich nach langem Suchen schließlich doch immer wieder ergab und blieb, wie zur Säule erstarrt, noch weiter am Tisch sitzen, während ich mich aus den sich für sie scheinbar ergebenden Verstrickungen befreite, die meine Tante wie gefangen hielten. Wie lange sie dann dort saß und weder vor noch zurück konnte, um schließlich den steilen und mühsamen Weg in ihr Schlafzimmer anzutreten, wusste ich nie zu sagen. Die Konsequenz daraus war, dass dann eben die Magd einsprang, kurzerhand alle Hebel in Bewegung setzte und sich flink, wie mit großer Leichtigkeit, um alles Weitere kümmerte.

Ich schlüpfte dann geräuschlos aus dem Haus und verzog mich in den alten Gemüsegarten, der auf diesem Hof in jeder Hinsicht so gut gedieh, dass man sich allein beim Durchstreifen leicht an das Paradies auf Erden erinnert fühlen konnte. Angelegt war er wie viele der damaligen Bauerngärten. Umrandet von einer Vielzahl an blühenden Staudengewächsen und bunten Blumen, zogen sich zur Mitte hin eine Reihe von lockeren Furchen, in denen, abwechselnd gesetzt, die Gemüsepflanzen wuchsen. Ganz in der Mitte befanden sich schließlich eine Vielzahl an Kräutern, manche davon blühten abwechselnd den halben Sommer über. Für mich jedenfalls war dieser Platz ein wirklicher Garten Eden. Die wenigsten Pflanzen bekamen ein Übermaß an Aufmerksamkeit und trotzdem wuchsen alle gleich gut und so üppig, dass mein vormittäglicher Ausflug zu den Tomatenstauden und den weit aufgerichteten Karotten nicht weiter ins Gewicht fiel und ich an vielen Tagen nicht einmal annähernd das essen konnte, was seit meinem letzten Aufenthalt nachgewachsen war.

Vom Garten aus sah ich zudem hinaus auf den anliegenden Feldweg, der von der nächsten Siedlung kommend, parallel zu den Bahngleisen nach Osten führte. Dort waren, in einiger Entfernung zum Hof, ein paar Neubauten entstanden, in denen sich Familien mit Kindern in meinem Alter niedergelassen hatten. Und diese radelten am Vormittag über den Feldweg hin und her und winkten mir jedes Mal zu, wenn ich rechtzeitig unter einer Gemüsestaude hervorlugte und dann freudestrahlend zurückwinkte. Eines Vormittags aber blieben die Kinder im Vorbeiradeln stehen. Es waren zwei Brüder, die sich überhaupt nicht ähnlich sahen, und die von mir deshalb lange als solche nicht erkannt wurden sowie ein Mädchen aus der Nachbarschaft, das man ob ihrer ungezügelten und offen zur Schau gestellten Wildheit für einen Buben hätte halten können. Die langen blonden Haare, die damals unter den Knaben am Land nicht sehr verbreitet waren, ließen einen aber automatisch darüber nachdenken, ob dieser vermeintliche Bub nicht doch ein Mädchen wäre.

Gleich beim ersten Kennenlernen nahmen mich die drei mit und, für die restlichen Wochen meiner Ferien, auf in ihren Freundeskreis, der zumindest während der freien Sommertage überwiegend aus ihnen, und ab nun auch aus mir, bestand. Die drei wohnten, Zaun an Zaun, keine 500 Meter vom Hof meiner Tante entfernt. Die Tante schlief wieder einmal fest, vom Tageslicht dicht abgeschirmt, in ihrem verdunkelten Zimmer und schon länger drang kein Laut heraus. Manchmal hörte man sie ein wenig rumoren, ohne dass ich die Geräusche eindeutig hätte zuordnen können, an anderen Tagen sprach sie laut mit sich selbst, ganz so, als müsste sie ihre Situation jemandem mitteilen, der momentan gerade nicht verfügbar war. In diesem Augenblick war somit keiner anwesend, der mir hätte verbieten können, den Garten zu verlassen und einfach mit meinen neuen Freunden mitzugehen. Also setzte ich mich auf den Gepäckträger des größten der drei Fahrräder und freute mich, augenblicklich die furchtbare Langeweile hinter mir zu lassen und neugierig in ein unbekanntes, vor mir sich gerade ausbreitendes Abenteuer aufzubrechen. Die Zeit, die mit dem Beginn dieser Freundschaften für mich anbrach, war eine, die schöner im Leben eines Buben nicht hätte sein können. Jeden Tag galt es, neue Ecken der Ortschaft zu entdecken und die Ortschaft gab für ein mutiges Entdeckerleben überraschenderweise zudem einiges her. Am seicht dahinplätschernden Bach, der hinter dem Siedlungsrand im Osten verlief, konnte man mit dem bei höherem Wasserstand reichlich angelandeten Schwemmholz fantastische Biberdämme bauen, um anschließend hinter den aufgestauten Wasserflächen auf fest zusammengebundenen Flößen quasi über die neu erschaffenen Meere zu fahren. Vorbeikommende Spaziergänger konnte man durch verstellte Rufe aus dem verwachsenen, undurchsichtigen Bachufer überraschen oder, je nach Laune des Tages, auch kichernder Weise irritieren. Und manchmal reichte uns Kindern auch das Vorhaben, dort, im kühlen Wasser, einfach nur baden zu gehen und uns die Haut von der heißen Sommersonne bräunen zu lassen, sodass die Eltern nach den Ferien den Eindruck haben mussten, dass ihr Kind gut erholt, bestens gelaunt und sonnengegerbt wieder nach Hause kam.

Ab diesem Zeitpunkt hatten für mich die richtigen Ferien begonnen. Ich war morgens und abends im Haus anwesend, zur Heuernte half ich den Arbeitern auf den Feldern und steuerte den Traktor im Schritttempo über die endlosen Wiesen immer stur geradeaus, aber ansonsten gab es für mich ausschließlich Abenteuer pur. Das schien auch meine Tante zu freuen, da sie sich offensichtlich keine Gedanken darüber machen musste, wie sie mich durch den Tag bringen sollte, und ich befreite sie mit meiner Eigenständigkeit anscheinend von einer schweren Last, die ohnehin nie vorhanden gewesen war.

So vergingen die Tage und die Wochen. Am Abend des letzten Ferientages verkündete meine Tante, dass ich in den kommenden Ferien noch um einiges mehr Spaß haben könnte, denn seit wenigen Wochen wusste sie bereits um ihre Schwangerschaft und fand den Zeitpunkt für gekommen, mir die Geburt meines neuen Cousins anzukündigen. Wenn ich also in einem Jahr wiederkäme, würde die Zeit mit dem Kleinen in der Familie um einiges schneller und noch viel abwechslungsreicher vergehen, meinte sie. Einen Namen würde es für den tapferen Buben auch schon geben, der sei aber noch eine Überraschung und ich müsse mich geduldig zeigen, wenn ich diesen erfahren wollte. Vor reiner Glückseligkeit strahlend stand sie, meine Reaktion abwartend, vor mir und hoffte wohl auf einen lauten Aufschrei der Freude oder gar auf die Wände durchdringende Jubelrufe. Ich aber starrte die Tante an und wusste nicht, was ich sagen sollte. Welchen Namen sie für das Kind vorgesehen hatte, interessierte mich in diesem Alter nur am Rande. Schließlich sagte ich, dass ich das toll fände und ich wusste, dass diese rasche Reaktion die pure Lüge war. Meine Felle, die ich den Sommer über mit großer Freude an mich gebracht hatte, sah ich plötzlich unaufhaltsam davonschwimmen. Nie mehr würde ich hierher kommen wollen und dafür lieber in eines jener Ferienlager ziehen, von denen meine größere Schwester regelmäßig mit Heimweh im Bauch und tief verheultem Gesicht nach Hause kam. Denn das war mit Sicherheit das geringere Übel, mit dem man die Sommermonate verbringen konnte. Was sollte ich hier, fragte ich mich, wenn ein Baby in die Familie von Onkel und Tante einziehen sollte, das dann vom Morgen bis zum Abend Betreuung brauchte, sich ständig aufgeregt und mitteilsam in den Mittelpunkt reklamierte und genau dann nicht schlafen wollte, wenn seine Eltern dieses für das Kind vorsahen? Genau solche Zustände kannte ich zur Genüge aus dem Umkreis meiner Schulkameraden. Alle, die in ihrem noch so jungen Leben von ihren Eltern mit einem kleinen Geschwisterchen belohnt worden waren, wurden letztlich mit ebendiesem tagtäglich bestraft. Kleiner Nachwuchs, große Last, hätte ich dazu gerne in jenem Kalender mit lauter schlauen Sprüchen gelesen, den ich regelmäßig von meinen Großeltern zum Geburtstag geschenkt bekam und davon mittlerweile sprichwörtlich einige auf Lager hatte.

Schließlich waren dann auch der Koffer und die Taschen gepackt und am Tag darauf sollte mich frühmorgens mein, die Ferien über sonst unsichtbarer, Onkel zum Zug bringen, in einen der durchfahrenden Waggone setzen und den Schaffner bitten, darauf zu achten, dass ich bei der Endhaltestelle ausreichend Hilfe bekam, um mit all dem Gepäck rechtzeitig aussteigen zu können. Bevor der Zug abfuhr, vergewisserte ich mich, dass ich für die lange Fahrt alles Notwendige in Reichweite hatte, und ich bedankte mich noch rasch und vielleicht ein wenig zu überschwänglich für die schönen Ferien. Daraufhin strahlte mein Onkel über das ganze Gesicht, ganz so, als hätte ihn diese unverhofft aufkommende Freude zumindest ein wenig überrascht, und er konnte, erleichtert über diesen positiven Abschluss, wieder nach Hause gehen. Mein Entschluss aber stand fest. Es würde noch im Herbst Abschiedsbriefe an meine neuen Freunde geben, in denen ich mich für immer und ewig von ihnen verabschiedete. Ich würde meine ewige Freundschaft, vielleicht sogar meine immerwährende Blutsbrüderschaft schwören, aber ab nun nicht mehr hierher zurückkommen können. Das wäre leider mein schwer zu ertragendes Schicksal, dem ich mich auf dem Weg vom Kind zu einem richtigen Mann von Charakter eben tapfer stellen müsste, dachte ich.

Ganz so kam es leider nicht. Denn bald nach den ersten Tagen im September begann wieder die Schule und damit der sogenannte Ernst des Lebens, wie ihn manche dort, im Leben nämlich, immer noch vermuten und wenn man als Kind auch eine absolut andere Zeitwahrnehmung hat, so kamen und vergingen in vorhersehbarer Manier Weihnachten und Ostern, begleitet von vielen freien Tagen, an denen sich meine Eltern an den wohl nicht ausbleibenden Sommer erinnert fühlten und wieder damit begannen, unsere anstehenden großen Ferien zu planen. Gut geplant ist halb gewonnen, dachten sie stets laut vor sich hin, wenn sie den Kalender mit starrem Blick hypnotisierten und erste vorsichtige Einträge zur weiteren Planung tätigten. Dabei tauchte unweigerlich auch das Thema mit den Ferien bei Onkel und Tante wieder auf und ich bemühte mich vorsichtig und ein wenig kleinlaut, gleich auf die zu erwartende Doppelbelastung meiner Tante hinzuweisen, wenn sie einerseits mit dem Neugeborenen, und andererseits zusätzlich mit mir über mehrere Wochen beschäftigt sein sollte. In den Augen der Eltern sah ich eine nicht unmerkliche Überraschung aufblitzen, ob des Umstandes, dass ich Dreikäsehoch mit so großer Umsicht das Thema zu belagern begann. Schließlich musste ich alles Weitere in dieser Richtung am besten im Keim ersticken, dachte ich, wenn nicht eine herniedertosende Lawine besserer Argumente über mich hinweg rollen und den nicht liebgewordenen Verwandten im Westen des Landes ausliefern sollte.

Die Verhandlungen über meine Ferienzeit im Sommer waren damit einmal mehr unaufhaltsam in Gang gesetzt und die darauffolgenden Wochen von einem regen Hin und Her geprägt, bei denen jeder Schritt in der Gesprächsführung, samt rhetorischen Finten und jede auch noch so kleine Äußerung wohl gewählt sein mussten, um weiterhin strategisch erfolgreich und verhandlungsstark zu bleiben. Schließlich saßen meine Eltern als die sogenannten Erziehungsberechtigten am längeren Ast und konnten unvermittelt Trümpfe ausspielen, die mir zu dieser Zeit noch verwehrt blieben. Je näher die eigentlich schöne und erholsame Ferienzeit und, damit einhergehend, das Ende des Schuljahres heranrückte, desto nervenzerreißender und leider auch kleinlicher und penibler wurde das Ganze. Jedes Patt und jeder Fortschritt, den ich im mühsamen Verhandlungsprozess erzielen konnte, wurde von meinen Eltern am Ende pariert. Ich beharrte darauf, meine Ferien nicht wieder dort verbringen zu müssen, wo ich Unheil wähnte. Für Mama und Papa hingegen wäre dies freilich die einfachste Möglichkeit gewesen, mich über einige Wochen versorgt zu wissen, ohne daneben viel organisieren zu müssen. Wenn die Entscheidungsfindung wieder einmal in einer Sackgasse zu enden drohte, wiesen sie eilig im Gegenzug auf jene Umstände hin, unter denen meine Kameraden aus der Nachbarschaft die Ferien verbrachten, denn von ihnen wurden die meisten für viele Wochen einfach und völlig unhinterfragt verschickt. Sei es zu Oma und Opa, in die Berge zu Verwandten oder eben, so wie in meinem Fall, zu Onkel und Tante auf einen großen Bauernhof in der Nähe, mit saftigen Wiesen und Feldern, den Tieren und sicherlich einer Menge an abwechslungsreichen Unternehmungen. Zudem wussten sie spätestens seit den Weihnachtsfeiertagen, an denen sie sich gegenseitig die einzige Post des Jahres zuschickten, dass Onkel und Tante wohl noch im Herbst, jedenfalls bald nach meiner Abreise, damit begonnen hatten, auf einem nahen Baugrundstück ein sicher sehr schönes Eigenheim zu errichten, sodass mein Argument, dass mit dem neuen Cousin noch weniger Platz für mich vorhanden wäre, leider ebenso schnell zu zerrinnen begann, wie es mir in jenem Augenblick glücklicherweise sofort eingefallen war.

Letztlich half alles nichts. Meine Eltern befanden, dass das von mir vorgeschlagene Ferienlager, in dem es meiner Schwester nicht gefallen hatte, auch mir nicht unbedingt gefallen musste und das Experiment, mich doch dorthin zu schicken und letztlich einen leicht vorhersehbaren Misserfolg zu ernten, zu teuer wäre. Den einzigen Erfolg, den ich mir nach den langen und zähen Verhandlungen auf die Fahnen schreiben konnte war, dass ich weniger lang zu Onkel und Tante geschickt wurde. Jetzt brauchte ich mir bloß noch eine günstige Taktik einfallen zu lassen, so sagte ich mir im Geheimen, wie ich dem kleinen Nachwuchs entkommen könnte und schon wären die Ferien vorüber und ich hätte ausgiebig mit meinen Freunden dort Zeit verbracht, mich amüsiert und wäre wieder um zwei Zentimeter größer geworden, ohne dass dies allzu sehr geschmerzt hätte.

Die neuerliche Fahrt in die Ferien war somit eine Fahrt ins durch und durch Ungewisse. Ich konnte eigentlich nur das Beste hoffen. Und das Beste wäre, so dachte ich, wenn Onkel und Tante mit ihrem Säugling vor Glück nur so dahin schwelgen würden, mit ihren schönen Gefühlen unerreichbar über allen Wolken schwebten und sich dabei ganz und gar und rund um die Uhr um ihren erstgeborenen Sohn kümmerten. Von Zeit zu Zeit dürften sie dann von Wolke sieben zu mir herabsteigen, mich kurz an ihrer überschäumenden Freude an einem kleinen Ausflug teilhaben und mich dann mit einem großen Schleckeis in ihr Familienleben einhaken lassen. Ich wusste natürlich, dass dies alles bloß eiligst herbeigesehnte Träume waren, aber meine Eltern hatten mir hoch und heilig versprochen, sich einzuschalten, wenn ich das Gefühl hätte, dass meine eigenen Ferien zu kurz kämen, sodass ich aus ihrer Sicht im Grunde völlig unbesorgt sein sollte. Warten wir es ab!

Das sich bei mir arglistig festhaftende Gefühl, dass meine Besorgnis nicht unbegründet war, meldete sich dann auch prompt. Eigentlich hatte ich darauf gehofft, dass sich dieses nicht oder mit Fortschreiten der Ferien nur langsam einstellen würde, doch es kam ganz anders. Mit einem unmerklichen Anflug eines Lächelns hatte mich der Onkel am Ende der letzten Sommerferien im Zug verabschiedet, mit merklich betrübter Miene stand er nun am Bahnsteig und hielt nach mir Ausschau. In dieser Stimmung hätte ich ihm gerne einen Sommerhut mit breiter Krempe in seine kräftigen Hände gewünscht, an dem er sich hätte festhalten und über dessen Rand hinaus, wie nebenbei, zu Boden blicken können. Ich ahnte schon jetzt, den Zug noch nicht einmal hinter mir gelassen, dass das nichts Gutes verhieß. Wäre der Zug von hier aus wieder direkt zurück an seinen Ausgangsort gefahren, wäre ich besser sitzen geblieben, wäre liebend gerne in die tiefen Falten der Sitzpolsterung versunken oder hätte mich augenblicklich in heiße Sommerluft aufgelöst und wäre mit dem nächsten Luftzug verschollen. Als mir der Onkel an den Stufen zur ebenen Erde seine Hand reichte und mir mit der anderen half, das Gepäck nach draußen zu hieven, rang er sich ein kraftloses Lächeln ab, dessen Freude allerdings schon vor Monaten verblichen schien. Er war mager geworden, noch viel magerer, als ich ihn in Erinnerung hatte. Seiner kleinen Statur, an der sich wohl nichts mehr ändern würde, und seinen schmalen Gliedmaßen war geschuldet, dass er in der Familie, in die er eingeheiratet hatte, völlig unterging. Alle seine Schwäger waren korpulent und groß gebaut und sprachen mit ihren kräftigen Baritonstimmen in einem Tonfall, der seinen gänzlich verdrängte.

So marschierten wir im Gänsemarsch über den engen Bahnsteig und erst an dessen Ende, an dem sich nach dem Überqueren der Geleise ein breiter, befestigter Transportweg auftat, konnten wir nebeneinander gehen und uns so von Zeit zu Zeit ein wenig geniert, und vielleicht auch unsicher, zulächeln.

Der Weg zum neuen Haus führte vom Bahnhof kommend am alten vorbei. Zwar gab es auch eine Abkürzung dorthin, nur dafür musste man einige weniger gut einsehbare Geleise überschreiten, was laut einer angebrachten, die Abkürzung versperrenden Verbotstafel von der Eisenbahndirektion höchstpersönlich streng untersagt wurde. Hier schien im Verhältnis zu letztem Sommer alles unverändert, ganz so, als wäre die Zeit über all die Monate hinweg stillgestanden. Am neuen Haus waren wir nach dem kurzen Fußmarsch bald angekommen und man konnte schon von weitem die vielen Provisorien erkennen, die wohl mit viel Fantasie geschaffen wurden, um auch in einem halb fertiggestellten Haus einigermaßen praktikabel wohnen zu können.

Überall lehnten an den Hausmauern noch Bretter und Pfosten, Dachziegel waren in einem Eck fast kunstvoll aufgestapelt, auch wenn die dazu geplante Garage Jahrzehnte später, und über den Tod von Onkel und Tante hinaus, nie realisiert wurde. Im Garten stand das Unkraut sommertypisch brusthoch und in voller Blüte. Blumenstauden waren an einigen Stellen wohl eingesetzt worden, blieben ab diesem Zeitpunkt aber auf sich alleine gestellt und wuchsen so im Wettstreit mit Nordamerikanischer Goldrute und Brennnessel vor sich hin. Leere, schmutzige Bierkisten zeugten von kürzlich beendeten Maurerarbeiten und Kartons, die an einem windgeschützten Eck lose übereinander gestellt waren, davon, dass im Haus bereits einiges an Möbeln und Leuchten aufgestellt und montiert sein musste.

Einige der Fenster standen zum verwilderten Garten hinaus weit offen, sodass die trockene und heiße Luft des Mittags die Räume im oberen Stock durchfluten konnte. Aus einem schaute die Tante über einen Spiegel zum Eingang hin und begann unverzüglich geschäftig mit Töpfen und Tellern zu klappern, ganz so, als würden wir gerade noch rechtzeitig zu einem vornehmen Mittagsmahl mit mehreren Gängen erscheinen. Beim Betreten des Hauses empfing mich ein leicht modriger Geruch, dessen Herkunft ich bis zum Ende der Ferienzeit nicht ermitteln konnte, und am Ende des dunklen Ganges im oberen Stock schrie ein Baby ganz außer sich und herzzerreißend. Mein Onkel stellte das Gepäck daraufhin eiligst ab, zeigte wortlos, dass er schnell nach dem Kind schauen wollte und wies mich an, gleich linker Hand direkt zur Tante in die Küche zu treten. Alles hätte ich in diesem Augenblick lieber getan als das, stand sie doch triefend nass vor Schweiß am Herd und versuchte etwas zuzubereiten, das aus dem zurechtgelegten Kochbuch wirklich nicht mehr zu erkennen war. Als ich vorsichtig eintrat, drehte sie sich nicht um, sondern blickte nur rasch und einigermaßen gereizt hinter sich, stellte alle eingeschalteten Kochplatten ab, rief dem Onkel etwas zu, das ich nicht verstand und verschwand dann in einem der Zimmer, zu denen der Gang in der Mitte des Hauses im Oberstock führte. Später erfuhr ich, dass sie damit meinte, ihre Arbeit sei hiermit erledigt, und nun sei er am Zug, seinen Beitrag zum Familienleben zu leisten und sich um das Weitere zu kümmern. Schließlich könne sie sich ja nicht dauernd um alles kümmern. Wie sich in den Wochen danach herausstellte, war dies einer ihrer Standardsätze, die sie im Zeitraum von neun bis achtzehn Uhr wahllos anbrachte und anschließend von der Bildfläche für Stunden verschwand.

Etwas später kam dann der Onkel in die Küche, setzte das immer noch weinende, aber längst nicht mehr nur schreiende Kind in den Babystuhl am Tisch und erkundigte sich wie beiläufig nach meinem Hunger. Eigentlich verspürte ich in diesem Moment gar keinen und schon gar keinen Appetit, denn ich hatte die letzte Portion meiner Jause erst vor kurzem im Zug verspeist und die wenig herzliche Begrüßung, die ich eben erfahren hatte, tat ihren Rest. Trotzdem wollte ich gute Miene zur angespannten Situation zeigen und meinte, eine kleine Portion würde im Moment auf jeden Fall reichen. Das Baby wurde ruhig, als auch wir uns an den Tisch setzten und abwechselnd fütterte der Onkel den Buben und sich und es kam vor, dass er dabei den einen oder anderen Löffel mit Babybrei vertauschte. Das Kind schien aber sehr hungrig und dankbar für alles zu sein, was es in den Mund gesteckt bekam. So aßen wir alle drei unsere Mahlzeit auf und machten uns gleich anschließend, am frühen Nachmittag meines ersten Ferientages auf, um die Umgebung mit dem Kinderwagen zu erkunden. Das kam mir gerade recht, denn schließlich steuerte der Onkel den Wagen durch alle kleinen Wege und nebenliegenden Gassen jener Siedlung hindurch, an dessen Rand er das Haus für sich und seine langsam wachsende Familie errichtet hatte und in der, allerdings in einer etwas schöneren und beschaulicheren Ecke, auch meine Ferienfreunde aus dem letzten Jahr wohnten. Es dauerte nicht lange und sie sahen mich auch schon neben dem Kinderwagen dahintrotten und winkten freudig über den

Gartenzaun hinaus. Das Baby schlief, der Onkel schien wortlos Schritt für Schritt in seine bedächtige Gehmeditation tief versunken zu sein, sodass ich den Frieden dieses einen Moments nicht stören wollte und mit weit ausholender Gestik zu vermitteln suchte, dass ich ein wenig später in den Garten zum Spielen käme. Denn an Erzähltem und Erlebtem nachzuholen hatten wir nach den vielen Monaten der Trennung so einiges.

Kaum waren wir zuhause, versuchte ich eilig meine Taschen nach den Sportsachen zu durchwühlen, denn den Sommer über war es eindeutig das Einfachste, mit zwei bis drei Garnituren Sportwäsche und zwei Badehosen die Tage zu verbringen und nur an den wenigen Regentagen auch darüber etwas zu tragen. Das kam allen Beteiligten sehr entgegen, darunter am meisten natürlich mir. Ich war noch gar nicht fertig mit dem Suchen und Räumen, da stellte sich der Onkel mit einem unsicheren Räuspern in den Türrahmen und meinte, er müsse sich nun aufmachen, schließlich sei es heute schon ziemlich spät. Meinen fragenden Blick, der zuerst an ihn, dann an das immer noch schlafende Kind gerichtet war, quittierte er mit dem Hinweis, dass es an den Wochenenden am Nachmittag Kantinenbetrieb am Sportplatz gab und dieser von ihm geleitet wurde. Er müsse also weg. Was das Baby anlangte, so meinte er, dass dieses ohnehin bald munter sein würde und dann die Tante sich darum kümmern müsste, sodass es gewickelt und gefüttert wurde. Schließlich könne man mir dies wohl noch nicht vollständig überantworten. Mit eingezogenem Kopf huschte er zur Haustür hinaus und verschwand wenige Minuten später gänzlich aus meinem Blickfeld.

Die Sonne stand noch hoch am Horizont und meine Pläne waren definitiv andere, als gleich am ersten Tag meiner Sommerferien im düsteren Haus zu sitzen und darauf zu warten, dass etwas passierte. Es gab ohnehin nur zwei Dinge, die zu diesem Zeitpunkt passieren konnten. Erstens, das Baby wurde munter und weckte zweitens in weiterer Folge auch die tief schlafende Tante auf. Woraufhin sie sich, laut meiner optimistischen Prognose, um dessen Wohl zu kümmern hatte und ich zum Begrüßen meiner Freunde davonziehen könnte. Wenn die beiden Ereignisse also direkt miteinander verknüpft waren, konnte ich die Dinge ja etwas beschleunigen und ein wenig nachhelfen, vorsichtig das Baby zu wecken, das dann mit seinem Verhalten hoffentlich alles planmäßig ins Rollen brachte. Der kleine Cousin wurde durch mein behutsames Anstupsen leicht munter. Er begann, zuerst ganz vielversprechend, vor sich hin zu brabbeln, um anschließend ein wenig lauter das einzufordern, wonach ihm gerade war. Sachte stellte ich den Kinderwagen direkt vor Tantes Zimmertür und wartete gespannt. Wenn genau das eintrat, was der Onkel vorhergesagt hatte, sollte ich mich eigentlich schon jetzt auf den Weg machen können. Da das Baby langsam lauter wurde und mich dabei groß anstarrte, hinter der betreffenden Zimmertür aber weiterhin keinerlei Regung zu erkennen war, wollte ich noch ein wenig zuwarten und der Tante nach ihrem Erwachen freudig erzählen, welch langen Spaziergang wir in der Zwischenzeit bereits hinter uns gebracht hatten. Als das Baby nach einiger Zeit schon sehr laut schrie, passierte trotzdem einfach nichts. Kein Laut war zu hören, der aus dem Zimmer drang, keine Stimme zu vernehmen, die beschwichtigend auf das Kind einredete, und alles blieb weiterhin im Ungewissen wie es war. Daraufhin begann ich mit der Faust gegen die Tür zu trommeln, um auf mich und meine Situation aufmerksam zu machen, denn ich wollte hier eigentlich nicht wie abgestellt als schlechter Babysitter versauern, hatte ich doch wahrlich eigene und zudem ganz andere Pläne. Eine gefühlte Ewigkeit später öffnete sich die Tür einen kleinen Spalt und meine Tante erschien zaghaft im Türrahmen. Unter dem Türstock fast angekommen, blieb sie abrupt stehen, sah mich zornig, mit hochrotem Kopf an und schrie auf mich ein, ich könne doch das Baby nicht so außer Rand und Band bringen und auch ein wenig auf sie Rücksicht nehmen. Sie brauche eben noch ein paar Minuten. Mehr wurde von mir ohnehin nicht verlangt und diese e i n e Minute sollte ich doch bitte mit dem Kinderwagen in den Garten fahren und dort mit dem Kind auf sie warten. Das würde ich weiß Gott wohl können, meinte sie, beziehungsweise schrie sie es mir an den Kopf, sodass ich Schutz suchend den Kopf einzog und ein wenig verdutzt über die unerwartete und heftige Reaktion den Rückzug antrat. Ich wusste, dass meine Tante unwirsch und äußerst derb reagieren konnte, wenn ihr etwas zuwider war, doch bislang blieb ich davon zumeist verschont, denn ich suchte stets flink das Weite, wenn sie sich vom Alltag, ohne Rücksicht auf andere zu nehmen, zurückzog. Im Garten suchte ich nach einem schattigen Platz für uns beide und sprach beschwichtigend auf das kleine Kind ein, um es etwas zu beruhigen. Ein Kind aufzuwecken, das wusste ich, ging meist ganz leicht, es jedoch zum Schlafen zu bringen, konnte eine langwierige Herausforderung sein. Besser wäre gewesen, dachte ich, den Wagen dort einfach abzustellen und meiner Wege zu gehen. So aber blieb ich weiterhin ein Gefangener der Umstände, die sich wie zähe Gummibänder an mich legten und jedes Fortkommen schon im Ansatz abschnürten.

Ganz lange passierte gar nichts. Die Sonne strahlte mit allen Glücklichen um die Wette, die Vögel erfreuten sich am umliegenden Buschwerk und am verwilderten Garten, als plötzlich und gänzlich unvermutet der Onkel im Garten auftauchte und dort seinen schlafenden Sohn im Kinderwagen unter einem Apfelbaum und mich danebensitzend beim Gräserzählen vorfand. Er meinte, zufrieden lächelnd, die Idylle nicht stören zu wollen, doch kaum hatte er angesetzt zu sprechen, war ich bereits auf und davon.

Bis zum späten Abend blieb ich dann auch verschwunden. Ich lief direkt in den von dichten Hecken blickgeschützten Garten meiner Freunde, die ja jetzt quasi auch meine Nachbarn waren, und kroch dort so schnell ich nur konnte, in die Höhle. Als eine solche bezeichneten wir die Hundehütte im Garten, die von den Hundehaltern schon seit Generationen gepflegt und hundegerecht ausstaffiert wurde, seit Hundegenerationen aber von den jeweiligen Tieren arg verschmäht blieb. Die Hütte war groß genug, dass vier Kinder im Alter von zehn oder elf Jahren darin, am Boden gemütlich liegend, Platz fanden und im Notfall dann auch noch eine Ecke für den neugierigen Collie frei blieb. Der Hund jedenfalls kroch ohne Kinder dort nie hinein und die hölzerne, überdachte Veranda, die beim Eingang angebaut war, diente auch mehr uns Kindern bei jedem Wetter als ein gemütlicher Platz, den wir über die Ferien hin mit alten Polstern und Decken zu einer Wohlfühloase für unternehmungslustige Dreikäsehoch ausstaffierten. Hier hielten wir unsere Lagebesprechungen ab, planten die Vorhaben für die kommenden Tage und schmiedeten Pläne für Zukünftiges. Und all das war für mich nun äußerst vordringlich. Die Höhle war zwar leer und niemand war auf den ersten Blick in den umliegenden Gärten des Territoriums zu sehen, es konnte also durchaus sein, dass die drei mit ihren Eltern zum Baden an den See gefahren und noch nicht zurückgekehrt waren. Doch kaum hatte ich die Hütte erreicht, huschte hinter mir ein vierbeiniger Schatten vorbei und zwängte sich gleichzeitig mit mir durch die vordere Öffnung. Diese eiligen Bewegungen blieben allerdings nicht unbemerkt, denn nur Sekunden später erscholl lautes Indianergeheul und mit einem Mal waren wir alle vier wieder vereint.

Dass Onkel und Tante Nachwuchs bekommen hatten, war den aufmerksamen Nachbarn und auch deren Kindern nicht verborgen geblieben. Die Tante war mit ihrem manchmal etwas schrägen oder vielleicht eigenartigen, aber als harmlos geltenden, Verhalten wohl schon in jüngeren Jahren im Ort bekannt geworden und so bedauerten mich alle vier, ich glaube, in diesem Fall zählte sogar der Hund, und sahen mich nach allem, was ich aus den wenigen vergangenen Stunden bereits zu erzählen wusste, mit fragenden Augen an. Zu diesem Zeitpunkt malte ich mir noch die übelsten Geschichten aus, wie die kommenden Wochen wohl vergehen würden, aber ich sollte, so meine indianischen

Freunde, mir den Kopf darüber nicht allzu sehr zerbrechen, denn schließlich komme immer alles halb so schlimm, wie man denkt. Und das sagte sogar der äußerst pessimistische Indianergroßvater immer zu seinen misstrauischen Enkelkindern, auch wenn er in seinem Innersten eher gegenteiliger Meinung war.

Jedenfalls musste eine günstige Strategie her, wie wir, und vor allem ich, die üble Lage am besten überstehen konnten. Mit der Unterstützung der Nachbareltern sei definitiv zu rechnen, meinten meine Blutsbrüder, das wäre Ehrensache und zudem beim großen Mittagessen am vergangenen Wochenende sogar in der Runde besprochen worden. Ich dürfe also durchaus schon nachmittags kommen und mit ihnen im Zelt übernachten und über den Tag hinweg spielen und die Umgebung unsicher machen. Erlebniskinderferien sozusagen. Das war schon mal was, aber wie sollte es morgen, übermorgen und überübermorgen weitergehen, und wie erst überüberübermorgen? Mich grauste davor, dass ich von Montag bis Freitag mit der Tante und dem Baby allein sein sollte, zumindest tagsüber. Da packte der Jüngste unter ihnen gleich die nächste Weisheit aus, mit der sie vom Großvater regelmäßig beschenkt wurden, wenn sie ihn fragend ansahen: Immer einen Schritt nach dem anderen tätigen. Und das war zugleich die Strategie für den heutigen Abend. Ich würde zum Abendessen bei Onkel und Tante ordentlich gewaschen erscheinen und die Lage erkunden. Vielleicht würde ich dann ja ohnehin gefragt werden, was ich denn gerne unternehmen wollte, dann könnte ich ja häppchenweise auspacken und die Pläne scheibchenweise stapeln, bis sie unverrückbar als eine feste Konstante des Sommers dastünden.

Das nächste Sprichwort wurde diesmal wohl nicht vom weisen Indianergroßvater geliefert, denn es kam erstens anders als ich zweitens dachte. Zwar erschien ich relativ pünktlich zum Abendessen, dessen Reichhaltigkeit, ein Weißbrot mit Butter, nur vom Käse übertroffen wurde. Doch sehr zu meinem Unbehagen wurde ich nicht so schnell nach meinen Wünschen gefragt, wie ich gehofft hatte. Vielmehr versuchte mein sonst so patenter Onkel mir zu erklären, dass ich auch in meinen Ferien mit gewissen Aufgaben versehen würde, dass Ferien nicht automatisch Freizeit von allem sein könnten. Das wäre doch zuhause auch nicht anders, oder? Es sei ja völlig normal, dass auch Kinder, wenn sie größer wurden, kleine Arbeiten im Alltag zu erledigen hätten und da ich, zwar im Urlaub aber doch hier die kommenden Wochen verbringen wollte, sollte ich der Tante mit ihren unendlich vielen Aufgaben, die sie zu erledigen hatte, hilfreich, von Zeit zu Zeit versteht sich, zur Seite stehen. War ich jetzt plötzlich Babysitter wider Willen und zugleich Prellbock der tant'schen Befindlichkeiten? Das helle Licht am Ende des Tunnels, das ich vorhin in der Höhle noch so deutlich und ungetrübt sah, und das mir geradlinig den Ausgang aus diesen furchtbaren Vorstellungen wies, begann heftig im Vorfeld seines abrupten Erlöschens zu flackern.

In dieser Situation galt es wohl, die Sachlage nicht unnötig weiter zuzuspitzen, dafür lieber einmal Gras darüber wachsen zu lassen und sehen, was kommt. Ich blieb also stumm, und schaute Onkel und Tante einfach bloß ein wenig fragend und vielleicht auch hilflos ins Gesicht. Vielleicht war ja ein wunder Punkt, eine klitzekleine Unsicherheit aus ihren Reaktionen zu erkennen, an dem es dann galt, anzusetzen.

Der nächste Morgen war ein Montagmorgen und dieser eine war zudem ein ganz speziell furchtbarer. Er war der erste in einer Reihe weiterer und deshalb doppelt unangenehm, denn ich war solche Tage schlichtweg nicht gewohnt und damit einigermaßen überfordert. Der kleine Cousin hatte die halbe Nacht in seinem Zimmer geschrien, der Onkel oder die Tante mussten zwischendurch aufgestanden sein und nachgesehen haben, weil ich den unsicheren Eindruck hatte, dass es auch ruhige Stunden während der Nacht gegeben hatte. Sie brachten das Kind jedoch nicht zu sich ins Bett, denn als ich morgens aufstand, holte der Onkel den kleinen, der vor lauter Aufregung noch immer einen hochroten Kopf hatte und sich nicht so einfach beruhigen ließ, gerade aus seinem Bettchen, das in einem der Zimmer im Untergeschoß stand. Das Haus besaß zwar keinen Keller, ich hatte aber den Eindruck, dass das Untergeschoß diesem Zweck gehorchte. Dort wurde alles weggesperrt, was sie im Alltag unnütz und störend fanden. Mich hätte nicht gewundert, wenn zumindest einer der Räume schalldicht für den Nachwuchs ausgestattet worden wäre. Ich ging nicht auf den Onkel und das Kind zu, um sie anzusprechen, dafür aber geradewegs in die Küche und versuchte mir dort ein Frühstück zusammenzusuchen. Vom letzten Abendessen wusste ich ja, wo sich zumindest Brot und Butter befanden und von beidem war noch ein kleiner Rest vorhanden. Die im Kühlschrank einsam vor sich dahinvegetierende Milchpackung hinterließ rein optisch einen äußerst schlechten Eindruck, sie war schmutzig und abgegriffen und ich wollte das eingeprägte Datum lieber nicht suchen, um festzustellen, wie lange diese Milch einst für die abfüllende Molkerei noch als frisch gegolten hatte. Ein sauberes Trinkglas konnte ich nicht finden, es standen aber einige in der Spüle, sodass ich mir eines abwaschen und trockenwischen konnte. Wasser zum Frühstück war noch nie mein Favorit, aber in Abwesenheit von Besserem, tat es, was es sollte. Gleiches galt für das Besteck und die Frühstücksteller. Kaum saß ich am Tisch, als auch schon der Onkel herbeieilte, der um diese Uhrzeit eigentlich schon längst mit dem Zug zur Arbeit hätte fahren müssen. Er setzte den Kleinen in seinen Babystuhl, die vorbereitete Trinkflasche stellte er daneben. Hektisch verabschiedete er sich und meinte, die Tante würde ohnehin gleich kommen und den Cousin füttern und dann könnten wir gemeinsam gemütlich meine erste volle Ferienwoche beginnen. Der Kleine saß etwas unsicher in seinem Stuhl und schaute erwartungsvoll in Richtung Flasche. Ich leerte meinen Teller, stellte diesen und das Trinkglas in die Spüle und ging hinaus in das Vorhaus, um zu erkunden, ob von der Tante bereits Geräusche zu vernehmen waren. Würde sie zum Füttern des Kindes kommen, wäre sie spätestens jetzt im Schlafzimmer oder im Bad zugange. Zu hören war von ihr allerdings rein gar nichts. Also verschob ich meinen Plan, das Haus rechtzeitig zu verlassen, um ein paar Minuten und setzte mich neben das Baby. Dieses war im Grunde noch so klein, dass es sich in seinem Stühlchen kaum aufrecht halten konnte. Mit großen Augen verfolgte es interessiert mein Tun und schaute in regelmäßigen Abständen hinüber zu seiner Flasche, ohne jedoch sofort ins Jammern oder gar Schreien zu verfallen. Das kleine Kind musste es wohl gewohnt sein, nicht immer sofort an die Reihe zu kommen. Nachdem sich weiterhin nichts tat, nichts zu hören war und auch keine Tante erschien, nahm ich die lauwarme Flasche und gab sie ihm zu trinken. Viel musste ich dabei ja nicht machen, denn kaum hatte ich den Sauger an seinen Mund geführt, griff er mit seinen kräftigen Armen danach und hielt sie fest, sodass sie seinem Mund versehentlich nicht mehr entkommen konnte. Daraufhin begann er gierig zu trinken und trank sie in einem Zug bis zum letzten Schluck leer.

Schöne Ferien, und ich hatte bereits im Vorfeld gewusst, dass das so kommen würde! Wie sollte eine Frau wie meine Tante mit einem Kind, das versorgt werden musste, zurechtkommen können? Das war einfach unmöglich, aber erzähl das mal den Eltern. Die würden wohl sagen, es wäre doch nicht so schlimm, ein wenig mitzuhelfen, und ich hätte ja ausreichend Zeit, trotz alldem die Sommertage mit meinen Freunden zu genießen. Von wegen! Allein bei diesem Gedanken schoss mir das Blut heftig in meinen Kopf und ich spürte die Wut, die mich augenblicklich packte. Nur, auf wen sollte ich mehr wütend sein? Bloß auf den untätigen, schlaffen Onkel und meine zornige Tante oder doch vielmehr auf meine Eltern, die mir all das eingebrockt hatten, obwohl ich mich mit Händen und Füßen dagegen gewehrt und sie zudem vor der Möglichkeit aufkommender Unbilden deutlich gewarnt hatte?

Das Kind in den Kinderwagen zu setzen und den Wagen vor die Schlafzimmertür der Tante zu stellen, wäre wohl wieder mal sinnlos, aber vielleicht die einzige Möglichkeit, mich aus dieser misslichen Lage selbst zu befreien. Wie viel Verantwortung konnte man einem Kind in meinem Alter aufbürden, zumuten oder gar abverlangen? Ich wusste oder ahnte vielmehr mit Sicherheit, dass schon der zweite Tag in meinen Sommerferien entscheidend sein und vieles von dem, was noch geschehen konnte, für alles Weitere deutlich prägen würde. Den kleinen Cousin hatte ich bereits in den Wagen gesetzt, den Wagen in Richtung Schlafzimmertür geschoben und eine günstige Position gefunden, sodass der Tante der Weg nach außen nicht verstellt gewesen wäre, und trotzdem wagte ich diesen und die darauffolgenden Schritte nicht. Wollte ich gleich wieder ihren Zorn auf mich lenken und in vollem Maße abbekommen oder wäre heute einfach ein außergewöhnlicher Wochenstart, der sich schon bald wieder fügen und in jene Bahnen gelangen würde, in denen er die neue Woche doch noch gut beginnen ließe?

Also gut, ich wollte weg und ich konnte weg. Ich packte meine Sachen und schob den Kleinen hinaus auf den Weg, bog links ab in Richtung meiner Freunde und stellte den Wagen, dort nach wenigen Minuten angekommen, auf einen schattigen Platz. Damit erregte ich einiges an Aufsehen, denn durch mein Ankommen war anscheinend nicht sofort allen klar, ob ich den Cousin mitbringen wollte oder musste. Mein Blick sagte aber ohnehin alles, sodass wir uns zur Höhle aufmachten, von dort eine Decke mitnahmen und den Buben auf diese Decke legten. Weit oder gar ausdauernd krabbeln konnte er noch nicht, also konnte er ruhig mit wenig Aufmerksamkeit dort für kurze Augenblicke allein sein. Der Hund kam wie immer neugierig dahergeeilt, beschnupperte das Kind ausgiebig, was diesem offensichtlich gar nicht unangenehm war und ließ von diesem dann bald wieder ab. Diese Idylle hielt gar nicht wenig lange, denn zwischendurch rollte sich das Baby zusammen und hielt, von der Hitze und Aufregung müde geworden, einen ausgiebigen Vormittagsschlaf. Jedenfalls hielt sie solange, bis die

Indianermutter meinte, ich solle es doch nach Hause zu seiner Mama bringen, damit diese das Kind versorgen könne, was in der Zwischenzeit eindeutig notwendig geworden war. Jedenfalls konnte man eine dieser Notwendigkeiten mittlerweile deutlich riechen.

Ich hätte wetten können, dass ich zuhause eine Tante vorfinde, die böse auf mich war, denn irgendwie stand von Anfang an fest, dass ich vieles falsch und nur weniges richtig machen konnte. Kaum hatte ich den Wagen in Richtung Hauseingang gelenkt, als sie auch schon in der Tür erschien. Nicht freudig, wie ich zaghaft hoffte, sondern wütend und zornig, wie ich zu Recht befürchtete. Um nicht gleich ihren Weg zu kreuzen, nahm ich meine Sachen aus dem Kinderwagen und trat ein wenig zurück. Mit der Energie einer zischenden Dampflokomotive kam sie auf uns zu, schnaubte wie eine ebensolche und hob den Kleinen mit großer Kraft so ruckartig aus dem Wagen, dass dieser, ganz erschrocken, sofort anfing zu schreien. Meine Tante aber drehte sich um, ging ins Haus und schlug die Tür fest hinter sich zu, dass ich mich eher ausgeschlossen als eingeladen fühlte und im Garten zuwarten wollte, bis sich der Sturm, der in diesem Moment über mich hinwegfegte, gelegt hatte.

Zum Mittagessen gab es Fertigsuppe aus der Packung, eine Scheibe Brot gab es dazu nicht, da den Einkauf der Onkel nach seiner Arbeit erledigen wollte. Dafür erfuhr ich während des Essens, quasi als pädagogische Beilage, so einiges. Ich dürfe nämlich selbst keine Entscheidungen treffen, nicht wann ich wohin wollte und wiederzukommen gedenke. Schließlich hätte meine Tante ja die Verantwortung für mich. Wenn ich sie nicht antreffen sollte, musste ich eben warten und in jedem Fall in Reichweite sein, sodass ich ihr Rufen hören konnte. Sie hätte mich schließlich den halben Vormittag vor Angst gerufen und ich hätte nicht geantwortet, was nicht in Ordnung sei. Wenn ich mit dem Kind unterwegs wäre, müsste ich Zeiten einhalten, in denen der Kleine Ruhe oder irgendeine Versorgung bräuchte, also müsste ich dann rechtzeitig zuhause sein. Und überhaupt müsse ich mehr Rücksicht nehmen, auch auf sie, denn ich wäre schließlich mit meinen Wünschen und Vorstellungen nicht allein auf der Welt. Und so weiter und so fort. Den Rest musste ich mir nicht merken, denn alles lief darauf hinaus, dass, egal was ich tat oder tun wollte, ich fragen musste und wenn dies nicht möglich sei, dann müsse ich eben warten. Soviel Zeit sei immer, betonte sie mit einem deutlichen Unterton, der wohl auf ihre immense Lebenserfahrung hindeuten sollte. Es wäre ohnehin kaum mehr als vielleicht die e i n e Minute.

Was ich dabei auch erfuhr, war, dass sie vom Arzt schon vor einiger Zeit zwei Tablettenpackungen bekommen hatte, die für sie quasi wichtig, wenn nicht sogar lebenswichtig, waren und die immer in der Küche am selben Platz prominent und unverdeckt zu liegen hatten. Eine der beiden Packungen war rot und enthielt rote Kapseln, die andere war blau und enthielt blaue Kapseln. Beide waren ziemlich groß, sowohl die Packungen als auch die Kapseln darin, sodass man sie aufgrund ihrer Größe, Gestalt und Farben leicht wiederfinden und nur schwer verwechseln konnte. Die rote Schachtel enthielt jene, die sie täglich zu nehmen hatte. Immer mittags und immer bloß eine davon. Ging es ihr ein wenig schlechter, konnte sie zwischendurch auch zwei nehmen, oder eine und eine zweite etwas später. Die anderen, die blauen, waren dafür gedacht, dass sie sie nahm, wenn es ihr sehr schlecht ging. Davon allerdings durfte sie niemals mehr als eine nehmen. Zwei könnten fatale Folgen nach sich ziehen. Das sagte sie, das sagte wohl auch ihr Arzt und ich konnte es auf dem Verpackungsaufdruck deutlich sichtbar angebracht lesen. Immer nur eine nehmen, stand da, und immer nur nach Rücksprache mit dem verschreibenden Arzt. Eine solche Rücksprache hatte sie wohl in den Wochen meiner Anwesenheit nie gehalten, meinte aber, dass sie diese Medizin nun lange genug einnahm, sodass sie genau wusste, was sie tat und was sie zu tun hatte.

Der Nachmittag begann deutlich friedlicher. Die Tante setzte den Cousin in seinen Laufstall, in dem er sich wohlzufühlen schien, und begann nebenbei, die Küche etwas zu putzen. Viel beziehungsweise große Energie verbrauchte sie dabei allerdings nicht, endete doch ihr Vorsatz, etwas Ordnung zu schaffen, knapp vor dem Fertigstellen des Geschirrspülens und knapp nach dem Sauberwischen des Küchentisches. Es war somit wieder mehr sauberes als schmutziges Geschirr und Besteck in den Wandschränken des Küchenverbaus. Ich erhielt die Erlaubnis, mich im Garten aufzuhalten, durfte das Grundstück aber nicht verlassen. Das Schöne an dieser Vereinbarung war, dass ein fließender Übergang zwischen dem erkennbaren Grundstück und den anschließenden Wiesen vorhanden war. Ganz so leicht konnte man eine Grenze aufgrund der Beschaffenheit nicht ausmachen, was sich aber zwischen dem Garten und der Wiese unterschied, war die Wuchshöhe des Unkrauts. Die Wiesen rund um das Haus wurden offensichtlich vom Bauer als Viehfutter gemäht. Dort standen das Gras und die Wiesenkräuter erst wenige Zentimeter hoch, denn die erste Heuernte war erledigt und fertig eingebracht. Im Garten wurde jedoch allem Anschein nach nicht gemäht, daher reichten die sich dort wild ausbreitenden Stauden mir stellenweise bis an den Hals. Also erkämpfte ich mir einen ersten Trampelpfad, der einmal rund um das Haus reichte, was mich doch einige Mühe kostete, zumal ich an den schattigen Stellen den dicken Stängeln der längst verblühten Brennnesseln entweder ausweichen oder sie mühsam einzeln bodenflach treten musste. Nach jedem Meter, den ich mich so vorgekämpft hatte, schaute ich an der Hausmauer nach oben bis unters Dach und betrachtete die einzelnen Fenster. Die allermeisten davon mussten zu Zimmern gehören, von denen ich nichts wusste. Eines konnte ich jedoch sofort zuordnen, es war das Schlafzimmerfenster von Onkel und Tante. Dort standen die Vorhänge halb offen und es waren jene, die ich später aus der Ferne gut einsehen und damit entscheiden konnte, ob die Tante sich zum

Schlafen hingelegt hatte. Waren diese gänzlich zusammengezogen, bildeten sie nach außen ein tiefrotes Rechteck im Fensterrahmen, dessen Farbton nur in den Faltenwürfen hin zu dunkleren Farben wechselte. Im Zimmer selbst war es dann jedoch gänzlich finster, denn den Stoff dieser schweren Vorhänge durchdrang auch am helllichten Tag kein Licht. Hinter den Fenstern im Untergeschoß waren zumeist keine Vorhänge und auch die Räume waren gänzlich leer. Die meisten davon hatten einen einfachen Bodenbelag, manche aber waren weder ausgemalt noch mit einem fertigen Fußboden versehen. Hier wartete zu diesem Zeitpunkt noch eine Menge Arbeit, von der ich heute weiß, dass sie letztlich nie in Angriff genommen oder gar fertiggestellt wurde. Im Unterschied zu den Häusern der näheren Umgebung und vor allem zu jenen am anderen Ende der Siedlung war dieses Haus bloß wie in die Landschaft gestellt und erfuhr dann über die kommenden Jahrzehnte keine weitere Zuwendung mehr.

Mitten in meiner Expedition rief plötzlich meine Tante nach mir. Ich war ganz in Gedanken versunken, sodass ich nicht im Mindesten wahrnahm, aus welcher Ecke sie mich gerufen hatte. Da mein ausgetretener Pfad das Haus noch nicht ganz umrundete, blieb mir ohnehin nichts anderes übrig, als umzudrehen und den eingeschlagenen Weg zurückzuverfolgen. Bei der Haustür angekommen, stand der Kinderwagen bereit, in der Türöffnung konnte ich noch meine Tante erspähen, die mir bereits den Rücken zugedreht hatte und mir zurief, ich müsse mich die kommende Stunde um meinen Cousin kümmern. Der würde ohnehin gleich im Wagen einschlafen und sie bräuchte bloß eine Stunde Erholung, nur e i n e einzige.

Ich schob den Wagen vom Eingang weg und ein wenig in Richtung Osten, aber nur so weit, bis ich das Zimmerfenster der Tante von der Seite gut genug einsehen konnte. Dann wartete ich gespannt, bis sie die Vorhänge gänzlich zugezogen und sich in der Finsternis des Schlafzimmers eingeschlossen hatte. Denn damit begann ihre besagte e i n e

Stunde, die sie ständig zu erwähnen wusste und von der ich in der Zwischenzeit anzunehmen gelernt hatte, dass sie zumindest in meiner Wahrnehmung jedes Mal wesentlich länger zu dauern schien. Darauf konnte ich setzen und auch heute war darauf wohl Verlass. Warum also sollte ich mich mit dem Baby im Wagen weiter hier auf dem Grundstück aufhalten oder gar langweilen? Ich würde einiges daransetzen, das zu vermeiden, und als die schweren Vorhänge schließlich das Fenster blickdicht von der Außenwelt abschirmten, setzte ich mich mit dem Wagen in Bewegung.

Das Kind war tatsächlich sofort eingeschlafen und döste prompt mit schlaff hinunter hängenden Armen und völlig entspannten Gesichtsmuskeln im Wagen dahin. Die Schotterpiste des Weges, der vom Haus wegführte, störte den Kleinen nicht im Geringsten. Vielmehr schien ihn das leichte Schaukeln, das der unebene Untergrund mit sich brachte, in einen dauerhaft ruhigen und tiefen Schlaf zu versetzen.

Schon von weitem sah ich, dass meine Freunde, zu dritt versammelt, fröhlich und gut gelaunt im Garten spielten. Sie tobten wild herum und riefen sich gegenseitig Mahnungen darüber zu, dass sie mit ihren Superkräften so schnell seien und nicht einfach gefangen werden könnten. Ich traf beim Gartentor gerade ein, als ihre Mutter sie einmal mehr ermahnte, die kommende Stunde ein wenig ruhiger zu sein, um die Umgebung nicht ständig mit ihrem heulenden Dauerlärm zu beschallen. Als sie mich am Tor mit dem Kinderwagen ankommen sah und in mir gleichsam wohl zu Recht eine weitere Lärmquelle befürchtete, fragte sie, ob wir denn nicht Lust hätten, gemeinsam auf den Hügel hinter der Siedlung zu spazieren, denn von dort oben hätte man eine schöne Aussicht und ich wäre an diesem schönen Platz wohl noch nie gewesen. Nachdem der Weg auch für den Kinderwagen taugte und sie uns allen ein Eis zum Schlecken in die Hand versprach, und auch sogleich holte, machten wir uns auf. Die ersten paar hundert Meter auf dem Weg hierher war ich mit dem Wagen und dem schlafenden Kind darin bereits einigermaßen in Fahrt gekommen, sodass ich ausreichend angespornt war, ein weiteres Stück des Weges zu gehen. Und warum also nicht auf den Hügel hinauf? Oben angekommen würde ich nicht nur einen besseren Rundblick über den Ort hinweg haben, ich hätte gleichzeitig auch einen weiteren weißen Fleck auf meiner inneren Landkarte getilgt, auf dem es möglicherweise auch einiges zu entdecken gäbe. Zu viert machten wir uns sogleich auf, folgten dem Weg, über den ich gekommen war, in umgekehrter Richtung und bogen dann rechts ab, um im Weiteren um die Äcker herum einem Pfad zu folgen, der in einem leichten Kreisbogen direkt zur Anhöhe führte. Entfernungen in der Ebene sind oft schwierig zu erfassen. Diese aber war gut einseh- und auch einschätzbar, denn nach einer Dreiviertelstunde sahen wir nicht nur den höchsten Punkt, an dem eine Gartenbank stand und zum Verweilen einlud, sondern waren auch tatsächlich dort angekommen. Der kleine Cousin hatte von alldem nichts mitbekommen, er schlief in leichter Schräglage in seinem Wagen weiterhin tief und fest.

Unser Eis hatten wir zu diesem Zeitpunkt in der nachmittäglichen Hitze des Sommers natürlich längst verdrückt, also setzten wir uns und überblickten stumm die weite Landschaft, die sich schläfrig vor uns ausbreitete. Als Fremdenführer wären die drei wohl nicht besonders geeignet gewesen, denn sie verloren kein Wort darüber, was es alles zu sehen gab. Von den hoch aufragenden Bergen im Osten bis hin zum See mit seinem berühmten, glasklaren Wasser im Westen, der jetzt allerdings in einer Dunstglocke breiig dahinschimmerte und nicht so gläsern und detailreich zu sehen war, gab es zwischen vereinzelten Kirchtürmen und unverbauten Ländereien mit den darin residierenden großen Höfen allerhand zu entdecken. Ja, und schließlich sah man auch das nach Westen hin gerichtete Schlafzimmerfenster meiner Tante, dessen tiefrote Vorhänge einen bunten, aber insgesamt eher dunklen Punkt in die ansonsten weiße Fassade ihres Hauses malten. Sie schlief also, gleich ihrem Säugling, weiterhin tief und fest und ich musste mir wohl keinerlei Sorgen machen, dass sie ganz plötzlich erwachte und sich hektisch und gewissenhaft nach uns umsah. Still und ruhig lag die Ortschaft vor einem und nur wenig Straßenlärm war vom Scheitelpunkt des Hügels aus zu vernehmen. Obwohl ich mich hier ganz wohl fühlte, zusammen mit meinen Indianerfreunden und fern der Last des Alltags, plagte mich der eine Gedanke, wie lange ich das Kind im Schlepptau wohl noch mitführen müsste. Und ein anderer Gedanke gesellte sich zu diesem Unwohlsein hinzu, wie oft noch die Tage wohl so verlaufen würden wie die bisherigen. Ich ahnte Schlimmes und dachte gleichzeitig, dass ich mich in meinen Vermutungen wohl nicht sehr irren würde, wollte dieses Gefühl jedoch nicht gänzlich heraufbeschwören, wollte es unter der Decke dicker Ignoranz versteckt wissen, wollte mich in diesem Augenblick auch nicht damit beschäftigen, und schob dieses unwohle Gefühl, das mich augenblicklich ganz unruhig werden ließ, das mir den Schweiß auf die Stirn zu bringen und meinen Rücken zu verhärten drohte, in Gedanken zur Seite und mahnte die anderen zum Aufbruch.

Zuhause angekommen, fügte sich wenigstens dieses eine Mal alles zum Guten. Ich kam gerade mit dem Kinderwagen in den Garten, als der Kleine schließlich wieder munter und sichtlich unruhig wurde. Aus dem Haus waren leise Geräusche zu vernehmen und es schien sich etwas darin zu regen. Dabei hoffte ich, dass die Tante munter geworden, vom Schlaf erholt und gut gelaunt war, und kaum hatte ich diese Hoffnung wie einen frommen Wunsch an den Himmel gedacht, öffnete sich die Eingangstür und der Onkel kam die wenigen Stufen zum Vorplatz des Hauses herab. Als er auf mich zukam, äußerte er sich gar nicht, fragte auch nichts, sah mich kaum an und nahm nur das Kind aus dem Wagen und verschwand mit ihm im Inneren. Ich folgte den beiden mit einem kleinen zeitlichen Abstand, ungewiss, was jetzt wohl folgen würde, denn schließlich musste er bei meiner Ankunft verstanden haben, dass ich nicht, wie es mir aufgetragen wurde, in

Rufweite zum Haus geblieben war, sondern das Grundstück um Weites verlassen hatte. Es folgte aber nichts, keine Reaktion war an ihm zu bemerken und alles blieb wie es sein sollte. Im Haus selbst war es weiterhin still. Nur den Onkel konnte ich deutlich im Badezimmer vernehmen, wie er den Cousin versorgte und in der Küche knisterte leise der sich ausdehnende, schwere und noch volle Einkaufskorb, der mitten am Tisch stand und dort von der tiefer stehenden Sonne des späten Julinachmittags langsam erwärmt wurde.

Im Nachhinein und mit großem zeitlichen Abstand kann ich gar nicht mehr sagen, wie lange und wie intensiv meine Ferientage nach diesem Muster abgelaufen sind. Aber ich weiß noch zu gut, dass sie mir damals ewig gleich in diesem öden, aufreibenden Trott vorgekommen sind. Als Kind erlebt man die Zeit, die verstreicht, ja ganz anders, viel langsamer jedenfalls. Daher kann ich mich auch täuschen. Die wenigen Wochen, die ich bei Onkel und Tante verbrachte, wollten allerdings auch in der Erinnerung nie enden und meine Hoffnung auf die große, unbeschwerte Ferienfreude schwand merklich von Tag zu Tag.

Als ich wieder einmal in diesen engen, erdrückenden Zuständen gefangen war, machte ich mich an einem der besonders schönen Tage, den Cousin quasi im Schlepptau, aber tatsächlich vor mir herschiebend, auf, um im Indianerrevier Nachschau zu halten und dort etwas Ablenkung und zugleich Ausgleich zu meiner unerträglichen Zwangssituation, in der ich mich ständig befand, zu finden. Das Revier war aber gänzlich leer, keine noch so kleinen Anzeichen einer Anwesenheit meiner Freunde waren zu sehen oder zu hören und auch der sonst so aufmerksame Hund war nirgends hervorzulocken. Das bedeutete wohl, dass alle, Eltern wie Kinder, den schönen Sommertag, den ich als solchen auch mir gewünscht hätte, zum Anlass genommen hatten, um wegzufahren. Vielleicht zum vergnüglichen Baden an den See oder in die kühlere Bergwelt zu entfliehen und dort, weit weg und für mich zugleich unerreichbar, die Seele baumeln zu lassen. Ich aber stand im

Garten der Nachbarschaft, den ich eigentlich doch so mochte, resigniert mit mir und der Welt und ich war in diesem Moment gänzlich unschlüssig, wie ich diesen Tag einigermaßen gut überstehen konnte. Da wünschte ich mir das e i n e Mal meiner Tante herauf, das sie so oft zur Sprache brachte, wie ein Ritual regelmäßig heraufbeschwor, und im Grunde ein i m m e r meinte, mit dem sie wohl dachte, alles Übel, das auf ihrer gequälten Seele lastete, zudecken zu können.

In diesem Augenblick kam mir der naheliegende und letztlich doch sehr verhängnisvolle Gedanke, die Idee, ich könnte den Ausflug hinauf auf den Hügel wiederholen, dort oben in der allergrößten Ruhe sitzen und Ausschau halten, was sich herunten in der Ortschaft so tat. Von dort oben, wie ein aufmerksam spähender Indianer, würde ich sofort den richtigen Moment erkennen, in dem meine Freunde heimkehren würden, ich könnte unverzüglich bemerken, sobald sich die Vorhänge in Tantes Schlafzimmer öffneten und ich hätte dann noch ausreichend Zeit, eilig nach Hause zurückzukehren, um nicht viel später als der Onkel im Garten einzutreffen. Diesen sähe ich aus meinem Ausguck dann schon von weitem, wenn er den Nachhauseweg vom Bahnhof antrat, und den Weg den Hügel hinab könnte ich dann mit einigem Schuss nutzen, wenn der Kinderwagen durch die konstante Erdanziehung wie von allein ins Tal gezogen wird. So malte ich mir überaus günstige, spannende und tolle Momente aus, die ich an diesem Nachmittag zu meiner Freude nutzen könnte. Ich sah deutlich vor Augen, was sich alles noch ereignen könnte und saß letztlich doch nur dort oben, in der prallen Hitze eines Sommernachmittags, schaukelte ein wenig das Kind im Wagen und es tat sich nichts. Niemand kam, nichts regte sich, kein Hund bellte, der neu Ankommende aufgeregt ankündigte, keine Autos bogen erwartungsvoll um die wichtigen Kurven und kein Zug, der kam und bald darauf wieder leise anfuhr, brachte meinen Onkel nach Hause. Es war die Öde pur, wie sie von nichts und niemandem übertroffen werden könnte. Und das sollten meine Ferien sein. Aber wo waren die spannenden Momente, die meine Eltern erwähnten, wo waren die Augenblicke mit meinen Freunden, die Onkel und Tante ins Spiel brachten, wenn es wieder einmal darum ging, dass ich ihr billiger, ja kostenloser, Babysitter war, den sie benutzten wie eine wertlose Vertretungskraft, der man leicht anschaffte und die zu gehorchen hatte?

Da spürte ich sie wieder, diese unbändige Wut, die sich begann, langsam aber heftig in mir zu entladen. Dieses drückende, schwer auf mir lastende Gefühl, das ich ständig vor mir herschob, es nicht begreifen konnte und mich ihm hilflos ausgeliefert fühlte. Was konnte ich schon machen, solange ich der Situation nicht entfliehen konnte? Was musste ich tun, um hier endlich wegzukommen? Wohl etwas, das Onkel und Tante soweit erzürnte, dass sie mich nach Hause schickten. Aber was sollte ich tun? Was kam in Frage und wirkte entsprechend? Die Tante zur Weißglut zu bringen, schien einfach. Dafür genügte ein kleiner Regelbruch, nur hatte dieser nicht die erwünschten Folgen. Dass allerdings auch der Onkel zur Einsicht kam, meine Eltern zu verständigen und mich heimschicken zu müssen, war definitiv schwieriger.

So saß ich weiter an der besagten Stelle und starrte in die große Leere, die gänzlich unverändert vor mir lag und keine auch noch so kleine Regung zeigte. Der Cousin wurde langsam munter und begann sich in seinem Wagen zu regen. Vielleicht, so dachte ich, konnte ich ihn noch ein wenig in den Schlaf wiegen und den Heimweg hinauszögern. Ich stellte den Wagen quer zur Sitzbank und schaukelte ihn leicht vor und zurück. Es dauerte eine ganze Weile, bis mein Tun seine Wirkung zeigte und er sich beruhigte und weiterschlief. Ich aber wippte den Wagen einfach weiter, vor und zurück, vor und zurück, vor und zurück und noch einmal nach vorne. Und in diesem Moment ließ ich den Wagen los. Dieser begann daraufhin ganz langsam, fast behutsam die Wiese hinab zu gleiten. Das Schaukeln setzte sich nun von ganz allein fort und steigerte sich vorerst nur ein wenig. Mit der Zeit aber nahm er doch einige Fahrt auf, rollte zielstrebig dem Tal zu, schaukelte heftig, wurde immer mehr vom ungleichmäßigen Grasboden auf und ab gestoßen und fiel dann am Rande des Bachbettes um. Dort lag er nun, von der Kraft, die sich mit der hohen Geschwindigkeit einstellte, heftig zur Seite geworfen. Von meinem Sitzplatz aus war von meinem Cousin nichts zu sehen und auch nichts zu hören. Kein Rufen, kein verzweifeltes Schreien, nichts. Es war einfach still. Ganz still.

Die Sonne begann sich am Horizont bereits deutlich hinabzusenken. Ich stand auf und ging den Weg zurück, den Hügel hinab und auf die Siedlung zu, die mich totenstarr im gleißenden Sonnenlicht erwartete.

Das war der Tag, an dem meine Tante, allein zuhause und sichtlich verzweifelt, zwei von den blauen Tabletten genommen hatte.

## 2

## Christina – Nie genug

*Kein Mensch kann ein Minderwertigkeitsgefühl lange ertragen; es versetzt ihn in einen Spannungszustand, der gebieterisch nach irgendeiner Tat verlangt. Der Minderwertigkeitskomplex tritt auf vor einer Schwierigkeit, welcher der Mensch nicht genügend angepasst oder für die er nicht ausgerüstet ist, und drückt seine Überzeugung aus, dass er unfähig ist, sie zu lösen. Aus dieser Definition können wir entnehmen, dass Zorn und Wut so gut Ausdruck eines Minderwertigkeitskomplexes sein können wie die Tränen oder Entschuldigungen.* [2]

Familiengeschichten wiederholen sich. Das weiß ich heute besser als je zuvor und ich sehe diesen Umstand mittlerweile auch viel deutlicher, auch in meiner eigenen. So manche Umstände, die sich wie von allein eingestellt haben und gar nicht wenige Erlebnisse und Erfahrungen, die ich in den vergangenen Jahren mit meinen Kindern gemacht habe, sind ganz ähnlich, wenn nicht sogar gleich, wie jene, die meine Eltern, meine Großeltern und sogar meine Urgroßeltern erlebt hatten. Dass dies so ist, könnte man meinen, liegt überwiegend daran, dass sie weitergegeben, dass sie von Generation zu Generation erzählt wurden und so mit der Zeit in den Erfahrungsschatz der Nachkommenden wie selbst Erlebtes einfließen. Aber das sind gar nicht die Umstände, die ich hier meine. Vielmehr sehe ich heute trefflich Zusammenhänge, wie Personen in ihren Familien agieren und agierten und dabei mit bestimmten Erlebnissen konfroniert wurden, die ihnen niemand weitererzählt hat. Auch solche, die in ihrem eigenen Leben gleich oder sehr ähnlich stattgefunden haben, ohne dass sie je vom Umstand erfuhren, dass es in ihrer Herkunftsfamilie bereits seit langem immer wieder ähnliche Verhaltensweisen und familiäre Muster im Alltagsleben gab. Und vor allem erkenne ich inzwischen ganz deutlich, wie einen die eigene Familiengeschichte verändert, bewusst oder unbewusst beeinflusst und von Zeit zu Zeit zu gleichen Ergebnissen führt. Die Erkenntnis, die man daraus gewinnt, mag sich in der Vergangenheit für so manche in meinem direkten Umfeld wie eine Sackgasse angefühlt haben, aus der es galt, mit allen Mitteln auszubrechen. Sei es sanft und behutsam, sei es wild und radikal.

Bevor mir dies klar wurde, viel klarer als je zuvor, bemerkte ich die Tatsache der Wiederholung bei meiner allerbesten Freundin, die ich je hatte, und deren Freundschaft zu mir so inniglich war, wie ich wohl keine mehr haben werde. Einiges, das sich wiederholt hat, war offensichtlich. Anderes, das damit zu tun hatte, so aber von der Umgebung nicht oder nicht gern gesehen wurde, blieb lange unter der zähen, alles zudeckenden Oberfläche des Wegsehens und Verdrängens verborgen. Und noch heute, viele Jahre später, hat sich daran wenig geändert. Bereit, an die Nachkommen weitergegeben zu werden.

Ich kannte meine Freundin Christina von Kindesbeinen an. Wir wohnten in der gleichen Stadt, im selben Viertel, ja sogar im selben Häuserblock, bloß im nächsten Eingang um die Ecke. Meine Eltern hatten nur ein Kind, mich. Das hatten sie sich so nicht ausgesucht, denn sie träumten stets von einer Familie mit mehreren Kindern. Doch bei dem einen ist's geblieben. Eben bei mir. Über die Jahre mussten sie traurigerweise feststellen, dass sich an diesem Umstand wohl auch nichts mehr ändern würde. Es sei denn, es geschah ein Wunder oder das absolut Unvorhersehbare sorgte für eine riesengroße Überraschung. Also nahmen sie die Situation, wie sie war, machten sich aber auf, um Spielgefährten in der Nähe für mich zu finden. »Denn«, so sagte mein Vater immer, »ein Kind braucht Kinder.« Und damit hatte er wohl recht. Nicht, dass sich meine Eltern nicht bemüht hätten, viel

Zeit mit mir zu verbringen und einiges mit mir zu unternehmen, aber sobald ich irgendwo ein Kind wahrnehmen konnte, galt diesem meine vollste Aufmerksamkeit. Und so sind wir einst auch Christinas Eltern begegnet. Vom Sehen kannten sich unsere Eltern wohl, nicht aber persönlich oder sogar besser. Zudem hatten Christinas Eltern eher das gegenteilige Problem. Sie hatten schon drei Mädchen und freuten sich, wenn eines davon auswärts zu Besuch war und damit zwischenzeitlich etwas mehr Ruhe in ihre vier Wände einkehrte. Denn drei Mädchen in einer Wohnung konnten sich durchaus bemerkbar machen, wenn sie einander gegenseitig mit ihrem aufgewühlten Tun ansteckten oder gemeinsam Dinge ausheckten, die sich die Eltern in der Form durchaus nicht immer wünschten.

Bei einem der zufälligen Treffen, an einem verregneten Samstag Vormittag im Supermarkt, sprach meine Mutter Christinas Eltern an und fragte, ob Christina denn nicht einmal zum Spielen vorbeikommen wolle. Wir beide wären gleich alt und könnten sicher gut miteinander auskommen. Zudem hätte ich, so meinte sie weiter, noch relativ wenig Kontakt zu Gleichaltrigen. Bei schlechtem Wetter könnte Christina ja in unsere großzügige Wohnung im dritten Stock beim Hauseingang Nummer 22 kommen, bei besserem oder schönem Wetter wäre sie gerne auch im begrünten Innenhof des Wohnblocks willkommen, der zudem auch von der Wohnung von Christinas Eltern einsehbar wäre. Obwohl die Gegebenheiten für Kinder in den umliegenden Häusern für eine Stadt eigentlich ziemlich gut waren, wohnten hier zu dieser Zeit fast ausschließlich kinderlose Ehepaare, viele davon schon ältere Menschen, deren Kinder erwachsen und längst über alle Berge waren, sowie einige wenige, sogenannte Alleinstehende. Und so kam es, dass eines regnerischen Nachmittags Christinas Mutter mit ihr an der Hand bei uns anläutete, einen Kaffee der Höflichkeit halber mittrank und dann alleine wieder nach Hause ging. Christina und ich hatten für unser erstes Aufeinandertreffen zwei Stunden Zeit, miteinander zu spielen und uns erstmals kennenzulernen, ehe sie wieder abgeholt werden sollte. Diese Zeit verflog, als wären es bloß ein paar Minuten gewesen, denn zwischen uns beiden war das erste Treffen sofort Freundschaft auf den ersten Blick. Christina war nicht fordernd und wollte nicht gleich alle Spielsachen von mir sehen und ausprobieren, sie erzählte auch wenig darüber, welche sie kannte und welche sie oder eine ihrer Schwestern sogar selbst besaßen. Sie ließ mich im Grunde genommen einfach gewähren. So zeigte ich ihr zuallererst meinen ganzen Stolz, mein funkelnagelneues Puppenhaus, das ich im letzten Winter vom Christkind bekommen hatte. Natürlich wusste ich damals schon, dass meine Tante dieses besorgt hatte, es war aber besser bei dieser fixen Idee der Erwachsenen mitzuspielen und einen Brief zu schreiben, der dann von der Tante vom Fensterbrett genommen wurde, als dagegenzuhalten und mit kindlicher Weisheit aufzutrumpfen. Als Einzelkind von Eltern, die nicht übermäßig sparen mussten, war es ohnehin leicht, Sachen zu bekommen, die für andere jedenfalls keine Selbstverständlichkeit waren.

Zielgerichtet steuerte Christina dann auch auf das große Puppenhaus zu, das prominent neben dem großen Fenster im Wohnzimmer stand. Meine Eltern hatten mich beim Spielen gerne um sich, daher standen einige meiner Spielsachen nicht im Kinderzimmer, sondern in der Küche und eben auch im Wohnzimmer. Dass damit dort automatisch immer eine gewisse Unordnung herrschte, schien sie nicht weiter zu stören. Nachdem sich Christina das gar nicht so kleine Haus, das ganz meinen Puppen gehörte, gründlich angesehen hatte, begann sie dieses langsam aber sehr zielgerichtet leerzuräumen. Alle Puppen aus dem oberen Stockwerk mussten dabei ihr gewohntes Umfeld verlassen. Dann kamen die vielen Kleider dran, die ich fein säuberlich zusammengelegt und in den Kästen im Untergeschoß verstaut hatte. Auch die Möbel räumte sie heraus, sodass in kurzer Zeit ein ziemliches Durcheinander rund um das Puppenhaus entstand. Christina sah sich dabei alles ganz genau an. Sie strich die Kleider, die Röcke, Hosen und Blusen wieder glatt, ordnete die Möbel neu, stellte das Waschbecken aus dem Puppenbad nun in den Puppenflur, die Puppenbetten des Schlafzimmers in das Wohnzimmer und begutachtete ihre neugewählte Anordnung von allen Seiten. Ich war gespannt, wie das Haus mit dem vermischten Interieur aussehen würde und ließ sie weiter gewähren, ohne einzugreifen. Ich reichte ihr, auf ihren Wunsch hin, das eine oder andere Element und sah, wie Stück für Stück quasi ein neues Haus entstand. Als ich das Puppenhaus zu Weihnachten bekommen hatte, saß ich stundenlang vor den Abbildungen, die, auf Karton bunt aufgedruckt, mitgeliefert wurden und versuchte anhand derer, das Puppenhaus nach den Vorgaben richtig einzurichten. Mit dem Ergebnis war ich nach Stunden konzentrierten Arbeitens zufrieden und behielt die Pläne stets gut vor Augen, sodass ich bei kleineren Umstellarbeiten das richtige Ergebnis wiederherstellen konnte. Christina schien das allerdings wenig zu kümmern und ich war ganz angetan, mit welcher Selbstverständlichkeit sie dabei zu Werke ging. Wenn ich das eine oder andere umzustellen versuchte, um etwas Neues auszuprobieren, blieben mir immer Möbelteile übrig, die im Haus keinen Platz mehr fanden. Bei Christina schien sich dieses Problem auf wundersame Weise nie zu stellen. Jeder Stuhl, jeder Tisch und jeder Kasten fand seinen Platz. Auch wenn ich nicht der Meinung war, dass die neue Anordnung besonders praktisch ausgerichtet war, so beließ ich diese einfach so, wie sie geworden war und fand sie auch so in Ordnung.

Das Puppenhaus hat uns beide noch einige Jahre beschäftigt. Auch als wir dafür wohl schon als zu alt galten, setzten wir uns manchmal noch davor und begannen, alles heraus- und anschließend alles wieder hineinzuräumen. Jedesmal in einer neuen Ordnung und jedes Mal ohne dass ich das Gefühl hatte, ein Teil wäre zu viel oder zu wenig. Auf Christina hatte diese Tätigkeit jedenfalls eine überaus beruhigende Wirkung, denn wenn sie manchmal ziemlich aufgewühlt und vom

Haarschopf abwärts äußerst verkrampft ankam, so lösten sich diese nicht nur innerlichen Spannungszustände bei ihr, sobald wir uns hinsetzten und gemeinsam ans Werk gingen. Das war das erste, was ich an ihr wahrnahm. Sie konnte unglaublich gelöst und frei von allen Zwängen sein und handeln und manchmal bedurfte es nur ganz wenig und plötzlich, wie von einer Sekunde auf die andere, wirkte sie verkrampft. Dann spannten sich plötzlich ihre Gesichtsmuskeln, ihr hinreißendes Lächeln verschwand und ihr Blick verhärtete sich im wahrsten Sinne des Wortes. Vom glücklichen, unbeschwerten Mädchen zum angriffslustigen, kampfbereiten bedurfte es oft nur eines Augenblicks und mit der Zeit lernte ich dies rechtzeitig zu erkennen und zu wissen, wann es besser war, auf ruhige, mitfühlende Distanz zu gehen als auf sie einzudringen oder gar ihre rapiden Gefühlsänderungen infrage zu stellen.

Christina war das jüngste von drei Mädchen. Ihre Schwestern, Charlotte und Cordula, waren im Abstand von je zwei Jahren zur Welt gekommen. Die älteste, Cordula, war wenige Monate nach der Hochzeit ihrer Eltern geboren worden, Charlotte zwei Jahre später. Und dann kam im gleichen Abstand Christina zur Welt. Die Regelmäßigkeit der Geburten wurde dadurch unterstrichen, dass alle drei im gleichen Monat Geburtstag hatten, Charlotte und Christina sogar am gleichen Tag. Ihre Mutter achtete stets sehr darauf, dass die Mädchen zumindest an den Sonn- und Feiertagen wie aus dem Ei gepellt aussahen und schöne, äußerst mädchenhafte Kleider trugen. Den Mädchen schien dieser Umstand wenig auszumachen, zumindest solange sie noch kleiner und kindlicher waren. Unter der Woche trugen sie einfache und praktische Alltagskleider, wie alle Gleichaltrigen zu dieser Zeit, obwohl sie aus einer sehr wohlhabenden Familie stammten und dies durchaus mit Leichtigkeit zur Schau hätten stellen können. Sie wuchsen gemeinsam in einer großen Stadtwohnung auf, deren Dimension vom Umstand unterstrichen wurde, dass sie einst durch das Zusammenlegen dreier großer Wohnungen mit hohen Decken und großen, mehrflügeligen Fenstern entstanden war, die im Stiegenaufgang unmittelbar nebeneinander lagen. An der Stelle, an der sich die ehemaligen Eingänge befanden, waren blinde Türen angebracht, die das äußere Erscheinungsbild wahrten, von innen dafür aber kaum ausgemacht werden konnten. Die Wohnung gehörte ihrem Vater, wie ihnen stets gesagt wurde. Ihre Mutter war in diesem Sinne de facto eine Geduldete, auch wenn dies nie zur Sprache kam. Und wenn die Kinder den Umstand ansprachen, dass am Wohnungseingang bloß der Name des Vaters »A. Fuchs« vermerkt war und der Rest der Familie verschwiegen wurde, gab er zu bedenken, dass mit »A. Fuchs« ja eigentlich gar nicht er, sondern einst sein Großvater gemeint war, der dieses Schild hatte anbringen lassen, das anschließend sein Vater und später er übernommen hatte und dass dies somit eine altehrwürdige Tradition sei, die er eben fortführe. Natürlich, so meinte er, könnte dort auch »Familie Fuchs« stehen, dann aber wäre damit irgendeine Familie Fuchs gemeint und nicht jene »Familie A. Fuchs«, unter deren Namen die halbe Stadt ihn und seine Familie kannte. Schließlich stand auch am Firmenschild im Zentrum der Stadt »A. Fuchs«, ebenso auf der zugehörigen, aber etwas abgelegenen Garage. Somit seien sie eben die »A. Fuchs« und niemand anderes.

Dieses »A. Fuchs«, das dem Vater der Dreien so wichtig war und auf das er so viel Wert legte, war in jener Zeit, Christina und ich mochten gerade vier Jahre alt gewesen sein, allerdings völlig gestört, denn außer dem Vater gab es niemanden in der Familie, der genauso geheißen hatte. Und dieser Umstand machte dem Vater Sorgen. Nicht nur Sorgen, ihn quälten Gedanken, wie er es denn nun schaffen sollte, seinen florierenden Betrieb »A. Fuchs« weiterzuvererben, wenn niemand mit einem »A« in der nachfolgenden Generation vorhanden war. Zwar hätte er den Betrieb und alles was dazugehörte, auch jemand anderem verkaufen und die Bedingung stellen können, dass der Name weitergeführt werden musste, damit wäre aber er der letzte in einer langen Familienabfolge gewesen, der alles selbst zu erledigen wusste und eine weitere Tochter mit einem Vornamen, der mit dem Buchstaben A beginnt, konnte er sich bei bestem Willen, wie er sagte, nicht vorstellen. Das hätte es bislang noch nicht gegeben. Bei seinem Großvater und auch bei seinem Vater nicht. Beide hatten die Firma samt Vermögen an einen Anton übergeben und so sollte, ja musste es auch bei ihm sein. Das war für ihn sonnenklar und völlig unumstößlich. Der Buchstabe A war reserviert und er war für einen Sohn reserviert. A wie Anton, wie man heute beim Buchstabieren sagt, würde der Nachfolger heißen. Das stand für den Vater fest und anders konnte und durfte es nicht sein.

Dass die Vornamen aller drei Töchter mit dem Buchstaben C begannen, war nicht willkürlich aber letztlich wohl mehr ein Zufall, denn sie erbten die Namen der beliebten Großmütter und einer kinderlosen Erbtante, die ihr nicht unbeträchtliches Vermögen noch zu Lebzeiten ausschließlich den weiblichen Nachkommen der Familie vermacht hatte. Christina bekam ihren Vornamen, nachdem die beiden Großmütter quasi bereits bedient, glücklich und damit zufrieden waren. Christina erbte, so wie ihre Schwestern, nicht nur ein Drittel von Tante Christinas Vermögen, sie erbte auch ihr manchmal ungestümes Gemüt. Dieses trat oft ganz spontan zutage, vielleicht wie aus einer Lauerstellung im Hinterhalt, und konnte jeden, der sie nicht kannte, ziemlich überfordern. Denn wenn der Tante etwas, und das konnte eine Kleinigkeit sein, nicht passte oder jemand sich um eine Winzigkeit im Ton vergriff oder sich um eine schmale Haaresbreite daneben benahm, dann wurde aus der sonst so geduldigen, höflichen, aufmerksamen und durchaus auch zuvorkommenden Frau in wenigen Sekundenbruchteilen eine rasende Furie, die Feuer spie und laut um sich schlagen konnte, sodass ein jeder besser die Flucht nach hinten, den Rückzug in sichere Gebiete, antrat, als sich der Gefahr auszusetzen, in Stücke zerrissen zu werden. Ihre Umgebung schrieb dieses Verhalten ihrem Temperament zu. Weniger nett war hingegen die Einschätzung, dass dieses Verhalten wohl auch der Hauptgrund gewesen sein mag, dass sie Zeit ihres Lebens ohne Partner und ohne Kinder geblieben war und mitsamt ihrem selber ererbten Vermögen bis zu ihrem Tod ohne viele Freunde und im Grunde einsam und wohl auch ein wenig unglücklich gewesen war. Bei der jungen Christina hingegen konnte man dieses plötzliche Aufflackern von Wut und Zorn jedoch im Vorfeld erahnen, wenn man wusste, woran sich dieses erkennen ließ. Leicht war dieses Unterfangen letztlich trotzdem nicht, denn man musste ihr genau in die Augen schauen können. Dort nahm alles seinen Anfang und im Weiteren seinen zügellosen Lauf. Die Pupillen vergrößerten sich merklich, die Augenlider blieben starr, anschließend verhärteten sich die Gesichtsmuskeln und ihr Anblick veränderte sich deutlich von einem hübschen, ebenmäßigen Gesicht hin zu einer erstarrten Maske, die die abrupt nahenden Drohgebärden verhieß.

Es gab jedoch noch einen weiteren, einen zutiefst hässlichen Grund, warum die Vornamen der Töchter allesamt mit dem Buchstaben C begonnen haben. Einen, der nie offen ausgesprochen wurde, der aber immer dann zum Vorschein kam, wenn die Wogen mit den Emotionen hochgingen in der Familie. Denn immer dann zeigte sich ein Teil jener Wahrheit, die sonst gut versteckt und vergraben blieb und wohl auch bestens geleugnet wurde. Der Familienvater bezeichnete sich gerne selbst und durchaus stolz als Traditionalist, einer, wie er meinte, im wahrsten und besten Sinn des Wortes. Und dabei gaben für ihn immer die Männer den Ton an. Im Geschäftsleben wie privat. Nie in seinem Leben hatte er nennenswerte Geschäfte mit einer Frau gemacht, eher mit ihrem Vater oder, wenn es gar nicht anders ging, aber wichtig war, eventuell noch mit ihrem Geschäftsführer. Bei Familientreffen im Privaten unterhielt er sich immer mit seinen Vettern und dem einen Schwager, hingegen kaum, und wenn, dann nur am Rande, mit seinen Schwestern oder den Cousinen. Männer waren für ihn stets die

Macher, die, die vorgaben, wo es lang ging, Frauen hingegen eher das schmückende Beiwerk. Frauen waren in seiner Vorstellung nicht A-wertig, Frauen waren für ihn vielmehr B- oder C-wertig. Als ihm dieser Ausspruch »Frauen seien maximal C-wertig«, in einem unbedachten Moment einmal über die Lippen kam, war für Christina und ihre Schwestern klar, worauf diese ständig vorgeschobenen Traditionsansinnen hinauslaufen sollten. Anton, der Familienvater, konnte sein Hab und Gut nicht an jemanden weitergeben, der in seiner Vorstellungswelt nicht vollwertig war, der, beziehungsweise die, allein aufgrund ihres Geschlechts nicht gut genug war, seinen Anforderungen zu genügen. Und diese Haltung überschattete das Familienleben tagtäglich wie ein unsichtbares, aber ständig im Verborgenen lauerndes, bedrohliches Ungeheuer, das jederzeit loszuschlagen in der Lage war. Eines, das man nicht wegreden, das man nicht durch übermäßig schöne Geschenke an die Kinder ausmerzen konnte und das der eigenen Frau ständig zum stillen aber schwerwiegenden Vorwurf wurde, sie würde keine respektablen Stammhalter, keine Söhne zur Welt bringen.

Dieser Makel, übermäßig viele, ja fast ausschließlich, Mädchen unter den eigenen Kindern zu haben, haftete bereits am Großvater und Urgroßvater von Christina, und möglicherweise auch bereits an einigen Vätern der Generationen davor. Aber stets kam zu den Mädchen letztlich mit einiger Verspätung doch ein Knabe, ein Bruder für die Mädchen und ein achtbarer Stammhalter für den Vater, hinzu. Ein rettender Bub, der so sehr herbeigesehnt wurde und der etliche Jahre später, als niemand mehr damit rechnete, die Familien vervollständigte. Und so war es auch in der Familie meiner Freundin. Anton, anders zu heißen wäre ihm auch gar nicht möglich gewesen, kam zur Welt, als Christina und ich sieben, ja schon fast acht Jahre alt gewesen waren. Die Schwangerschaft versuchte damals die Mutter möglichst lange für sich zu behalten, doch eines Tages musste sie diese zuerst ihrem Mann und später ihrer Familie und den Töchtern wohl mitteilen. Dieses Kind, dessen Geschlecht bis zur Geburt nicht bestimmt war, lag wie ein Damoklesschwert über der Familie im Engen und der Großfamilie im Weiteren. Die Freude der vergangenen Schwangerschaften wollte diesmal nicht so recht aufkommen. Die Mutter ahnte und spürte wohl, dass es nun an ihr lag, nicht zu versagen, denn dass sie bereits drei Mädchen zur Welt gebracht hatte, nahm der Vater nie und nimmer auf seine Kappe. Einen Sohn hingegen hätte er gerne prächtig gezeugt und ein solcher würde jede Schieflage in seinem bislang kruden Weltbild neu ausrichten und endlich geradebiegen. Er wusste natürlich um seine Familiengeschichte und hoffte in diesem Sinne auch auf deren Wiederholung. Wieso sollte bloß er mit der unendlichen Schmach leben müssen, keinen eigenen Sohn zu haben? Wieso sollte nicht auch ihm das späte Glück hold sein und ihm ein Bub geboren werden? Und trotz dieses Wissens um die eigene Familie konnte er nicht Freude und Glück auf das Kommende empfinden, sondern musste, seinen inneren Zwängen folgend, in steter Anspannung und Missmut die weiteren Monate verbringen. Bis endlich die Gewissheit da sein würde, die zwischen Freude und Leid, zwischen inniglicher Hoffnung und einem riesigen Fiasko durch und durch unterschied.

Diese für alle deutlich spürbare Spannung übertrug sich natürlich auch auf die Mädchen. Sie wussten, dass des Vaters Stimmung in jede Richtung umschlagen konnte und dass darunter vor allem auch die Mutter sehr zu leiden hatte. Christina nutzte viele Gelegenheiten, um in dieser Zeit ihre gewohnten vier Wände zu verlassen und meine Eltern freute dies sehr. Wir verbrachten oft jeden Nachmittag gemeinsam im Hof, kochten dort unsere Zaubertränke und waren noch ganz ins Spielen versunken, wenn uns unsere Eltern plötzlich riefen und zum rechtzeitigen Nachhausegehen ermahnten. Mit keinem anderen Kind konnte ich mich so intensiv ins Tun fallen lassen, sodass die Außenwelt völlig versank und die Zeit rasend schnell verging. Manchmal kamen auch andere Kinder vorbei, die neugierig waren, wie und wo wir wohnten und die wissen wollten, welche Spielsachen ich besaß und die ich dann mit ihnen für ein paar Stunden teilte. Aber mit keinem anderen war diese Leichtigkeit und die völlige Hingabe im Miteinander zu erreichen wie mit ihr. Auch andere Kinder waren durchaus nett und interessierten mich, sie brachten vielleicht auch von zuhause ein kleines Mitbringsel als Geschenk ihrer Eltern, aber letztlich war es oft bloß ein höfliches, artiges Nebeneinander, wie es oft von Kindern erwartet wird, aber darüber hinaus kein gemeinsames oder gar intensives Erleben.

Christina und ich wurden aufgrund unseres gleichen Alters und der nahe beieinanderliegenden Wohnadressen gemeinsam eingeschult. Wir teilten uns die Lehrerin, deren kindlich zur Schau getragene Freude über jede Kleinigkeit uns manchmal nerven konnte, den Klassenraum, der für viel weniger Kinder gedacht war, als anwesend waren, und den Schultisch, der in der zweiten Reihe direkt am seitlichen Fenster stand. Wir hatten die gleiche Schultasche, sogar dasselbe Modell und wären wir tatsächlich Zwillinge gewesen, hätten wir zu jener Zeit wohl darauf bestanden, auch die gleichen Kleider zu tragen. Das hätte gerade noch gefehlt, meinten unsere Eltern, obwohl sie beim Einkaufen der Kleider durchaus darauf Rücksicht nahmen, was das andere Kind gerade trug oder bevorzugte. Christina war von Anfang an viel fleißiger in der Schule als ich. Sie bemühte sich im Unterricht stets, immer alles sofort zu verstehen, während ich meistens der Meinung war, dass ich nicht alles immer gleich lernen, auf Nachfrage wissen und sogar verstehen musste, denn später hätte ich durchaus noch ausreichend Gelegenheit, dazuzulernen. Bei den Hausaufgaben waren die Umstände ähnlich gelagert. Ich machte meine Schreib- und Rechenübungen und war mit meinen Ergebnissen recht bald zufrieden. »Was würde es denn bringen, alles mühsam anzufertigen und perfekt abzuliefern, wenn die ersten paar Anläufe bereits eine passable Ausbeute zeigten?«, dachte ich. Christina konnte sich hingegen stundenlang damit beschäftigen, bis sie ihre Hausübungen in absolut perfekter Manier hinbekommen hatte, die

Rechenergebnisse nicht nur richtig, sondern auch schön hergeleitet und anmutig niedergeschrieben waren und die Schreibaufgaben fehlerfrei und ohne Ausreißer, möglichst wie gedruckt, zu Papier gebracht waren. Das alles in Heften ohne Makel, auf Seiten, deren Weiß einem wie neu entgegenstrahlte und in bunten Einbänden, die auch nach Monaten noch so aussahen, als hätte kein Kind sie jemals zur Hand genommen. Mein Pragmatismus, mit dem ich die Schule ruhig und unauffällig hinter mich brachte, war ihr eindeutig zu wenig. Sie wollte nicht durchschnittlich sein, und sie wollte keinesfalls als C-wertig eingestuft werden, denn das hatte sie ohnehin jeden Tag zuhause durchzustehen. Dass wir unterschiedlicher nicht hätten sein können, zeigte sich auch darin, wenn wir unsere Federschachteln vor uns auf den Schultisch stellten, um mit dem Schreiben oder Zeichnen zu beginnen. Christina bestand darauf, dass sie ein Pennal verwendete, das groß genug war, um all ihre Stifte darin, passend eingeordnet, unterzubringen. Ihre Farbstifte und Bleistifte waren stets pedantisch genau gespitzt und wie nummerierte Zinnsoldaten in Reih und Glied eingesteckt. Ich bevorzugte ein Schüttelpennal, das mich zu keiner Ordnung zwang. Alle Stifte lagen darin und manchmal verließ mich der Mut, wenn ich einen bestimmten nicht und nicht finden konnte. Die Zuversicht verließ mich allerdings nie und in so mancher Unterrichtsstunde musste ich den gesamten Inhalt ausleeren, um einen bestimmten Farbstift oder meinen Füllfederhalter zu finden. Natürlich verließ ich mich in dieser Sache auch auf meine eigene Mutter, die ein wenig mehr darauf achtete, dass meine Sachen ordentlich und funktionsfähig waren und mir war dies nur recht. Das wäre Christina natürlich nie passiert. Über meine Nachlässigkeit im Halten von Ordnung konnte sie jedoch häufig schmunzeln. In dieser Hinsicht hätten wir unterschiedlicher nicht sein können und trotzdem waren wir allerbeste Freundinnen für viele Jahre.

Die Leistungen in der Schule wurden von Christinas Eltern durchaus honoriert. Sie spornten sie an, noch besser, noch fleißiger und noch genauer zu sein, mit dem Ergebnis, dass unsere gemeinsamen Spielnachmittage weniger und kürzer wurden. Christina aber wurde auch weniger fröhlich und dafür deutlich verbissener, wenn sie ihre schulischen Leistungen für nicht perfekt und durchaus noch steigerbar hielt. Die Klassenlehrerin teilte leider den Eifer der Eltern und anstatt sie zu fördern, wie es ihrem Alter entsprach, suchte sie ständig nach Möglichkeiten, das Kind über den Anspruch von Gleichaltrigen hinaus weiter herauszufordern.

Der Ansporn, immer besser zu werden, die Latte sich selbst immer höher zu legen, um sich und anderen zu zeigen, dass sie etwas taugte, dass sie alles andere als C-wertig war, wurde schließlich zum allerbesten Futter für ihre Wut. Wut auf ihre Eltern, die sie ständig für verbesserungswürdig hielten, Wut auf ihren Vater, der ihr nie ihr Können und ihre Möglichkeiten aufzeigte und ihre Leistungen entsprechend honorierte, dafür ihr aber stets ihre Grenzen vor Augen hielt, um ihr deutlich zu zeigen, dass es immer noch bessere Schüler gab, die ihr vielleicht sogar einiges voraushatten. Dann die Wut auf ihre Lehrerin, deren allzu verhaltenes Lob Christinas Bedarf daran nie und nimmer deckte, Wut auf ihre Geschwister, denen niemals das Gleiche abverlangt wurde, die ihre Schulen nach ihrem Ermessen und ihren Fähigkeiten absolvieren durften und nie mit Besseren verglichen wurden und letztlich die große Wut auf sich selbst, weil sie für sich keinen Weg fand, aus dieser tödlichen Spirale des immer Mehr und immer Besser auszubrechen. Hätte sie gewagt auszusteigen, nicht mehr mitzumachen, hätte sie sicherlich mit schweren Vorwürfen rechnen müssen, die darauf abzielten, dass sie letztlich wohl doch nicht so gut wäre wie andere, dass es eben Bessere gab, die zudem mit großer Leichtigkeit ihre Ziele erreichten und nicht schon auf dem Weg dorthin verzagten.

Aussteigen wäre also die schlechteste aller Lösungen gewesen, dachte sie, und dieses Gefühl sollte sie ihr weiteres Leben über mit sich tragen.

Christina war bereits als Kind nicht nur äußerst gefordert und in vielerlei Hinsicht zudem auch rücksichtslos überfordert, sie musste sich damals wohl auch ständig fremdbestimmt vorgekommen sein. Meine Eltern ließen mir in vielerlei Hinsicht schon früh sehr viele Freiheiten. Ich konnte selbst entscheiden, wann ich wohin zum Spielen wollte, wann ich meine Freunde oder auch meine Großeltern treffen wollte, aber auch, wann ich lieber alleine war. Meine Hausaufgaben durfte ich genau dann erledigen, wenn ich dafür bereit war. So brauchte ich manches Mal nach der Schule eine längere Pause, um wieder aufnahmefähig zu sein, manches Mal aber auch nicht, und ich erledigte die mir aufgetragenen Übungen noch vor dem gemeinsamen Mittagessen mit meinen Eltern. Beide, sowohl mein Vater als auch meine Mutter, hatten diesbezüglich Glück mit ihren Dienstzeiten. Meine Mutter musste selten an den Nachmittagen arbeiten, mein Vater kam hingegen abends spät nach Hause, dafür hielt er eine ausgiebige und wohl auch erholsame Mittagspause. Christina aber konnte niemals selbst entscheiden, wann sie ihre Hausübungen erledigen wollte, sondern sie musste diese sofort nach dem Heimkommen angehen, damit andere Kinder bei ihr um Hilfe anfragen und die Eltern sich in ihrem Glück sonnen konnten, doch eine so begabte und fleißige Tochter zu haben. Sie durfte nicht darüber entscheiden, wann sie welche Leistungen erbringen wollte, denn ihrer Lehrerin fielen immer rechtzeitig noch weitere, schwierigere Aufgaben ein, die Christina zu erledigen hatte, und die damit ihre Freizeit allzu oft torpedierte, die andere sehr wohl hatten und genießen konnten. Und so blieb sie ein Kind, später eine Jugendliche, über dessen Leben stets andere entschieden, und ihr ohnehin kleiner Freiraum schwand mehr und mehr dahin. Ich kann im Grunde gar nicht sagen, ob Christina diesem Leistungsdruck je entkommen konnte, denn auch später noch, als sie das elterliche Haus bereits verlassen hatte und außerhalb der Stadt sesshaft wurde, konnte sie kaum akzeptieren, wenn sich jemand in ihr Leben einmischte. Einmischung war für sie zugleich zur Freiheitsberaubung geworden, ganz unabhängig davon, wie sich eine solche zeigte. Sei es durch Bekanntschaft oder gar durch Liebschaft, jede kleine Einmischung, und damit auch jeden Wunsch nach Teilhabe an ihrem Leben, nahm sie stets als eine massive Einschränkung ihrer selbst wahr. Eine solche konnte und wollte sie später, als sie bereits auf eigenen Beinen stand, nicht akzeptieren und verhinderte damit nur allzu oft äußerst erfolgreich, dass sich eine Partnerschaft auftun konnte oder sich gar ein Mann an ihrer Seite über einen längeren Zeitraum hielt.

Es war an einem Weihnachtsabend, als Christinas Mutter ihr und den Schwestern das erzählte, was sie Wochen zuvor bereits ihrem Ehemann mitgeteilt hatte und es dauerte eine kleine Weile, bis sie mit ihrer anfänglich zögerlichen Erzählung auf den Punkt kam. Die Mädchen wussten zu diesem Zeitpunkt anscheinend wirklich noch nichts und ihr Vater schien ihnen auch nichts weitererzählt zu haben, denn die nachfolgende Überraschung war groß. Viel größer als sie je angenommen hatten. Ihre Mutter sagte ihnen nämlich, dass sie, wenn alles gut ginge, noch ein Geschwisterkind bekommen würden und dass es bis zur Geburt auch gar nicht mehr weit hin sei. In den Augen ihrer Kinder konnte sie im ersten Moment wohl nicht ablesen, ob dieser Umstand bei ihnen große Freude oder einiges an Überraschung auslöste, oder ob diese Ankündigung sie zu einem völlig unerwarteten Zeitpunkt erreichte, sodass sie nicht wussten, wie sie reagieren sollten. Mit offenen Mündern saßen sie da und sahen sich gegenseitig an. Ein wenig verwirrt vielleicht und sich ihrer ersten Gefühle unsicher, blieben sie am Tisch sitzen und warteten, ob noch etwas folgen würde. Ob der Vater, wie so oft, vielleicht etwas vorgeben würde, wie sie zu reagieren hätten oder ob die Mutter Weiteres sagen würde, was es zu diesem Zeitpunkt noch zu wissen galt. Aber nichts folgte und keiner sagte etwas. Schließlich war es Cordula, die älteste, die zu diesem Zeitpunkt schon zwölf, und bald dreizehn, Jahre alt war, die aufstand, den Tisch umrundete und zur Mutter hinüberging und sie leise, ganz ohne jedes Geräusch und ganz sanft umarmte. Die beiden blieben lange in dieser halb sitzenden, halb stehenden Pose regungslos verharren, bis schließlich Charlotte und Christina folgten und sich ihnen in enger Umarmung anschlossen. Es war, als wollten sie Mutter trösten und mit ihr mitfühlen, in Anbetracht dessen, was noch auf sie zukommen würde.

Bei Christina muss diese Nachricht wie eine Bombe eingeschlagen haben. Sie war sich lange unsicher, ob sie sich ab jetzt auf das weitere Geschwisterkind freuen oder sich vor der Möglichkeit, entweder einen kleinen Bruder oder eine dritte Schwester zu bekommen, fürchten sollte. Ich hätte mich riesig über eine solche Mitteilung gefreut, nur mir was es nicht gegönnt, Geschwister zu haben. Für sie hatte jedenfalls beides, ob Bruder oder Schwester, Konsequenzen, das wusste und das spürte sie ganz deutlich, aber sie konnte in diesem Moment nicht sagen, welche der beiden Möglichkeiten die weniger schlimme gewesen wäre. Eine kleine Schwester zu bekommen, hätte in jedem Fall zur Folge, dass sie nicht mehr die Kleinste, die Jüngste, in der Familie wäre und sie somit einiges an Nachsichtigkeit und Rechten abzugeben hätte, die sie bislang daraus bezog. Oft kamen ihre Eltern, wenn Christina Streit mit ihren Schwestern hatte, zur Einsicht, dass auf Christina als der Jüngsten mehr Rücksicht als auf die Älteren genommen werden müsse. So manchen Streit mit ihren Schwestern brach sie auch grundlos vom Zaun, bloß um sich einmal mehr durchzusetzen und ihre Chancen standen jedes Mal gut, dass sie dies erreichen konnte, schließlich war sie ja jünger als die anderen und diese mussten daher eben mehr Rücksicht nehmen. Einen kleineren Bruder zu haben bedeutete jedoch, dass dieser nicht nur augenblicklich die ganze Aufmerksamkeit ihrer Eltern und vielleicht auch ihrer größeren Schwestern auf sich ziehen würde, sondern dass dann endlich das A-wertige Kind in der Familie angekommen wäre, das sich ihr Vater so sehr wünschte und mit seinem manches Mal sehr ablehnenden Verhalten gegenüber ihr und ihren Schwestern offen einforderte. Dann allerdings würde sie in der Wertigkeitsskala ihrer Eltern nicht nur einzementiert, sie würde wohl zudem deutlich absteigen. Ein Mädchen und zudem nicht das jüngste Kind zu sein, war in dieser Familie nicht die beste Ausgangsposition für die nachfolgenden Jahre.

Die Zeit bis zur Geburt des Kindes war eine bange Zeit, die langsam verging und scheinbar nie enden wollte. Ihre Mutter wirkte immer sehr angespannt, sie fühlte sich in ihrer Rolle ganz offensichtlich überhaupt nicht wohl. Schließlich gab ihr ihr Ehemann mehr als deutlich zu verstehen, dass sie mit den drei Töchtern, die sie bereits in die Welt gesetzt hatte, seinen Ansprüchen bislang nicht genügte und ein weiteres Mädchen wohl einem Versagen gleichkam, das er keinesfalls dulden wollte. Wenn Christina an ihrer Hand zu uns kam, dann blieb ihre Mutter zumeist in der Küche bei meiner Mutter sitzen und erholte sich ein wenig von den Strapazen ihrer Schwangerschaft, die Woche für Woche größer wurden. Nicht nur einmal war es dazu gekommen, dass sie die ganze Zeit über, während wir mit uns beschäftigt waren, bei uns blieb und anschließend, am Nachhauseweg, ein wenig entspannter und erholter wirkte. So waren unsere Zusammenkünfte für sie von doppeltem Vorteil. Christina konnte ihre beste Freundin sehen und musste sich nicht wie sonst jeden Nachmittag mit ihren Schwestern zanken, um sich und ihre Interessen durchzusetzen, ihre Mutter entkam für ein paar Stunden dem Haushalt und der schweren Last, die dazumal auf ihr ruhte und sie rasch müde und angespannt werden ließ. Auch Christina reagierte in diesen Wochen des bangen Wartens äußerst sensibel. Dann durfte man sie nicht berühren, denn bei jedem willkürlichen oder unwillkürlichen Körperkontakt schreckte sie auf, zuckte mit dem gesamten Körper blitzartig zurück und benahm sich im Weiteren so, als hätte sie sich an der Berührungsstelle verbrannt oder wäre gar eingeklemmt worden und hätte dadurch starke Schmerzen, die nur langsam abklangen. Daher mied sie in diesen Wochen näheren Körperkontakt zu anderen, auch zu mir, sodass wir oft das Puppenhaus drehen mussten und sich jede von uns an einem anderen Ende beschäftigte, damit wir uns nicht gegenseitig ins Gehege kamen. Ein Näherkommen war dann nicht angesagt, nicht möglich und auch nicht erwünscht.

In den letzten Tagen der Schwangerschaft war Christina fast durchgängig bei uns. Das störte meine Eltern nicht, sondern, ganz im Gegenteil, freuten sie sich darüber, dass meine beste Freundin nun auch länger bei uns sein konnte. Zuhause war Christinas Großmutter eingezogen, um im Haushalt zu helfen und um überall dort zur Hand zu gehen, wo es notwendig war. Jedoch war nicht ihre eigene Mutter, sondern die rüstige und einigermaßen resolute Schwiegermutter gekommen, die sich im Vorfeld ihrer Ankunft nicht lange angeboten hatte, sondern einfach angereist war. Das Verhältnis zwischen diesen beiden Frauen war kein besonders enges oder gar liebevolles und vertrautes, aber durchaus ein freundliches. Lieber hätte Christinas Mutter ihre eigene bei sich gehabt, doch es blieb ihr schließlich keine Wahlmöglichkeit und ihre eigene Mutter war zu dieser Zeit zudem nicht mehr ganz auf der Höhe ihrer Gesundheit, die sie noch einige Jahre zuvor nur so versprühte. Und vielleicht war das letztlich gar nicht so verkehrt, denn schon ihre Schwiegermutter hatte dieses Schicksal mit ihren drei Töchtern erlebt und auch sie gebar um einiges später dann doch noch einen Sohn, wie einst auch ihre eigene Mutter. So konnte sich diese Frau, deren Vornamen sie Cordula weitergegeben hatte, gut in die Situation einfühlen und sprach ihr in diesen Tagen häufig Mut zu.

Es kam letztlich, wie es kommen musste. Christina war mit ihrem Fahrrad an einem Dienstag Nachmittag bei uns. Sie hatte es mitgebracht und durfte es über die kurze Strecke am Gehweg auch ganz allein zu uns schieben. Schon öfters hatten wir darüber gesprochen, nachmittags gemeinsam Rad zu fahren. Sie hatte ihres von ihrer Schwester Charlotte übernommen, die dieses knallrote, glänzend sauber geputzte Fahrrad nie wirklich geliebt hatte und deshalb wies dieses nur wenige Gebrauchsspuren auf. Meine Eltern räumten den äußeren Rand des begrünten Innenhofs leer, sodass uns ausreichend Platz zur Verfügung stand, um zwischen der Rasenfläche und den Hauswänden entlang unsere Runden zu drehen. Manchmal aber legten wir uns selbst Hindernisse in den Weg, denen wir ausweichen mussten, um die Kreisfahrt etwas interessanter und jedes Mal neu zu gestalten. Im Keller fanden wir dafür alte Eimer, die keinem Bewohner mehr zugeordnet werden konnten und mein Vater fand allerlei andere Dinge, die sich für die Gestaltung eines Parcours mit Hindernissen eigneten. Wir waren mitten im Geschehen, fuhren mal schwierige Runden, für die wir uns selbst Punkte gaben, mal leichte, bei denen wir die Zeit zählten, die wir zum Umrunden der Rasenflächen brauchten, als uns plötzlich meine Mutter rief. Sie hatte einen Anruf aus dem Krankenhaus bekommen. Christinas Mutter war vormittags auf die Geburtenstation gefahren und hatte gegen Mittag ein Kind geboren. Einen Sohn und beide waren wohlauf. Das ließ sie ausrichten.

Als Christina das hörte, ließ sie ihr Fahrrad liegen und lief prompt, ohne sich wie sonst artig zu verabschieden, nach Hause. Meine Mutter meinte noch, sie würde vor Freude wohl am liebsten gleich bei ihren Schwestern und der Oma sein wollen. Ich aber sah deutlich ihre sich verhärtenden Gesichtszüge und wusste, das würde wohl nicht so sein. Und in diesem Fall sollte ich leider Recht behalten und meine Mutter sich gründlich irren.

Sie lief und lief und lief. Sie lief, den Hof hinter sich lassend, zur Haustür hinaus, sie lief am Gehsteig entlang um die Ecke, beim nächsten Hauseingang den runden Öffnungsbogen im Mauerwerk hindurch und die Treppen hinauf zur Wohnung. Oben angekommen sah sie ihre Schwestern und die Großmutter, wie sie mit offenen Mündern dasaßen und nicht wussten, wie sie wohl am besten reagieren sollten, als Christina dahergestürmt kam. Sie raste an diesen vorbei, ohne aufzusehen, und schlüpfte durch die halboffene Tür hinein in ihr Zimmer. Die Tür knallte sie heftig hinter sich zu und es sollte eine ganze Weile dauern, bis eine der Schwestern sich aufraffte und einen Versuch wagte, anzuklopfen und einzutreten. In der Zeit zwischen den beiden Ereignissen, dem Ankommen in der Wohnung und dem Verschwinden im eigenen Zimmer, hörte man Christina wimmern und weinen, sie schluchzte ganz herzzerreißend und alle wussten, dass dieser Zustand des maximalen Unglücks wohl nicht so schnell vorübergehen würde.

Noch am selben Abend kam die Mutter freudestrahlend mit dem Kind nach Hause. Christinas Vater hatte die beiden abgeholt und ging stolz mit dem Knaben im Arm hinein bis in die Mitte der Wohnung. Vor Freude strahlend zeigte er diesen zuerst der Großmutter, die ihn vorsichtig für einen Moment an sich nahm, und reichte das Kind dann von einem Arm zum nächsten. Ganz so, als müssten sich alle Anwesenden selbst davon überzeugen, dass der kleine Anton ein wahrer Prachtkerl war und erst recht einer werden würde, wenn er einst in seine Fußstapfen getreten sein würde. Die Mutter plagte sich inzwischen mit dem Gepäck ab, den vielen Taschen und ebenso vielen Utensilien, die sie erst ins Krankenhaus mitgenommen und jetzt wieder zurückgebracht hatte. Viel wäre davon nicht notwendig gewesen, denn das Krankenhaus stattete alle Neugeborenen, auf Kosten der Stadt, mit allem, was es für die ersten Tage brauchte, aus. Und so kam es, dass auf der Heimfahrt fast die doppelte Anzahl an Taschen mitzunehmen war wie auf der Hinfahrt.

Nachdem alle ausgiebig den friedlich schlafenden Buben betrachtet und im Arm gewiegt hatten, wäre eigentlich Christina an der Reihe gewesen, das Kind zu begrüßen. Doch Christina wollte nicht aus ihrem Zimmer kommen und der Vater wurde von ihren Schwestern daran gehindert, einfach in ihr Zimmer zu treten und sie zu holen. Allen war klar, dass sich mit der Ankunft des Jungen das Familienleben gründlich verändern würde, was es sogleich auch tat. Denn Anton junior war nun zuhause und teilte nur ein wenig später bereits seine ersten Wünsche mit.

Dass sich das Leben mit einem Neugeborenen in der Familie gründlich ändert, zählt wohl nicht zu den Spezialfällen des kleinen Anton, denn das Leben ändert sich mit einem Baby in jeder Familie. Die Eltern und die älteren Kinder hatten bereits Jahre Zeit, sich einen für alle gangbaren Rhythmus zu finden, das Neugeborene allerdings musste in diesen erst hineinfinden und eckte dabei ständig mit allem an, was davon abwich. Bei Anton war es nicht anders. Er hatte immer genau dann Hunger, wenn niemand damit gerechnet hatte, wollte Aufmerksamkeit dann, wenn niemand Zeit für ihn hatte und machte immer dann auf sich aufmerksam, wenn es gerade nicht passte und alle irgendwelchen Tätigkeiten nachgingen. Den großen Vorteil, den das Baby allerdings hatte, war der große Altersabstand zu seinen Schwestern und Cordula und Charlotte freute es, wenn sie sich mit ihm abgeben durften, wenn sie ihn exklusiv für sich haben konnten. Die Rolle in der Familie und die Aufgaben der Mutter waren zwar klar geregelt und mussten wohl auch nicht viel und oft diskutiert werden, trotzdem war sie froh, wenn die beiden so manche der Tätigkeiten mit dem Kind übernahmen. Und dem kamen sie oft und gerne nach. Stolz spazierten sie dann mit dem Kinderwagen und dem schlafenden Anton darin durch den Park, zeigten ihn ihren Freundinnen und gaben gerne preis, welche Fertigkeiten sie im Umgang mit dem Kind bereits erlangt hatten. Anton schien dies zu genießen, wenn er herumgefahren und herumgereicht wurde und überall ein strahlendes Lächeln und die eine oder andere Liebkosung erntete. Nur von seiner anderen Schwester sah er nicht allzu viel. Wenn er Christina erspähte, fixierte er sie mit seinem fragenden Blick, wenn sie dann rasch wegsah, blickte er verwundert zu seinen anderen Schwestern und schwieg. Anton war ein fröhliches, ausgelassenes Kind, das jeden gerne anstrahlte und darauf hoffte, dadurch ein ebengleiches Lächeln geschenkt zu bekommen.

Die Sitzordnung am Esstisch drückte für Christina die neuen Verhältnisse in der Familie am deutlichsten aus. Üblicherweise saß sie als das Nesthäkchen der Familie zwischen Vater und Mutter. Ich weiß noch, wie sie eines Nachmittags nicht nach Hause wollte und lieber bei uns übernachtet hätte, was an diesem Abend leider nicht ging, dass sie mir davon erzählte, dass Anton, seit er selbstständig sitzen konnte, mit seinem Kinderstuhl Platz am Mittagstisch der Familie genommen hatte. Das wäre weiter nicht verwunderlich gewesen, doch die Mädchen mussten um je einen Stuhlplatz vom Vater wegrücken, sodass Anton den Platz zwischen den Eltern bekam und an der so freigewordenen Stelle Christina ihren Platz erhielt. Für sie, die immer gern zwischen ihrer Mutter und ihrem Vater gesessen hatte, bedeutete dies, dass sie nun von diesem Platz abrücken musste und gegenüber der Mutter und neben dem Vater zum Sitzen kam. Dass Anton auch beim Essen für die nächste Zeit ein Mehr an Aufmerksamkeit brauchen würde, war wohl allen in der Familie, und so auch seinen Schwestern klar, für Christina bedeutete die Änderung in der Sitzordnung jedoch eine demütigende Wegweisung, die sie so leicht nicht hinnehmen wollte.

Auch in den kommenden Jahren verbesserte sich die Lage für Christina wenig. In der Schule musste sie dem ständigen Leistungsdruck standhalten, den allein sie, und keinesfalls in auch nur annähernd gleichem Maße ihre Geschwister, zu stemmen hatte, und in der Familie fand sie nur wenige Möglichkeiten, nicht gänzlich vom Thron entfernt zu werden, den nun eindeutig der kleine Prinz innehatte. Da nützte es wenig, dass sie immer besser und immer leistungsbereiter wurde. Dies wurde von ihr schlichtweg verlangt, ohne dass sie dafür besonderes Lob zu ernten vermochte. Gleichzeitig waren wir in dem Alter, in dem wir uns nicht nur gerne gegenseitig besuchten, sondern auch von Mal zu

Mal über Nacht blieben. Christina nutzte diese Möglichkeiten häufig und meine Eltern waren diesbezüglich sehr aufgeschlossen und großzügig. »Warum«, sagten sie von Zeit zu Zeit, »sollte Christina nicht auch bei uns übernachten. An den Nachmittagen ist sie mittlerweile ohnehin ein gerngesehener Dauergast und am darauffolgenden Morgen hat sie zudem den gleichen Schulweg.« Dieses Entgegenkommen störte Christinas Eltern nicht und wir wussten es reichlich zu nutzen.

Manchmal, aber im Grunde ganz selten, war ich zu Gast in Christinas Familie. Wir zogen uns dann meist zum Spielen in Christinas Zimmer zurück und verhielten uns dabei ruhig und unauffällig. Gerne wären wir manchmal auch durch die große Wohnung gelaufen, hätten versucht, uns gegenseitig zu fangen oder beim Verstecken uns mit lautem Geschrei in einem unerwarteten Winkel wiedergefunden. Aber wir wussten, dass das nicht ging, dass dies nicht erwünscht war, denn der kleine Prinz wollte vielleicht gerade schlafen oder sollte ungestört seine Mahlzeiten zu sich nehmen und durfte beim Saubermachen auch nicht abgelenkt werden. Wir konnten uns so eigentlich nur falsch verhalten und beschlossen, dererlei ausgelassene Spiele auf unsere Wohnung zu beschränken, die zwar deutlich kleiner war, für ein Kind in der Familie aber trotzdem mehr als ausreichend Platz bot, und natürlich auf den Innenhof des Hauses, in dem wir stets die Einzigen waren und niemanden groß zu stören schienen. Und einmal war es dann so. Christina wünschte sich, dass ich an einem verregneten Nachmittag im November zu ihr kam und nichts sprach dagegen. An diesem Tag schien sie, im Gegensatz zu ihren Eltern, sehr anlehnungsbedürftig zu sein. Immer wieder verließ sie für einen kurzen Moment unser Spielen und suchte nach ihrem Vater oder ihrer Mutter, um von ihnen in den Arm genommen und liebkost zu werden. Aber jedes Mal musste sie eine bitterliche Niederlage einstecken, denn der Vater musste sich augenscheinlich um irgendwelche, nicht verschiebbaren Angelegenheiten kümmern und ihre Mutter wollte bloß am Tisch sitzen, die Zeitung lesen und den ruhigen Moment genießen. Und dabei kamen ihnen Christinas Wünsche sehr ungelegen. Aber Christina gab nicht auf und versuchte viertelstündlich aufs Neue ihr Glück, das ihr zumindest an diesem Tag nicht hold sein wollte. So kam es, dass ihr Drängen von den Eltern nach einem weiteren Versuch richtig derb abgewehrt und sie zum Spielen zurück ins Zimmer geschickt wurde. Ich konnte das Schauspiel von meinem Platz aus gut verfolgen und nicht mitansehen, wie schrecklich es ihr dabei erging, jedes Mal, und zuletzt ziemlich barsch, zurückgewiesen zu werden. Mit hängenden Schultern und traurigem Blick kam sie zu mir und wollte das Spiel, das zwischen uns gerade noch gut gelaufen war, gar nicht mehr aufnehmen. Sie setzte sich an die der offen gebliebenen Tür gegenüberliegende Wand und starrte hinaus zu ihren Eltern, die beide in ihr Tun ganz vertieft waren und abwesend wirkten. Auf Christina muss diese Situation wie das Sitzen vor einer unsichtbaren Mauer gewirkt haben, die zu durchdringen sie einfach nicht in der Lage war. Niemand wäre dazu in der Lage gewesen, könnte man annehmen. Die Eltern wollten für sich sein, und Christina hätte ohnehin ihre Freundin, mögen diese gedacht haben. Aber ganz so war es schließlich doch nicht, denn gerade als Christina vor Verzweiflung im Sitzen fast umgekippt wäre, öffnete sich die Tür des Nebenzimmers und Charlotte betrat mit dem kleinen Anton im Arm den Wohnbereich. Beide schienen vergnügt und beide hatten den halben Nachmittag gemeinsam verschlafen und den Regen vor dem Fenster Regen sein lassen. Als Anton seine Eltern sah, streckte er ihnen ganz vergnügt seine kleinen Arme entgegen und strahlte über das ganze Gesicht. Augenblicklich ließen beide von ihren Tätigkeiten ab, nahmen ihn entgegen, liebkosten ihn und erfreuten sich an seiner Anwesenheit. Plötzlich waren die Beschäftigungen, denen sie Sekunden vorher noch so konzentriert nachgegangen waren, nicht mehr wichtig und sie schenkten dem kleinen Prinzen ihre volle Aufmerksamkeit. Christinas Gesicht aber erstarrte zur Maske. Tränen rannen ihr stumm in Strömen von den Wangen, sie kippte zur Seite und blieb zusammengekrümmt liegen. Niemand bemerkte davon etwas und niemand kümmerte sich um Christina. Ich aber schloss leise die Tür, setzte mich neben sie und nahm sie sanft in die Arme. Sie ließ es zu, dass ich sie in diesem Moment berührte, dass ich sie tröstete und in diesem Augenblick konnte ich sehen und fühlen, wie die Wut in Strömen in sie hineinfloss, aber nur langsam wieder zum Vorschein kam. Ich hatte fast den Eindruck, das mächtige Wutgewitter, das eben unübersehbar über ihr aufgezogen war, ergoss sich in einem sanften Tröpfeln, die dicken schwarzen Wolken aber blieben in ihr und verhängten dunkel, ja rabenschwarz, ihr geschundenes Herz.

Mit Christina hat ein Gedulds- und Geschicklichkeitsspiel in meinem Leben Einzug gehalten, auf das ich sonst wohl nicht gekommen wäre. Ich hatte diesbezüglich ganz andere Vorlieben und Interessen. Sie aber liebte das Spiel mit den Stäbchen, sie war eine leidenschaftliche Mikadospielerin geworden. Ausdauer und Geduld konnte Christina zeigen, aber ich hatte stets den Eindruck, dass diese nicht zu jenen Stärken gehörten, die ihrer Persönlichkeit entsprachen. Vielmehr glaubte ich, dass diese eher Eigenschaften waren, die sie sich über die Jahre selbst beigebracht, ja antrainiert, hatte. Mikado spielen konnte sie zu jeder Tageszeit und das Spiel forderte sie gnadenlos dazu heraus, perfekt in jeder Bewegung und Beobachtung zu sein. Oft saß sie ganz konzentriert vor dem willkürlich zusammengefallenen Stäbchenhaufen, der sich nach einem Wurf formte, und versuchte jede der möglichen weiteren Handlungen so genau zu analysieren, dass es oft ein wenig dauerte, bevor sie ihren ersten Zug tat. Dann aber ging es meistens sehr schnell und meine Eltern und ich durften dann am Rande des Spielfeldes zusehen, wie sie ein Stäbchen nach dem anderen entfernte, ohne dass sie den getanen Spielzug unterbrechen musste. Dann waren wir drei oft nur noch Randfiguren des Geschehens, die sich an ihrem unglaublichen Geschick erfreuten und darauf hofften, beim nächsten Einsatz wieder mitspielen zu können. Während meine Eltern und ich stets gänzlich versagten, wenn wir unkonzentriert oder gar schlechter Laune waren, konnte Christina sich auch mit der größten Wut im Bauch daran erfreuen und auch dann gewinnen. Während ich aufgrund ihrer Anspannung den Eindruck hatte, dass sie eigentlich den ganzen Stäbchenhaufen mit einem Handstreich und wildem Geschrei vom Tisch fegen sollte, gab sie sich mit äußerster Akribie dem Entwirren jedes einzelnen Stäbchens hin. Es war wohl ihre besondere Art und Gabe, dass es ihr gelingen konnte, aus tiefer Kränkung Wut am eigenen Leib zu erfahren, die sie nicht in den üblichen ausufernden, ja überbordenden, Zorn, sondern in eine schier endlose Kraft verwandelte, die sie antrieb und weiterbrachte. Viel weiter als die allermeisten Gleichaltrigen.

Die immense Wut, die Christina schon als Kind dauerhaft in sich und mit sich trug, die sie überallhin mitnahm, blieb natürlich kaum jemandem verborgen. Manchmal hatte ich den Eindruck, sie trüge ihre gesamte Gefühlswelt, zugedeckt durch das eine, die Wut, ständig wie auf einem Tablett vor sich her, sodass sich dieser niemand entziehen konnte und jedermann ihr sehenden Auges ausgeliefert war. Ihre manchmal sehr plötzlich auftretenden, abweisenden Reaktionen anderen gegenüber trugen viel dazu bei, dass sie von den meisten Mitschülern in der Klasse mehr und mehr gemieden, von den größeren und stärkeren in der Schule auch gehänselt wurde. Aber auch die, die größeren und stärkeren unter ihnen, fühlten und ahnten genau, dass sie dabei stets auf der Hut sein mussten, denn vielfach hatten schon welche erleben müssen, was es hieß, mit Christinas Gefühlen ein Spiel anzufangen und sie herauszufordern. Denn dann fegte ein wilder Sturm, der sich binnen kurzer Zeit zu einem mächtigen Orkan aufbäumte, über den Schulhof und Christina wandelte in solchen Augenblicken all jene hochkommenden Empfindungen geballt in physische Kräfte um und ging mit roher Gewalt auf jene los, die sich diese nicht im Mindesten hatten vorstellen können. Über all die Jahre hat es mich gewundert, dass nie eine Lehrerin oder eine Pausenaufsicht dies bemerkt hatte, dass niemand Augen- oder Ohrenzeuge von diesen Vorfällen wurde, obwohl ihre wilden Ausbrüche durchaus von respektabler Lautstärke begleitet waren. Letztlich aber wollten wohl die Großen und Starken in der Schule nicht zugeben, dass sie einem jüngeren und deutlich schmächtigeren Mädchen nicht gewachsen wären. Und die Gleichaltrigen hielten sich sehr zurück und neckten sie selten oder forderten sie meistens erst gar nicht heraus.

Die Jahre vergingen und wir wuchsen zu jungen Frauen heran. Beste Freundinnen sind wir geblieben. Um Christina hatte sich im Laufe ihrer Schulkarriere ein kleiner Freundeskreis gebildet, von denen wiederum ein paar solche Freunde waren, die ihre Hilfe brauchten, um in der Schule weiterzukommen. Und ihre Hilfe bot sie gerne an und ist dem sehr ordentlich nachgegangen. Viele Nachmittage, die wir eigentlich für uns reserviert hatten, musste sie absagen, weil bei der einen oder anderen Mitschülerin der Stoff noch nicht gut genug saß, um durch die nächsten Klausuren zu kommen. Damit konnte ich eigentlich ganz gut umgehen, denn ich wusste, wenn ich sie brauchte, dann war auf sie immer Verlass und sie zur Stelle.

Nach der Schule gingen wir, jede für sich, unsere ganz eigenen Wege. Christina bekam ein Luxus-Stipendium, wie wir es damals stets nannten, um sich in der Hauptstadt an einer Einrichtung für Hochbegabte ihrem Physikstudium zu widmen, ich hingegen blieb bei meinen Eltern in der großen, geräumigen Stadtwohnung, die mir ausreichend Rückzugsmöglichkeiten bot, und begann eine Lehrerinnenausbildung, die mir gerade soviel abverlangte, wie ich leisten wollte, ohne mich vom Studium gänzlich eingenommen, oder gar richtig gefordert zu fühlen. Für unsere Freundschaft hieß das aber auch, dass wir diese Jahre hindurch deutlich selteneren und zeitweise sogar eher losen Kontakt zueinander hatten. Wenn Christina alles zu viel wurde, wenn sie im

Studium zu sehr gefordert war und sie sich in ihrer spärlichen Freizeit eingeengt und dadurch bedrängt fühlte, dann rief sie abends an und wir unterhielten uns und plauderten miteinander, ganz so, als hätten wir uns erst gestern gesehen und die Monate davor miteinander verbracht. Für mich war es stets einfach, im Gespräch bei ihr an der richtigen Stelle einzuhaken und die passenden Fragen zu stellen, ohne ihr zu nahe zu treten oder sie in ihrer Intimität zu verletzen, was anderen wohl stets schneller passierte, als diese es ahnen konnten. Zu ihren Eltern und den Geschwistern schien sie zu dieser Zeit deutlich weniger Kontakt zu haben. Ihre Schwestern waren nach der Schule ihren Berufswünschen gefolgt und von zuhause ausgezogen. Aus dem kleinen Prinzen war in der Zwischenzeit ein etwas größerer geworden, der bislang wohl ganz den Vorstellungen des Vaters entsprochen hatte und sich in seine Rolle als dessen Nachfolger fügte. Wie es schien, so hatte ich zumindest von außen gesehen den Eindruck, empfand er diese Erwartungen an ihn weder als große Last noch als eine nur schwer erreichbare Lebensaufgabe. Er blieb in der Schule und im Beruf stets durchschnittlich, verwandte nicht allzu viel Energie darauf, seine Ziele zu erreichen und genoss das Leben in vollen Zügen, genau so, wie es sich ihm gerade bot. Als gut aussehender junger Mann, der gerne und leichten Herzens an vielem seine Freude empfand, war er von Mädchen stets umschwärmt und bei den wachsamen, potenziellen Schwiegereltern als alleiniger Nachfolger eines traditionellen, durchaus sehr begüterten Familienbetriebs in der eigenen Familie ein immer gern gesehener Gast.

Für Christina und mich war dies auch die Zeit, in der wir unsere ersten jener Liebschaften hatten, deren Haltbarkeit über die Monatsgrenze hinausragte. Um mich bemühten sich hauptsächlich meine männlichen Kommilitonen, mit denen ich in den Kursen saß und gemeinsam für die Klausuren lernte. Lieber hätte ich mich für die Prüfungen allein vorbereitet, ich bemerkte aber rasch, dass dies dazu führte, als Einzelgängerin und vielleicht auch als Streberin zu gelten, was mir nicht recht war. Und wenn es nur daran gelegen sein sollte, gemeinsam mit anderen zu lernen, dann störte mich das auch nicht weiter. Meine Eltern waren wie immer sehr entgegenkommend und durchaus erfreut, wenn ich ihnen ankündigte, dass wir das eine oder andere Wochenende bei uns zuhause lernen wollten, und nicht nur einmal boten sie daraufhin an, über das Wochenende einen Ausflug zu machen und uns die Wohnung zu überlassen. Das bedeutete dann meistens, dass wir uns schon am Freitag Abend mit Vorräten eindeckten, die bis zum Sonntag Nachmittag mit Leichtigkeit reichten, und quasi ein Lager aufschlugen, das die ersten verließen, wenn alles wieder in Ordnung gebracht war. Der eine oder andere Mitstudent blieb dann vielleicht noch für ein paar Stunden und genoss mit mir ein Schäferstündchen, das er bei dem üblichen Trubel des Geschehens sonst nicht hätte genießen können. Zu mehr, oder gar zu einer dauerhaften Beziehung, ist es dabei aber nie gekommen, denn einen Lehrer wollte ich eigentlich nicht zum Ehemann haben. Das hatte ich damals beschlossen und daran habe ich mich bei meiner Partnerwahl auch immer gehalten.

Meiner Freundin Christina ist's in dieser Hinsicht ganz ähnlich ergangen und gar nicht selten tauschten wir uns über unsere Erfahrungen mit unseren Kurzzeitliebschaften ausführlich aus, um uns letztlich gegenseitig in unseren Wahrnehmungen und Einschätzungen zu bestätigen. Ich konnte mir für mich keinen Lehrer und sie sich keinen Physiker als Mann in einer dauerhaften Beziehung vorstellen. Nicht, dass wir einen solchen Umstand für langweilig oder uninteressant hielten, aber am Tisch und im Bett wollten wir über andere Dinge sprechen als über schlechte Schüler oder Fehlermessungen in der Spektralanalyse. So mussten die Männer eben warten, bis eines Tages der richtige kommen würde. Die allermeisten verdunsteten ohnehin nach zwei Wochen spurlos wie von selbst, wenn sie merkten, dass ihnen nicht jene überbordende Aufmerksamkeit geschenkt wurde, die sie sich vielleicht wünschten oder gar erwarteten, die wenigen anderen merkten spätestens eine weitere Woche später, dass sich eine feste oder gar dauerhafte Beziehung im Moment nicht wirklich anbahnen ließ. Dieser Umstand, den wir beide sehr unbekümmert lebten, führte bei meinen Eltern dazu, dass sie über die Jahre eine ziemliche Anzahl an männlichen Kommilitonen kennenlernten und immer alle sehr nett fanden und deren Verschwinden nicht nachtrauerten, erschien doch wenig später bereits der nächste Kandidat, der ihnen wiederum, wie schon viele vor ihm, höflich, freundlich und nett vorkam, und von dem sie richtigerweise annahmen, dass es nicht der letzte gewesen sein würde.

Doch eines Tages kam für uns beide alles anders. Ich lernte im Bus auf dem Weg nach Hause einen Physiker kennen, der seinem Beruf interessiert, aber nicht überschwänglich gefangen nachging, und der sich hauptsächlich für die Botanik und die menschliche Seele interessierte, ohne dabei völlig abgehoben zu wirken oder für einen zukünftigen Familienvater völlig ungeeignet zu sein. Denn Kinder, das war mir klar, wollte ich schon gerne haben. Christina hingegen rief eines Abends an und teilte mir mit, dass sie schwanger sei, nichts davon geahnt hatte und zudem nicht wisse, welcher ihrer vielen Liebhaber als Vater für das Kind in Frage komme. Sie klang im Gespräch mehr erschlagen als erfreut über diesen Umstand und wollte mit dem Gedanken, in absehbarer Zeit Mutter zu werden, nicht allein sein. So vereinbarten wir, dass wir uns an einem der kommenden Wochenenden bei mir zuhause treffen wollten, sie also zu uns zu Besuch kam. Ihren Eltern wollte sie vorläufig nichts von ihrer Schwangerschaft erzählen und auch andere Freunde nicht einweihen. Nur mich.

Ich war mir nicht sicher, ob ich mich in dieser Situation für sie sehr freuen oder mehr fürchten sollte, würde doch dieses Kind genau jene Nähe Tag und Nacht einfordern, die sie bislang niemandem zu geben bereit und imstande war, würde sich reindrängen in ihr Leben und in weiten Teilen mit seinen Bedürfnissen und Wünschen ganz konkret vorgeben, wie die kommenden Monate zu verlaufen hatten. Und ich wusste, dass weniges von dem, was auf sie als Mutter zukam, in irgendeiner Weise verhandelbar wäre. Bei ihrem Besuch am besagten Wochenende waren meine Eltern sehr mit sich selbst beschäftigt und so störten sie unsere Zweisamkeit nicht weiter, weder bewusst noch unbewusst. Sie erfreuten sich daran, Christina, die auch aus ihrem Leben fast gänzlich verschwunden war, wiederzusehen, wir frühstückten gemeinsam, aber ansonst gingen wir gänzlich unserer eigenen Wege. Christina versuchte zu erzählen, wie sie dieses Kind in ihren Alltag zu integrieren gedachte, wie sie nebenher als Alleinerzieherin zurechtkommen wollte und wie sie das Mädchen, sie war sich nämlich ganz sicher, dass sie nur ein solches zur Welt bringen würde, vor ihrer eigenen Familie fernhalten wollte. So lief Babyversorgung und Kindererziehung in ihrer bisherigen Vorstellung eher nebenbei ab, sowie gekonnt geplant und durchmischt mit Kinderkrippe, Kindermädchen und kindgerechten Freizeiteinrichtungen, wenn ihr Arbeitgeber gerade andere Vorstellungen von Beruf und Karriere hatte und sie die Zeit deshalb doch lieber im Labor oder im Büro zubrachte, als am Wickeltisch zu stehen und beim Füttern anwesend zu sein. Am Geld sollten ihre Pläne letzlich nicht scheitern, davon verdiente sie reichlich und hatte wohl auch zur Genüge. Als wir uns abends verabschiedeten, kurz bevor meine Eltern wieder zuhause erschienen, war es ein Abschied auf ungewisse Zeit. Die Schwangerschaft und das Kind vor ihrer Familie vorerst zu verheimlichen, war ihr oberstes Gebot, daher wollte sie die kommenden Monate lieber nicht zu Besuch zu kommen, denn von Woche zu Woche war die Ankunft ihres Kindes weniger und weniger zu verbergen oder gar zu verleugnen. Aus diesem Grund plante ich in dieser Zeit eher zu ihr auf Besuch kommen und meinen Eltern von den anstehenden Gründen weiterhin nichts zu erzählen. Aus diesen Plänen ist letztlich nichts geworden. Die Zeit drängte und Christina wollte sich im Beruf einen gewissen Vorsprung verschaffen, von dem sie nach der Ankunft des Babys ein wenig zehren konnte.

Und ich hielt dicht, ganz so als wüsste ich von nichts und hätte weiter auch keine Ahnung. Ich erzählte nichts und niemandem von unserem gemeinsamen Geheimnis und Christina schien keine Bekanntschaften zu haben, die die Nachricht ihrer Schwangerschaft weitergegeben und letztlich über Umwege ihren Eltern zugetragen hätten. Wir sahen uns in diesen Wochen jedoch auch nicht bei ihr. In den Telefonaten, die wir weiterhin intensiv führten, sprach sie zuhauf von aktuellen Ereignissen aus ihrem Leben, über neue Bekanntschaften und von vagen Urlaubsplänen und manchmal auch über die eine oder andere Begebenheit in ihrem Berufsleben, doch das Kind kam in unseren Gesprächen so gut wie nicht vor. Sie erzählte nichts über die Vorbereitungen, die sie treffen würde oder über jene, die sie bereits getroffen hatte, nichts über den Verlauf ihrer Schwangerschaft, die monatlichen Untersuchungen, das Engagieren eines Kindermädchens, das Ausforschen einer geeigneten Kinderkrippe oder gar die Vorbereitungen zur stetig näherrückenden Geburt. In unseren Gesprächen kamen diese Themen schlichtweg nicht vor. Und das bereitete mir einiges an Sorgen. Vorsichtig versuchte ich immer wieder, unsere Telefonate darauf hin zu lenken, das eine oder andere nachzufragen, doch stets wusste Christina eine Antwort, die uns von diesem Thema in weitem Bogen wegbrachte und nach zwei oder drei solchen Anläufen beließ ich das Fragen dann lieber, um nicht den Anschein zu erwecken, sie aushorchen zu wollen. Zudem wussten ihre Eltern weiterhin nichts von der bevorstehenden Geburt ihres Enkelkindes und nach Christinas Wunsch sollte dies bis auf Weiteres auch so bleiben.

Auch wenn sie möglicherweise vieles geplant und alles Mögliche bedacht hatte, so kam letztlich alles ganz anders. Das Kind kam überraschend und es kam einige Wochen zu früh. Die Geburt verlief zwar völlig problemlos, Mutter und Kind überstanden diese gut, nur das

Kind, es war ein Mädchen, war nach den Strapazen ein wenig schwach und sollte ein paar Tage länger in der Klink verbleiben. Darauf war Christina nicht vorbereitet, sie dachte wohl, alles liefe wie am Schnürchen, ganz nach ihren Wünschen und hielte sich an ihre straffe Planung und zugleich reagierte sie etwas irritiert und hinterließ in diesen Momenten bei den Ärzten durchaus einen verwirrten Eindruck. So war es denn wohl angesagt, Mutter und Kind nicht nur einzubehalten, sondern beide auch über die kommenden Tage genau zu beobachten. Die ersten Tage hatte Christina noch einigen Kontakt nach außen, telefonierte viel mit ihren Vorgesetzten und Kollegen, doch danach schien sie sich auf die neue Zweisamkeit einlassen zu wollen und auch zu können. Nachdem sich das Kind, trotz seiner frühen Geburt, rasch entwickelte, ausreichend Appetit zeigte und entsprechend zunahm, durften Christina und das Mädchen unter der Auflage nach Hause, dass sie dort jemanden hatte, der für sie da war und der sich ein wenig um die beiden kümmerte.

Und dieser Jemand war ich. Aufgeregt wie noch nie in meinem Leben, steuerte ich das Auto meines Vaters hinaus aus der Stadt und über den kürzesten Weg direkt zu den beiden. Während der Fahrt noch machte ich mir Gedanken, was mich wohl bei meinem Eintreffen erwarten würde. Pures Mutterglück und ein friedlich schlafendes Baby? Eine von den Strapazen der letzten Tage völlig erschöpfte Christina und ein kleines Kind, das nicht zur Ruhe findet und von den Unbilden der ersten Wochen reichlich geplagt wird? Alles wäre möglich gewesen. Christina hatte sich bei ihrem Anruf sehr kurz gehalten, im Grunde aber nicht gewirkt, als stehe sie unter großer Anspannung. Für mich war die Fahrt somit eine ins Ungewisse und ich wollte unbedingt die Freude über den plötzlichen, völlig unerwarteten Nachwuchs größer sein lassen als meine Bedenken, die möglicherweise ohnehin gar nicht notwendig waren.

Bei meinem Ankommen am darauffolgenden Vormittag war ich äußerst vorsichtig. Ich wollte nicht in die Wohnung der beiden als eine zur Hälfte noch Fremde platzen und die entspannte Ruhe oder das noch etwas labile Glück übermäßig stören. Daher schrieb ich Christina noch vom Auto aus eine Nachricht, dass ich angekommen sei und in wenigen Augenblicken vor der Haustür warte. Kaum war ich dort eingetroffen, surrte nur wenig später der Türöffner. Ich ging durch den Hauseingang und hinauf zu den beiden in den ersten Stock. Beim Eintreten überraschte mich die angenehme Atmosphäre, die die Räume ausstrahlten. Sie waren für einen heißen Sommertag angenehm kühl, die Außenbeschattung hielt das direkte Sonnenlicht fern und die bunten Vorhänge zauberten einen leicht gelb-orangen Schein auf die gegenüberliegenden Wände. Ein angenehmer Duft nach Vanille und Zimt schwebte durch die Räume, der mich sofort einnahm und mich in meine eigenen Kindheitserinnerungen zurückführte. Mitten im Zimmer aber stand ein im Korpus geflochtener Stubenwagen auf großen Rädern mit einem zauberhaft spitz zulaufenden Dach und darunter schlief seelenruhig eine Prinzessin, vollständig in ein zartes Weiß gekleidet, ganz so, als könne jederzeit eine gute Fee erscheinen und sie sanft wachküssen. Über die Maßen erfreut und zudem beruhigt, dass sichtlich alles zum Besten war, stellte ich meine Tasche direkt neben dem Wagen ab und umarmte und küsste meine Christina, die in diesem Moment die Nähe zu mir nicht nur zuließ, sondern zudem auch zu genießen schien. Wir standen eine ganze Weile eng umschlungen, ohne auch nur ein Wort zu verlieren im Raum und erst das sanfte Durchatmen der Kleinen ließ uns freudestrahlend aufblicken und den Raum verlassen.

Gekommen war ich auf Abruf und bleiben wollte ich, solange ich gebraucht wurde. Ich hatte für die nächsten Wochen keine Verpflichtungen, die ich nicht verschieben oder gar absagen konnte. Schließlich war Sommer und Lehrerinnen wie ich waren in den großen Ferien. Also blieb ich und stellte mich auf den Alltag der beiden ein, den sie nun mit mir teilten. In den Nächten hörte ich die beiden, wenn es darum ging, den Hunger des Mädchens zu stillen, ansonsten verbrachte ich in diesen Wochen erholsame Tage. Wir genossen es, der Aufmerksamkeit des Babys zu folgen, sie zu liebkosen und da wir ja zu zweit waren, hatte immer eine von uns beiden quasi eine Babypause, wenn wir denn eine solche brauchten. Aber Anna war in diesen Tagen ein sehr braves Mädchen, schlief viel und stellte wenig Ansprüche. Dass der Mädchenname der Neugeborenen auf meinen eigenen fiel, betrachtete ich als großes Glück. All das, was die große Christina an Gutem in mir sah, glaubte sie auch in ihrem kleinen Kind zu sehen und es bestärkte sie darin, dass für sie beide der Himmel ein großartiges Mutter-Tochter-Verhältnis vorgesehen hatte. Diesem Gedanken konnte ich viel abgewinnen, kannte ich doch die schwierigen Verhältnisse in ihrer Herkunftsfamilie und jene unglücklichen Momente, unter denen sie aufgewachsen war.

So vergingen die schönen Tage wie im Flug und nichts und niemand konnte mich allzu schnell davon abbringen, weiterhin an diesem intensiven Glück teilzuhaben. Wäre da nicht der Anruf meiner Mutter gewesen, die mir ungewöhnlich aufgeregt mitteilte, dass mein Vater auf dem Weg zum Supermarkt ganz überraschend einen Schwächeanfall erlitten hätte und zur genauen Beobachtung direkt ins Krankenhaus gebracht worden sei. Die spontanen Vermutungen des zufällig am Unglücksort anwesenden Notarztes verhießen nichts Gutes, sodass ich mich doch von den beiden sehr ungern und leider übereilt trennen musste, aber versprach, alsbald wiederzukommen. Und tatsächlich stellten sich bei meinem Vater mit zunehmender Dauer des Spitalaufenthaltes vermehrt Komplikationen ein, die es ihm verunmöglichten, rasch entlassen zu werden und bald wieder nach Hause kommen zu können. Meine Mutter und ich waren einigermaßen besorgt, denn mein Vater strotzte Zeit seines Lebens nur so vor Gesundheit, ging regelmäßig zu den empfohlenen Vorsorgeuntersuchungen und erhielt dabei regelmäßig Ergebnisse aus den Laboruntersuchungen und Ultraschallbildern, die einem wesentlich jüngeren Mann entsprochen hätten. Und trotzdem hat all das nicht verhindert, dass es zu diesem unglücklichen Zwischenfall gekommen war. Die Tage und Wochen zogen sich mit reichlichen Höhen und Tiefen in die Länge und ich konnte nur zwischendurch die beiden, Christina und Anna, anrufen. Dass ich in dieser Zeit zuhause gebraucht wurde, war uns allen klar und ein Pendeln zwischen den beiden Welten, eines von der kürzlichen Geburt zum nahen Tod, hätte mich gänzlich überfordert, sodass ich zwischendurch nur schwer wieder zur Ruhe hätte kommen können.

Einige Wochen später ging es meinem Vater wieder deutlich besser. Zwar musste sein Krankenhausaufenthalt immer wieder verlängert werden, doch langsam zeichnete sich eine deutlich ausgeprägte Stabilität auf seinem Weg hin zum Gesundwerden ab. Somit konnten wir uns tatsächlich freuen, dass er bald wieder in seinen eigenen vier Wänden sein konnte. Er wäre in den kommenden Tagen zwar noch ein wenig geschwächt, darauf bereiteten uns die Ärzte vor, doch würde er wieder zu seiner alten Robustheit zurückfinden können, wenn er sich noch ein wenig Ruhe gönnte. Und genau so war es. Von Tag zu Tag ging es ihm besser, seine Spaziergänge im Wald wurden konstant länger und schon drei Wochen nach seiner Entlassung war er fast vollständig wiederhergestellt.

Mitten in dieser Euphorie, in der ich mich zudem langsam wieder damit anfreunden wollte, dass auch die großen Ferien einer Lehrerin ein Ablaufdatum hatten, und ich mich bald wieder auf den Schulalltag einstellen musste, läutete ungewöhnlich spät am Abend das Telefon und holte mich augenblicklich aus meinem tiefen Schlaf zurück in die Finsternis der in der Zwischenzeit angebrochenen Nacht. Auf dem Display schien Christinas Name und zudem der Eintrag auf, dass sie bereits dreimal angerufen hätte. Ich musste schon tief geschlafen haben, wenn ich das mehrmalige Läuten des Telefons nicht gehört hatte, wenn aber Christina um diese Uhrzeit anrief, dann musste es wichtig sein. Daher schaltete ich das Licht ein und hob rasch ab, noch bevor sie erneut anrufen und das Läuten wieder anheben konnte. Christina war ganz atemlos, klang auch ein wenig verwirrt und meinte, sie könne nicht mehr schlafen, einfach nicht mehr schlafen. Weder in der Nacht noch tagsüber. Im Hintergrund konnte ich das Baby schreien hören. Die kleine Anna hätte sich von dem ruhigen, unproblematischen Baby hin zu einer Nachtwandlerin verändert, die die halbe Nacht zum Tag machte und sie ständig aufwecke, vor allem wenn sie selbst schließlich doch, nach langen Wachphasen, eingeschlafen sei. Außerdem könne man sie zur Zeit nirgends allein hinlegen, ohne dass sie zu schreien beginne und sich heiser schrie, bis sie in den Arm genommen wurde. Eine furchtbare Klette sei sie zudem geworden, sie hänge dauernd und viel zu viel an ihrer Mutter. Christina könne nicht duschen, nicht das Zimmer verlassen, nicht einmal die Toilette aufsuchen, ohne dass Anna sofort zu schreien beginne. Wenn die Kleine untertags schliefe, wache sie im Halbstundenrhythmus regelmäßig auf, nur um zu sehen, dass sie nicht allein wäre und schliefe dann wieder ein. Dadurch wären Mutter und Kind völlig aus dem Gleichgewicht und zumindest sie, Christina, völlig am Ende. Am Ende mit den Nerven, am Ende mit den Kräften und am Ende mit der Weisheit, wie sie aus dieser Situation wieder herauskommen könne. Denn lange halte sie den Alltag so nicht mehr durch und es blieben zudem nur noch wenige Wochen, bis sie wieder ihre Arbeit aufnehmen sollte. Wie das Leben mit dem Kind unter diesen Umständen weitergehen sollte, wäre ihr gänzlich schleierhaft, meinte sie. Anna weinte im Hintergrund weiterhin unerbittlich.

In unserem kurzen Gespräch konnte ich deutlich Christinas Gefühl verspüren, den momentanen Umständen und damit dem Kind völlig ausgeliefert zu sein. Neben der Hoffnungslosigkeit, die sie aussprach, der nicht vorhandenen Möglichkeit, dass sich alles rasch wieder zum Besseren verändert, konnte ich in ihren Worten aber auch jene starke Wut wieder fühlen, die ihr Leben schon in der Vergangenheit so deutlich, ja fast übermächtig, bestimmt hatte. Die Wut auf all jene, die sie in die Enge trieben, die ihr Vorgaben machten und ihr diktierten, wie ihr Alltag, ihr Berufsleben, einfach alles, zu funktionieren hätte. Sie wollte eigenständig leben und Entscheidungen treffen und nicht so, wie ihr Vater es einst vorgesehen hatte, oder wie es sich ergab, als ihr, der von den Eltern heiß ersehnte Bruder, der kleine Prinz, in ihre Familie hineingeboren wurde und, entgegen ihr und ihren Schwestern, völlig frei und unbeschwert aufwachsen konnte. Sie wollte einst selbstbestimmt durch die Schule in allen Instanzen gehen, ohne dem ständigen Druck ausgeliefert zu sein, stets Höchstleistungen erbringen zu müssen und trotzdem, wie es ihr Vater einst nannte, als Mädchen oder Frau nicht immer nur C-wertig sein. Christinas Leben war schon als Kind sehr schwierig gewesen und jetzt gab es da ein kleines Lebewesen, das erst wenige Wochen alt war und ihr offensichtlich das Gefühl gab, sie einschränken zu wollen und ihr Leben auf Dauer allein nach seinen Wünschen und Bedürfnissen zu diktieren.

Nach ihrem Anruf musste ich nicht lange überlegen. Wach war ich ohnehin schon, die Alarmglocken in meinem Kopf schrillten laut, das rasch einschießende Adrenalin trieb meinen Herzschlag an und ließ das Blut in meinen Adern beben. Ich zog mich rasch an, steckte ein paar Dinge, die ich vermutlich brauchen würde, in meine Tasche und verließ eilig, aber ruhig das Haus. Meinen Eltern, die wiedervereint und glücklich in ihren Betten schliefen, hatte ich einen Zettel mit der Nachricht hinterlassen, dass ich auf dem Weg zu Christina und am Telefon erreichbar sei. Auf der Straße angekommen sah ich, dass das Auto meiner Eltern nicht am üblichen Platz stand, und ich daher den Gehsteig ein Stück abwärts gehen musste, bis ich zu der Stelle kam, an der mein Vater seinen Schwächeanfall erlitten hatte und ich dort auch den Wagen in einer Parklücke abgestellt vorfand. Die Fahrt zu Christina dauerte nicht lange. In der finsteren Nacht kam ich binnen weniger Minuten aus der Stadt hinaus, fand im Anschluss sofort die etwas versteckte Auffahrt zur Autobahn und raste, schneller als erlaubt, die mehrspurige Fahrbahn in Richtung Westen. Außer mir schien niemand unterwegs zu sein, auch die Gegenfahrbahn war über weite Strecken leer und verlassen, und so kam ich deutlich schneller als gewohnt bei Christina an. Ich fand direkt vor ihrem Hauseingang einen freien Parkplatz, verließ das Auto mit ein paar schnellen Bewegungen und machte mich auf, das große Wohnhaus zu betreten, das ohne Straßenbeleuchtung völlig im Dunkel lag. In den oberen Geschoßen schimmerte ein wenig Licht durch die geschlossenen Vorhänge. Die Haustür war bloß angelehnt, ich musste nicht läuten, um eintreten zu können. In schnellen Schritten eilte ich die Treppe hinauf und stand so plötzlich im Flur direkt vor ihrer Wohnung. Ich wollte weder Mutter noch Kind wecken, die vielleicht in der Zwischenzeit doch in ihren Schlaf hineingefunden hatten, daher drückte ich vorsichtig die Wohnungstür auf und bemerkte, dass diese ohnehin nicht versperrt war.

Entgegen meiner innigsten Hoffnung, die beiden könnten wieder eingeschlafen sein, kam ich in eine halbdunkle Wohnung, in der es alles andere als ruhig war. Das Baby setzte gerade an zu weinen. Christina hatte sie hochgenommen, hielt sie jedoch mit beiden ausgestreckten Armen weit von sich weg und schrie sie mit angestrengter, verzerrter Stimme an. »Sei still, sei endlich still! Die ganze Nacht schon hältst du mich wach, aber ich muss schlafen. Auch ich muss schlafen. Und du musst auch schlafen. Ich kann so nicht weitermachen, das geht einfach nicht.« Die beiden hatten mich seit meinem fast lautlosen Eintreten noch gar nicht bemerkt. Ich ging daher langsam auf sie zu und blieb in dem Augenblick stehen, als Christina wieder anhob, ihr Kind laut brüllend anzuschreien, sodass es in der ganzen Wohnung widerhallte und um diese Uhrzeit wohl bis hinunter auf die Straße deutlich zu hören war. »Ich hab' auch ein Leben, nicht nur du. Und du kannst mir dieses nicht einfach nehmen. Denn das ist vor allem meines. Schlaf endlich, los schlaf!« Christina war ganz außer sich vor Wut, hielt das Kind weiterhin mit gestreckten Armen weit weg von sich und das kleine Geschöpf wusste wohl nicht so recht, wie ihm geschah. Vor Aufregung bebte es am ganzen Körper, der Kopf war hochrot und es hielt seine kurzen Arme seiner Mutter entgegengestreckt, natürlich ohne sie auch unter größter Kraftanstrengung erreichen zu können. Es war ganz offensichtlich. Das Kind wollte zu seiner Mutter, wollte deren Nähe spüren, wollte gehalten und getröstet werden, nur die Mutter wollte genau das nicht. Sie wollte allein sein, wollte zurück in einen tiefen und erholsamen Schlaf finden. In diesem Moment drehte sich Christina um, sodass sie mich direkt ansah. Sie erschrak ein wenig, als sie bemerkte, dass ich wohl schon länger hinter ihr stand, starrte mir dann aber lange und aufmerksam ins Gesicht, ganz so, als wollte sie mich prüfen, wie ich die Situation empfand. War ich auch jetzt auf ihrer Seite? War ich die Freundin für's Leben, die gekommen war, um ihr beizustehen, um ihr zu helfen oder war ich hier, um sie maßzuregeln, sie auf ihre Verantwortung hinzuweisen und ihr einzubläuen, dass sie sich verdammt noch einmal zusammenreißen sollte, denn auch diese schwere Zeit ginge vorüber? Ich weiß nicht, was sie selbst gefühlt hat, was sie in dieser Sekunde in meinem Gesicht gelesen hat. Sie war leichenblass, entgegen ihrer sonstigen Angewohnheit nur sehr nachlässig gekleidet, hatte tiefschwarze Ringe unter den Augen und war seit unserem letzten Treffen merklich abgemagert.

So standen wir da, sahen uns an und rührten uns nicht von der Stelle. Christina bewegte sich kaum, obwohl sich Anna in ihren Händen nach allen Richtungen wandte und ihr deutlich zu verstehen gab, wie ungemütlich der feste Handdruck war, der auf ihrem kleinen Oberkörper lag. Christina aber ließ nicht locker. Gerade wollte ich ansetzen und sie bitten, dass sie mir das Baby doch geben solle und ich es halten und beruhigen wolle, da kam Christina auf mich zu. In wenigen

Schritten war sie bei mir, drückte mir Anna in den Arm, ging, ohne ein Wort oder einen weiteren Blick zu verlieren, in schnellen Schritten an uns vorbei. Sie ging hinaus in das menschenleere Stiegenhaus, die Treppen hinunter und, draußen angekommen, die Straße entlang. Ich eilte noch zum Fenster, um hinabzusehen und festzustellen, in welche Richtung Christina das Haus verlassen hatte, sah von ihr aber nur noch den Schatten ihrer selbst rasch aus meinem Blickfeld verschwinden. Das Baby war in der Zwischenzeit vor Erschöpfung in meinen Armen eingeschlafen. Ich öffnete einen der festen Vorhangstreifen, um die beginnende Dämmerung des Morgens ein wenig in das Zimmer eintreten zu lassen und setzte mich, kraftlos und voller Fragen, auf die Couch. Anna hielt ich noch immer wie ein mich wärmendes Bündel in den Armen, bis ich mit dem zur Ruhe gekommenen Baby schließlich selbst einschlief.

In dieser Nacht, an diesem gerade anbrechenden Morgen sah ich Christina, meine allerbeste Freundin auf immer und ewig, zum letzten Mal. In dieser Nacht war sie verschwunden, blieb es fortan, und bis heute ist sie nicht wieder zurückgekommen.

## 3

## Kevin – Allein zu Haus

*Die Entwicklung von emotionaler Schwingungsfähigkeit ist entscheidend mit den eigenen Sozialisationserfahrungen in der frühen Kindheit verbunden. Inwieweit man von klein auf Zuwendung, Sorge und positive Gefühle erfahren hat, ist maßgeblich wegweisend für eine spätere psychische Gesundheit, hat vielfach Einfluss auf die Gewaltbereitschaft, aber auch auf andere psychische Störungen.* [3]

Aller Anfang ist schwer« ist einer der Lieblingssätze von Frau Müller. Solche flicht sie gerne und häufig in unsere Gespräche ein. Ich finde das wenig berauschend und nicht selten habe ich den Eindruck, dass sie manchmal einfach nicht weiter weiß. Wenn ihr nichts Gescheites mehr einfällt, dann lässt sie eben einen solchen Satz vom Stapel. Dann will sie ihre eigene Unfähigkeit damit überspielen und glaubt, ich würde diese nicht bemerken. Aber vielleicht ist *Unfähigkeit* nicht das richtige Wort, vielleicht ist dieses zu hart und zu unerbittlich und wird ihrer freundlichen Art, mit der sie mir und meinen Kollegen begegnet, nicht gerecht. Dann ist ein anderes Wort eher angebracht, aber welches? Auf jeden Fall hat auch sie nicht immer endlos Energie, sich mit uns zu beschäftigen. Und das ist doch völlig normal, denke ich. Frau Müller ist eine freundliche, nette, aufmerksame Person. Das sei hier festgehalten. Und es gibt noch mehr von diesen Sätzen, die sie zur Überbrückung einbaut, bis sie den Gesprächsfaden wieder findet und diesen weiterspinnt. Viel mehr, aber alle muss ich ja nicht gleichzeitig aufschreiben und festhalten. Aufschreiben? Ja, richtig gelesen. Ich schreibe auf. Seit heute schreibe ich auf und ich mach das, weil mir unsere Frau Müller dies ans Herz gelegt hat. Und genau so hat sie diesen Umstand ausgedrückt. »Kevin, ich kann ihnen das nur ans Herz legen. Sie werden sehen, das hilft und wird ihnen noch zugute kommen.« Nicht nur einmal hat sie mir das gesagt, mir diesen Satz quasi auf's Auge gedrückt, bis ich nachgegeben habe und irgendwann ist sie dann mit einem Heft in ihrer Hand in unser montägliches Gespräch gekommen. Das Nachgeben war einigermaßen schwierig für mich, denn ich bin keiner, der je besonders viel aufgeschrieben hat. Nicht als Kind, nicht als Jugendlicher und schon gar nicht als Erwachsener. Aber, um einen weiteren Satz von ihr anzubringen, man lernt nie aus.

Die erste Seite meines Heftes ist voll. Wer hätte das gedacht? Ich jedenfalls nicht und ich bin durchaus stolz darauf. Schon wenn ich in der Schule davon hörte, dass wir Aufsätze zu schreiben hätten, die wenigstens eine GANZE Seite lang sein müssten, und später dann sogar mehr als das zu schreiben hätten, wäre ich am liebsten ausgestiegen, hätte diese Aufgabe ausgelassen oder übersprungen. Aber irgendwie ist auch das an mir vorübergegangen, auch wenn ich heute nicht mehr sagen kann, wie das geschehen konnte. Dazu habe ich schlichtweg keine deutlichen Erinnerungen mehr. Vergessen, sage ich. Verdrängt, sagt Frau Müller. Und manchmal frage ich mich, worin dabei der Unterschied liegt. Ist es bloß eine andere Art, sich auszudrücken? Ist Verdrängen den Gebildeten vorbehalten, für solche, die darauf achten, wie sie sich ausdrücken? Oder ist das bloß eine Berufssprache, quasi eine Berufskrankheit, solche Wörter in den Mund zu nehmen? Aber egal, ich hab's einfach vergessen, wie ich das jemals schaffen konnte. Und nun sitze ich nicht einfach vor einem leeren Blatt, sondern vielmehr vor einem ganzen Heft. Lauter weiße, unberührte Blätter sind darin, alle ordentlich liniert und mit einem roten Einband versehen. Es ist ein schönes Heft, das sie mir mitgebracht hat und ich denke, Frau Müller hat nicht irgendeines ausgewählt. Nicht ein x-beliebiges, sondern eines, mit dem sie mich ködern kann. Mit dem sie mich umstimmt, sodass ich meine abwehrende Haltung auf- und ihrem Vorschlag nachgebe. Denn schließlich weiß sie genau, dass ich schönen Sachen durchaus zugeneigt bin. Dass ich für Schönes nämlich etwas übrig habe. So gut haben wir uns bereits kennengelernt.

Frau Müller kommt immer am Montag. Das hat sie angekündigt. Außer, so meinte sie, wenn der Montag ein Feiertag ist, dann kommt sie nicht. In diesem Fall gibt es dann vielleicht einen Ausweichtermin. Wenn sich einer anbietet oder gar aufdrängt. Jedenfalls ist der Montag unser Tag. Ich weiß von anderen, dass sie ebenfalls montags ihren Termin bei Frau Müller haben. Wir kommen aber nicht alle gleichzeitig dran. Sie beginnt um acht Uhr in unserem Trakt. Mein Termin ist dann um zehn Uhr. Manchmal kommt sie in den Besprechungsraum und bringt zwei schwarze Kaffee mit. Das freut mich immer sehr. Denn seit ich hier bin, fehlt mir der Vormittagskaffee. In der Arbeit tranken wir ihn immer gemeinsam mit den Kollegen im Aufenthaltsraum um halb zehn. Also fast zur gleichen Zeit, wie ich ihn montags mit Frau Müller trinke. Nur mit Frau Müller eben nicht jeden Tag. Von Montag bis Freitag. Mir ist nie aufgefallen, welch ein Gewohnheitsmensch ich bin oder, besser, mit den Jahren geworden bin. Aber die Arbeit, die zwang mich fast dazu, mich einem strengen Zeitplan zu unterwerfen, sonst hätte ich diese nicht durchgehalten. Feste Beginnzeiten, feste Ruhezeiten, feste Mittagspause und immer gleicher Arbeitsschluss. Das mag eigenartig erscheinen, aber mein Chef sagte immer zu mir: »Wir leisten körperlich harte Arbeit. Jeden Tag und das ein langes Berufsleben lang.

Wenn du mit fünfzig nicht ein Krüppel sein willst, dann musst du dich einhalten. Arbeiten könnten wir rund um die Uhr, aber das steht nicht dafür. Schließlich willst du vielleicht siebzig Jahre alt werden, oder gar älter. Dann musst du mit deinen Kräften haushalten lernen.« Und das tat ich, das taten meine Kollegen und ich. Nur manche gingen in ihrer Freizeit noch weiterarbeiten, prahlten gar mit dem, was sie abends noch dazuverdienten und wochenends dann auf die Pauke hauen konnten, wenn andere sich einfach bloß erholten, während die Uhr tickte und der tief sitzende Rhythmus eingehalten werden wollte. Wochenende, das war für mich aufstehen, frühstücken, Kaffee trinken, das Mittagessen genießen, um satt zu werden und am Nachmittag noch einmal ausreichend Zeit für Arbeiten zu haben, die unter der Woche nicht erledigt werden konnten.

Tick Tack, Tick Tack. So tickt hier drinnen die Uhr, nicht anders als draußen und die Zeit vergeht unweigerlich. Auch wenn manche Tage scheinbar nicht vergehen wollen, letztlich vergehen sie dann doch alle gleich schnell. Das Einzige, was das Tempo beeinflusst, ist das Alter. In der Kindheit konnten Stunden tagelang dauern und sich hinziehen wie ein Kaugummi, der kein Ende findet. Als Erwachsener aber vergeht eine Woche nach der anderen und dass wieder eine vergangen ist, bemerke ich daran, dass ich wieder zum Gespräch bei Frau Müller bin und wir unsere Unterhaltung nahtlos dort anknüpfen, wo wir eine Woche zuvor stehen geblieben sind. »Was, schon wieder eine Woche vorbei?«, frage ich mich dann und dann sieht sie mich immer lächelnd an und ich weiß, dass wir uns verstehen. Der Rhythmus hier drinnen ist ein ganz ähnlicher, wie ich ihn draußen erlebt habe. Die strenge Einteilung und die Unterscheidung von Werktag und Wochenende sind im Grunde ganz gleich. Wecken um sechs Uhr, dann aufstehen und anziehen. Frühstück um halb sieben. Alle drei Wochen haben wir abwechselnd Küchendienst. Dann bin ich für eine Stunde entschuldigt und stehe an der Geschirrspülmaschine. Einräumen, abbrausen, einschieben und losstarten auf der einen Seite. Abtropfen, rausnehmen, nachpolieren auf der anderen. Dabei sind wir angehalten, ordentlich und sauber zu arbeiten und ich kann diese Anweisung nur zu gut verstehen. Wer trinkt schon gerne aus einem Glas, das nicht ganz sauber ist oder gar noch deutliche Spuren vom letzten Gebrauch aufweist. Ich jedenfalls möchte das nicht, auch wenn die Sauberkeit anderen nicht so wichtig zu sein scheint.

Vormittags bin ich in der Werkstatt eingeteilt. Wir reparieren dort alles Mögliche und jeder, der weiß, wie man mit dem entsprechenden Werkzeug hantiert, ist willkommen. Das sagt zumindest immer der Chef, der Herr Josef, der ein sehr feiner Kerl ist. Er ist wirklich nicht mehr der Jüngste und ich denke, er könnte sich schon seit einigen Jahren zuhause am Pool entspannen und es sich gut gehen lassen. Doch man merkt, dass er sich hier bei uns wohler fühlt, dass er gerne mit uns in Kontakt ist und dass es ihn freut, uns zu zeigen, wie man die vielen Gerätschaften und Maschinchen, die wir im Laufe der Wochen bearbeiten, wieder in Gang bringen kann. Da zeigt sich seine Geduld. Man müsste fast sagen, seine Eselsgeduld. Und die hat er. Mit uns und mit der Arbeit. Ich denke mir oft, dass ich mir in der Vergangenheit von ihm einiges hätte abschauen können. Aber so lange kenne ich ihn ja nicht und wer weiß, wie lange er seinen Job noch ausübt. Sein großes Herz ist aber seine Frau Agnes, die uns regelmäßig besuchen kommt und Kuchen mitbringt. Dann sitzen wir in einer Runde zusammen und keiner von uns hat in diesen Stunden den Eindruck, dass wir hier drinnen sitzen und es dauern kann, bis wir wieder draußen sind. Kuchenessen mit Agnes, das hat schon was. Dann erzählt sie auch immer die Geschichte von ihrem Friedhof, den sie zuhause haben. Ihr Mann nennt diese Sammlung aber lieber sein Museum, denn er sammelt seit

Jugendtagen überaus kuriose Kleinmaschinen, die mechanisch betrieben werden und selten sind. Und daneben sammelt er alte Radios, die er repariert und wieder vollständig instand setzt und dann in seinen Regalen unterbringt. Jetzt, im Alter, hat er schon einige zusammen und seit mehreren Jahren sucht er einen Platz, an dem sie nach seinem Tod weiter verwahrt werden. Noch hat er, der Herr Josef, nichts und niemanden gefunden, der seine Schätze weiterführen will, aber es bleiben ihm ja noch ein paar Jahre, wie er selbst sagt. Und seine Frau nickt dann, strahlt ihn von der Seite an und meint, dass sie das jedenfalls hoffe. Agnes und der Chef, das ist ein Paar, wie ich es bewundere. Vielleicht ist ja auch nur die Fassade in Ordnung und im Inneren brechen langsam die morschen Balken. Aber bei den beiden kann ich mir das eigentlich nicht vorstellen. Die leben ganz anders als wir, anders als ich und meine früheren Kumpels, die mit 17 Jahren ihre Traumfrauen kennenlernten, spätestens mit 19 ihr erstes Kind in die Welt setzten, mit 20 heirateten und im Schnitt zwei Jahre später, bald nach dem zweiten Kind, aus der gemeinsamen Wohnung wegzogen und fortan von einer Kneipe zur nächsten wechselten, um ihren Frust regelrecht zu ertränken. Ich weiß schon, dass ich in dem Alter nicht besser war, außer vielleicht, dass ich meinen Kummer nicht beim Wirt um die Ecke abgeladen habe und mich auch nicht mit Alkohol zu betäuben versuchte. Nur heute sehe ich diesen Lebensabschnitt ganz anders, würde jedem raten, alles langsamer und gemütlicher anzugehen, um nicht im Stress mit der Frau, den Kindern und dem Vermieter unter die Räder zu kommen.

An den Nachmittagen ist das Programm hier drinnen weniger streng geregelt. Manche von uns hängen dann einfach herum, sitzen in ihren angestammten Ecken und unterhalten sich angeregt miteinander.

Stundenlang kann das so dahingehen. Aber so lange kann ich gar nicht sitzen und schon gar nicht nichts tun, außer vielleicht miteinander zu sprechen. Daher habe ich mich am Nachmittag zum Sport angemeldet. Frau Müller meinte dazu, das wäre überhaupt eine meiner besten Ideen gewesen, auch wenn die Auswahl, anderes zu tun, nicht gerade groß gewesen war. Um zum Sport zu kommen, muss man sich mittags dafür anmelden. Einfach jeden Tag aufs Neue, ganz wie es einem beliebt, meint der Sportwart, der den Schlüssel zum Turnsaal auch weitergeben darf. »Sofern dies zu keinen Zwischenfällen führt«, sagt er. Bislang sind solche nicht aufgetreten, sonst würde diese locker gehaltene Regelung wohl nicht mehr existieren. Aber der Wart gibt den Schlüssel nur dann weiter, wenn er auf dem Weg zum Aufsperren aufgehalten wird und dann nicht alle extra auf ihn warten müssen. Mehr als sechs oder sieben Männer sind nachmittags ohnehin nie gleichzeitig beim Sport und an den allermeisten Tagen kommen ohnehin immer die gleichen. In meiner Freizeit bin ich bislang nie zum Sport gegangen. Meine Kollegen in der Firma sagten immer, die Arbeit sei Sport genug und so hab' ich's gehalten. Arbeiten von Montag bis Freitag, vom frühen Morgen bis zum Abend, reicht und macht einen müde. Da freut man sich, wenn man Zeit für die faule Haut hat, ganz ohne zu schwitzen. Einen Bürojob habe ich ja nie gehabt und habe ich auch nie gewollt. Lieber habe ich meine Hände gebraucht, um etwas entstehen zu lassen, um am Abend beim Nachhausegehen sehen zu können, was ich geschafft, was ich geleistet habe. Und das sollte nicht ein Stapel Papier voller Rechnungen oder Bestellungen sein, sondern schon ordentlich was darstellen. Aber hier und jetzt kann ich nichts entstehen lassen, kann ich bloß mit Werkzeug arbeiten, zumeist an kleinen Maschinen und Geräten, die unscheinbar im Reparaturregal auf uns warten. Da kommt mir der Sport entgegen.

Frau Müller meint, ich würde so meine überschüssigen Energien loswerden, bevor sie mich auffressen, bevor sie sich aufstauen und nicht aus mir rauskönnen. Sport und Schreiben sind jetzt meine Medizin und beides schlucke ich gar nicht leicht. Der Sportwart, mit dem ich darüber gesprochen habe, meinte, ich solle mit einfachen Übungen beginnen. Am besten mit solchen, bei denen ich mit meinem Körpergewicht trainiere. Klimmzüge an der Stange und Liegestütz auf der Matte, Sit-ups und Radfahren am Ergometer, das wären Übungen, die ich immer und fast überall machen könne, denn wenn mein Körpergewicht langsam zurückginge, würde sich der Erfolg auch bald einstellen. Je weniger Gewicht ich auf die Waage brächte, meinte er, desto leichter würden mir die einzelnen Übungen fallen und diesen Erfolg könnte ich durch einfaches Zählen jener Wiederholungen feststellen, die ich schaffen würde. Im Moment bin ich noch am Anfang. Drei Klimmzüge schaffe ich in einem durch. Und das dreimal innerhalb meiner Sportstunde. Dreimal hört sich sehr wenig an, ist es wohl auch, dafür kann ich mich mit der Zeit ordentlich steigern und die einzelnen Übungen will ich ja perfekt durchführen. Ganz perfekt, wie es meinem Naturell entspricht. Perfekt muss bei mir ja immer fast alles sein. Mich nur an der Stange irgendwie hochziehen und mit dem gestreckten Kinn die Hände erreichen ist mir eindeutig zu wenig. Der Kopf muss schon vollständig die Hände überragen. Deshalb bleibe ich bei drei, denn diese sind so ausgeführt, wie ich sie mir erwarte. Daran hat auch der Sportwart nichts auszusetzen und wenn er bei den anderen den einen oder anderen Vorschlag hat, wie die Übungen besser durchgeführt werden sollten, so wirft er mir nur prüfende Blicke zu und nickt zustimmend, wenn ich zu ihm hinschaue. Ratschläge gibt er mir aber keine. Also werde ich in seinen Augen nicht allzu viel falsch machen. Festzuhalten sind mit heutigem Stand pro Durchgang also drei Klimmzüge, zehn Liegestütz und ebenso viele Sit-ups, bei insgesamt drei Durchgängen. Zum Abschluss fahre ich auf dem Ergometer 30 Minuten und schaffe in dieser Zeit 13 Kilometer bei 250 Kilokalorien. Auf diese Werte, die mir das Fahrrad während der Fahrt berechnet und am Ende anzeigt, hatte ich ursprünglich gar nicht geachtet. Jetzt, da ich diese langsam aber ständig verbessern will, achte ich darauf, auch wenn ich sie mir bislang noch nicht regelmäßig notiert habe. Andere hier, die ganz besonders Sportlichen, die ganz offensichtlich in der Vergangenheit Jahreskarten in einem der vielen Fitnessstudios hatten, führen ihre Leistungsparameter, die aktuellen und die der Vergangenheit, ständig mit sich. Ihre Uhren zeigen dann nicht nur die Zeit und das Datum, sondern alle Messwerte, die ein solches Gerät ermitteln kann. Puls, Blutdruck, Schrittzahl, Kalorienverbrauch und die zurückgelegten Entfernungen. Der letztere Wert ist hier, unter diesen Umständen, natürlich kein besonders hoher. Wie sollte er auch, denn innerhalb dieser Mauern legt man hier die größten Entfernungen auf dem Laufband zurück, ohne sich im Grunde von der Stelle zu bewegen.

Außer dem Sport sind an den Nachmittagen Besuche angesagt. Für zehn Personen ist im Besucherraum Platz. Ich finde, das ist Platz genug, denn auch wenn sich an manchen Tagen die Besuche häufen, so reicht die Anzahl an Tischen und Stühlen eigentlich immer. Wenn Kinder mitkommen, dann kann der Raum schon mal aus den Nähten platzen. Hier drinnen sind wir aber enge Verhältnisse ohnehin gewohnt und keiner stößt sich in der Regel daran, wenn's ein wenig lauter und unruhiger wird. Denn dann gehen meist die Besucher mit ihren Kindern bald wieder und die Verbleibenden finden wieder zu jener Langsamkeit, die in diesen Mauern alles beherrscht. Über die Besuche freuen sich nicht immer alle. Manche wollen lieber in Ruhe gelassen werden. Manche aber fiebern diesen Stunden die restlichen Tage der Woche entgegen und sind dann gleichermaßen aufgeregt, wie die Kleinen. Ich aber bekomme nie Besuch. Nicht ein einziges Mal, und ich wüsste auch gar nicht, wer mich besuchen kommen sollte. Eltern habe ich so gut wie keine. Zumindest keinen Vater, den ich kenne oder je kennengelernt hätte. Und wo sich meine Mutter gerade herumtreibt, kann ich gar nicht sagen. Die letzten fünf Jahre über hat sie sich bei mir nicht einmal gemeldet. Zu Weihnachten vor genau fünf Jahren hatte ich sie angerufen, hab ihr frohe Festtage gewünscht und gehofft, dass sie eine schöne Zeit hat. Mit wem und wo auch immer. Sie aber hat sich meinen Anruf bloß angehört, danke gesagt und dann wieder aufgelegt, sodass ich eine Zeit lang wirklich keine Lust verspürte, sie wieder anzurufen. Aber dann, vielleicht ein knappes Jahr später, hab ich es dann doch wieder versucht, hab mir vorgenommen, sie mehr zu fragen und wollte sie in ein Gespräch verwickeln, sodass sie nicht gleich wieder auflegen könnte. Die Fragen hatte ich alle bereits auf einem Zettel niedergeschrieben. Ich hatte mir ordentlich Mühe damit gemacht und war auch ganz gut vorbereitet. Da hat aber die Telefonnummer nicht mehr funktioniert. Zuerst dachte ich, ich hätte mich verwählt und versuchte es ein weiteres Mal. Und dann noch einmal. Aber auch der dritte Versuch scheiterte. Seitdem hab ich nichts mehr von ihr gehört. Ihre Telefonnummer konnte ich auch nicht ausfindig machen, denn konstante Freunde oder eine beste Freundin fürs Leben hatte sie nicht. Hat sie nie gehabt. Wen hätte ich also anrufen können, um nach ihr zu fragen? Wen hätte ich aufsuchen und bedrängen können, mir doch Auskunft zu geben über ihren Verbleib und mir davon zu erzählen, was sie so macht? Das zu wissen hätte mir vielleicht schon gereicht. Vielleicht hätte ich sie gar nicht angerufen oder gar besucht, wenn ich gewusst hätte, dass sie das nicht will, dass sie ihre Ruhe vor mir haben will, dass sie ihr Leben leben will, ohne mich im schweren Schlepptau zu wissen, das sie immer so belastet hat in der Vergangenheit. Aber nichts davon ist mir gelungen. Meine letzte Freundin hat immer gemeint, wenn sie einmal stirbt, wird wohl irgendein Notar oder ein Amt mit mir Kontakt aufnehmen. Spätestens dann, wenn es nämlich darum geht, dass jemand die Beerdigung bezahlt, beginnen sich die Mühlen der Bürokratie zu drehen. Langsam, aber beharrlich. Und ich hätte dann die Kosten übernommen, hätte dafür gesorgt, dass sie dort ihre letzte Ruhestätte findet, wo ich sie besuchen kann, hätte ihre Asche vielleicht in einen Friedenshain gebracht und unter einem schönen, starken Baum ausgestreut, der noch jahrzehntelang steht. Das hätte sie vielleicht gefreut, wenn sie dann vom Himmel zu mir herab geblickt hätte und das hätte uns stärker verbunden, als es in ihrem Leben je möglich gewesen war. Dann hätte ich eine Sterbeversicherung abgeschlossen, verbunden mit dem letzten Willen, eingeäschert und am selben Platz beigesetzt zu werden. Aber leider weiß ich nichts über den Verbleib meiner Mutter und ich kann nur hoffen, dass ich je wieder etwas von ihr höre, bevor mich ihre Todesnachricht erreicht.

Ab dem heutigen Tag liest Frau Müller meine Einträge im roten Heft mit. Am letzten Montag ist sie eine Stunde früher gekommen als sonst. Ich weiß nicht, welche Gründe dazu führten. Für all jene, die an diesem Tag einen Termin mit ihr hatten, bedeutete dies, eine Stunde früher bei ihr zu erscheinen. Ich kam daher nicht erst um zehn Uhr in ihr Büro, sondern war schon um neun dort. Bereits während des Frühstücks wurde uns diese Verschiebung mitgeteilt und so hatten wir alle genug Zeit, uns darauf einzustellen. Unser Chef, der Herr Josef, nahm die Mitteilung, dass sich der Vormittag etwas anders als sonst gestalten würde, wie immer gelassen. Er sah bloß kurz in die Regale, die entlang der Wände aufgestellt waren, nahm kurz das eine oder andere Gerät heraus und begutachtete dessen Zustand. Dann sah er in die Liste der Aufträge und vergab jene Aufgaben neu, die wir bereits am vorigen Freitag zugeteilt bekommen hatten. Für ihn sind Änderungen nie ein Problem, vielleicht eine Herausforderung an sein Organisationsgeschick, aber auch diese Herausforderung sieht man ihm nicht an.

Ich war also pünktlich, weil eine Stunde früher, am richtigen Gang, auf dem Weg zu ihrem Büro. Wartete dort angekommen kurz beim Eingang und klopfte schließlich beherzt an. Wie immer, wenn ich die Schwelle zu ihrem Besprechungsraum überschritt, überkam mich ein sonderbares Gefühl. Ich kann auch heute dieses noch immer nicht richtig einschätzen, ob es mit Nervosität, mit Überforderung, mit Aufregung oder gar mit Argwohn zu tun hatte. Die ersten Male, als ich den Termin bei Frau Müller wahrnahm, war es sicher Argwohn und Unsicherheit gewesen. Ich hatte diesen Termin wahrnehmen müssen, denn er wurde mir aufgetragen, mitgeteilt und zugleich wurde mir von der Anstaltsleitung angeraten, diese Termine wichtig und ernst zu nehmen und mich in den Gesprächen entsprechend kooperativ zu verhalten. Fünf solche Termine seien verpflichtend für alle, die weiteren freiwillig und nach Maßgabe, ob solche überhaupt zur Verfügung standen. Darauf hat mich Frau Müller auch gleich hingewiesen. Die ersten fünf seien zwar verpflichtend, wie bereits gesagt, sollte ich diese aber nicht mit Gesprächen verbinden wollen, wäre das auch weiter kein Problem. Ich müsse einfach bloß kommen. Sie aber sei angewiesen, zu berichten, und würde im Fall des Falles meine Kooperation auch positiv erwähnen und hervorheben, so wie bei allen, die regelmäßig zu ihren Terminen kamen. Und dies könne sich insgesamt durchaus sehr günstig auf mein weiteres Verfahren auswirken. In den ersten fünf Stunden sind wir aber nur zusammengesessen und haben meine derzeitige Lage besprochen. Auch die Umstände, die mich hierher geführt hatten, den bisherigen Verlauf des Verfahrens, die Verstricktheit anderer Personen in meinen Fall und dergleichen. Frau Müller hörte aufmerksam zu und stellte gezielt Fragen. Ich hatte nicht den Eindruck, dass sie mich verhören und früher oder später aufs Glatteis führen wollte. Sie ging den Antworten, die ich auf ihre Fragen lieferte, nicht allzu tief auf den Grund und meinte, weiter in die Tiefe gingen unsere Gespräche erst in den nachfolgenden, den freiwilligen Stunden. Vorerst wolle sie sich nur einen Überblick verschaffen und einen Eindruck von meiner Lage gewinnen und dazu notierte sie sich ausschließlich die Fakten. Heute aber, in unserem insgesamt siebten Gespräch, fragte sie nach, ob ich ihr erlauben würde, meine Notizen zu lesen, die ich seit einiger Zeit in meinem roten Heft anfertige. Sie meinte, dass sie alles, was sie daraus erfahren würde, absolut vertraulich behandle und nichts weitergäbe. In ihren Berichten, die sie verfasse, stünden keine persönlichen Dinge, die einen ihrer Klienten betreffen, es wären dort vielmehr Diagnosen und jene Umstände vermerkt, die diese glaubhaft machten. Sie wäre auch dazu verpflichtet, profunde Prognosen über den weiteren Verlauf meiner persönlichen Entwicklung abzugeben und die Einsicht in meine Aufzeichnungen würde ihre Arbeit nicht nur erleichtern, auch gegenüber dem Haftrichter wäre ein solcher Vertrauensbeweis immer wieder ein gewichtiges Argument dafür, dass sich ein Klient insgesamt sehr einsichtig und reuig zeige. Der junge Haftrichter hätte daraufhin nicht nur einmal deutliche Erleichterungen erwirkt und diese fortgesetzt, sofern in der nachfolgenden Zeit nichts dagegen gesprochen hat.

Ich war ob ihrer Frage ein wenig skeptisch. Wir kannten uns ja noch kaum, und ich schrieb bislang nur Alltägliches auf. Und zudem erinnerte ich mich daran, dass ich anfangs durchaus der Meinung war, sie würde versuchen, mich auszuspionieren, oder wenigstens auszufragen. Also Fakten und Umstände zu erfahren, die bislang nicht bekannt waren und die im weiteren Verfahren dann eindeutig gegen mich gesprochen hätten. Aber es bleibt meine Entscheidung und vielleicht schreibe ich ohnehin weiter nur Banales auf, was nichts direkt mit mir und meiner Tat zu tun hat, dann kann sie das Heft ruhig lesen. Ich war zu dieser Zeit ein wenig unentschieden und antwortete nach einer längeren Sprechpause, während der sie mich eingehend beobachtete, all meine Regungen genau wahrnahm und in meiner Mimik zu lesen versuchte, was mich gerade bewegte, dass ich mir dies gerne überlegen wolle. Wir einigten uns darauf, dass ich das Heft mitnehmen sollte, wenn ich möchte, dass sie darin liest und es in meiner Zelle zurücklassen würde, wenn ich der gegenteiligen Meinung war. Sie würde die Einträge jeweils am Nachmittag ansehen, sich vielleicht die eine oder andere Notiz dazu machen und mir das Heft spätestens am Abend wieder zukommen lassen, meinte sie. Ich fand, das wäre eine faire Vereinbarung und da sie die Hefte vieler Insassen las, war ich nicht weiter argwöhnisch.

Dass mich meine Mutter nicht besuchen konnte, dass ich nicht einmal wusste, wo sie gerade wohnte und lebte, ist in meiner Biografie nichts Ungewöhnliches. Als ich zur Welt kam, war sie gerade sechzehn Jahre alt geworden. Man hat mir immer erzählt, dass Mädchen zu dieser Zeit viel früher Kinder geboren hätten als dies heute der Fall sei, doch mit sechzehn Jahren war sie damals eine sehr junge Mutter, unter den vielen Gleichaltrigen sogar die einzige. Ihre Eltern machten selten viel Aufhebens um ihre Erziehung. Man könnte umgekehrt natürlich auch sagen, dass sie sich um ihre Tochter so richtig nie gekümmert hätten. Und diese zweitere Aussage trifft wohl viel eher zu. So kam es, dass sie die Schule zwar besuchte, diese letztlich als Jugendliche abgebrochen und damit keine Berufsausbildung absolviert hatte und es gewohnt war, die Tage mit ihren Freundinnen und Freunden zu verbringen. Zuhause bei den Eltern jedenfalls nicht, dafür stets irgendwo. Nicht in einem Jugendzentrum oder an einem öffentlichen Platz, der irgendeine Form der Betreuung darstellte, sondern meistens auf der einen Parkbank im Sommer, wenn es heiß war, oder in der etwas düsteren Ecke im Einkaufszentrum im Winter, wenn es draußen kalt und ungemütlich wurde. So war meine Mutter eine von der Straße, wie es hieß, und ihre Eltern, meine Großeltern, die nicht viel später bei einem Autounfall ums Leben kamen, sah sie nur selten. Als sie plötzlich schwanger war, wurde ihr ein Platz in einer betreuten Wohngemeinschaft angeboten. Dort war sie nicht eingesperrt, sondern konnte kommen und gehen, wie sie es wollte und hatte ein Zimmer für sich selbst und ihr Kind. Und genau so hielt sie es auch. Sie kam und ging, wie es ihr gerade passte und daran änderte sich im Grunde wenig, als ich bereits auf der Welt war. Eine ihrer damaligen Mitbewohnerinnen erzählte mir später, dass sie mich eines Abends im Bettchen schreiend vorfand, die Flasche mit dem Babybrei stand neben mir, von meiner Mutter war allerdings keine Spur weit und breit auszumachen. Nur das Fenster zum Balkon stand offen, und so konnten mich alle gut hören. Das Fürsorgeamt verzichtete über Jahre darauf, mich in einer Pflegefamilie unterzubringen, denn sie waren der Ansicht, dass es besser wäre, mich im Babyalter bei meiner Mutter zu belassen. In der Wohngemeinschaft achteten sie darauf, dass ich versorgt war, dass ich gewaschen wurde und nicht den ganzen Tag über allein im Zimmer mit meiner oft bewusstlosen oder schlafenden Mutter war. Ich durfte mit den anderen Kindern spielen und lernte rasch, selbst die Trinkflasche mit der Babynahrung zu greifen, zu halten und daraus zu trinken. So gesehen hatte ich den anderen Gleichaltrigen einiges voraus. Es war damals nicht ganz unüblich, eher sogar die Regel, dass sich meine Mutter regelmäßig aus dem Staub machte, ganz so, als würde es mich nicht geben, als wäre ich nicht ein Teil von ihrem Leben, als wäre ich nicht ihr Kind, das Fürsorge und Zuwendung brauchte. Aber beides bekam ich von anderen. Zumeist von anderen jungen Müttern, die Mitleid mit mir hatten.

Ich war vier Jahre alt, als die Sozialarbeiterinnen, die die Wohngemeinschaft betreuten, darauf bestanden, dass das Amt für das Kindeswohl aktiv wurde, meinen sogenannten Fall vor Gericht brachte und ich daraufhin in eine Pflegefamilie kam. Es hätten mich durchaus bessere Verhältnisse treffen können, als diese neuen, denn der Familie, die mich bei sich aufnahm, waren gerade ihre Pflegekinder abgenommen worden. Es hieß, sie hätten sie misshandelt. Aber in der Zeit, die verstrich, bevor die eine Abteilung des Amtes von der anderen über diese Umstände informiert worden war, blieb ich dort. Und das ist die Zeit, an die ich mich selbst erinnern kann, ohne dass mir andere davon erzählen mussten. Der Pflegevater führte die Familie mit strenger Hand, wie es hieß. Streng, dafür aber nicht ungerecht, wie er selber meinte. Er sagte nie »gerecht«, sondern immer »nicht ungerecht«. Aber welchen Unterschied machte dies für mich, den Fünfjährigen, der das Wort Familie nur als Wort, nicht aber als Gefühl oder Alltagserlebnis kannte? Gerecht hieß für den Wolfgang, meinen Kurzzeitpflegevater, dass er für Gerechtigkeit sorgte. Er als Familienoberhaupt und zugleich jener, der über Recht und Unrecht entschied. Abends, beim gemeinsamen Essen mit meiner stets stummen Kurzzeitpflegemutter, sprach er Recht und nach dem Essen setzte es Prügel. Aber nur solche, die nicht unrecht waren. Solche, die mir helfen sollten, im Leben später einmal weiterzukommen, die mir zu verstehen gäben, was zu tun und was zu lassen sei. Als völliger Neuling in Sachen Gerechtigkeit war es demnach völlig normal, dass ich viel falsch machte, dass meine Herkunft bereits genug dazu beitrug, viel Unrecht zu provozieren, das er nach dem Abendessen mühevoll in Recht umwandeln musste. Solange, bis seine Hand schmerzte und er keine Stellen an meinem Körper mehr fand, die bislang von seiner Rechtsprechung unberührt geblieben waren. Während ich im Zimmer schrie und meine Arme zum verzweifelten Selbstschutz über meinen Kopf hielt, spülte die Kurzzeitpflegemutter das Geschirr, polierte die Teller und machte in der Küche und im Esszimmer sauber. Denn Sauberkeit war kein Unrecht. Sauberkeit war Recht und Pflicht und somit Selbstschutz vor dem tyrannischen Ehemann.

Heute ist Montag und ich habe zum ersten Mal das rote Heft mit zum Termin bei Frau Müller genommen. Sie hat dieses zuerst gar nicht registriert, obwohl ich es auf den Tisch vor mir hingelegt hatte. Ich dachte, das wäre Signal genug für sie. Doch sie ist von allein nicht darauf zu sprechen gekommen. Hinterher dachte ich mir, dieses Verhalten wäre eventuell Kalkül gewesen, um mich zu irgendeiner Handlung zu bewegen. Da sie es aber während der ganzen Stunde nicht angesprochen und auch nicht weiter beachtet hatte, musste ich am Ende doch aktiv werden. Als ich fragte, ob es ihr gerade passe, wenn ich ihr das Heft zum Lesen übergebe, hat sie mich einigermaßen überrascht angesehen und anschließend mit großen Augen das Heft am Tisch fixiert. Da wusste ich, dass sie es bislang tatsächlich übersehen hatte. Das Heft lag weiterhin in seiner roten Signalfarbe mitten auf der ansonst leeren Tischplatte. Für mich war diese Situation doch unerwartet, denn schließlich nimmt Frau Müller stets die allerkleinsten Regungen wahr, ist aufmerksam bis ins Detail, aber das Heft hat sie heute nicht gesehen. An ihrem Blick habe ich erkannt, dass der Umstand tatsächlich so und keinesfalls gespielt war. Aber letztlich hat sie sich gefreut, hat das Heft entgegengenommen und sorgfältig, wie etwas Wertvolles, auf das man besonders achtet, in ihre Tasche gesteckt.

Ab diesem Zeitpunkt war ich auf ihre Rückmeldungen gespannt. Und dafür hatte ich schließlich eine ganze Woche Zeit. Eine Woche voll der Spannung und Erwartung, denn ich bekam das Heft noch am selben Tag gegen Abend zurück. Auf die Inhalte eingehen konnte sie jedoch erst bei unserem nächsten Termin, am darauffolgenden Montag. So war es verabredet und alles andere hätte bedeutet, dass wir uns in dieser einen Woche gleich zweimal sehen. Es gab aber nur ein Treffen pro Woche mit Frau Müller und ich konnte mich zudem glücklich schätzen, dass ich überhaupt regelmäßig Termine bei ihr bekam. Viele der anderen verblieben für lange Zeit auf der Warteliste und gaben schließlich sogar ihr Interesse auf, dranzukommen und von den Gesprächen zu profitieren. Ich aber war ab nun darauf gespannt, was sie zu dem sagen wird, was ich mühevoll niedergeschrieben habe, wie sie vielleicht darauf eingehen wird, ob die eine oder andere Seite daraus für sie gar überraschend war, ob sie sich gelangweilt hat, bei all dem, was mich beschäftigt oder ob das Lesen dessen für sie gar Zeitverschwendung war. Denn Zeitverschwendung ist ein Wort, das in meinem Leben immer eine große Rolle gespielt hat. Mein Tun und Lassen war Zeitverschwendung für die Kurzzeitpflegeeltern, wenn sie mich maßregelten. Dann schimpfte mich mein Kurzzeitpflegevater einen Idioten, wenn ich mich in seinen Augen falsch verhalten hatte. Wenn mir das Essen meiner Kurzzeitpflegemutter nicht schmecken wollte und ich vor dem vollen Teller saß, den es zu essen galt und ich keinen Löffel davon hinunterbrachte, dann war der Aufwand, den sie dafür hatte, wenn sie Essen kochte, Zeitverschwendung. Ihr gutes Zureden, doch ein wenig davon zu kosten, bevor mich der Kurzzeitpflegevater in die Mangel nahm und mir gutes Benehmen beibrachte, bis die Haut brannte und die Muskeln schmerzten, war Zeitverschwendung, denn es führte zu nichts und ich wurde in seinen Augen nicht besser, sondern blieb der schlechte Mensch, der ich nun einmal war. Und letztlich war ich ohnehin eine große, wenn nicht gar die allergrößte Zeitverschwendung, weil sie mich in ihr Heim aufgenommen hatten, obwohl sie dies nicht nötig gehabt hätten, denn das wenige Geld, das sie vom Fürsorgeamt dafür monatlich überwiesen bekamen, wäre ohnehin zu vergessen und nicht der Rede wert. Hätten sich all diese Momente der Zeitverschwendung hintereinander aufaddiert, wäre nur noch wenig von der Lebenszeit geblieben, die nicht einer Verschwendung anheimgefallen wäre. Kevin war und blieb eine riesengroße Zeitverschwendung, musste ich zur Kenntnis nehmen.

Ich weiß gar nicht mehr, ob es eines bestimmten Grundes bedurft hat oder ob die Dinge einfach so gekommen sind, ungesteuert, willkürlich und eher zufällig, denn eines Tages erschienen abends, kurz bevor mein Kurzzeitpflegevater zu den üblichen Erziehungsmaßnahmen schreiten konnte, drei Männer von der Fürsorge. Unangekündigt für die Pflegeeltern, erlösend wie rettende Engel für mich. In Händen hielten sie einen Gerichtsbescheid, aus dem hervorging, dass ich aus dieser Familie umgehend zu entfernen sei und vorübergehend, bis eine bessere Lösung für mich gefunden sei, in ein Erziehungsheim für Knaben käme. Für beide, Pflegevater und -mutter, kam dies äußerst überraschend. Haben die Nachbarn etwas bemerkt und die Fürsorge verständigt? Hat einer meiner Spielkameraden vom Spielplatz gegenüber seinen Eltern etwas erwähnt und haben diese dann bei den kommenden Begegnungen genauer hingesehen? Über diese Umstände habe ich nichts erfahren, wollte auch gar nicht viel wissen und war einfach froh, dass die drei, Michael, Gabriel und Raphael, erschienen sind. Beide, Pflegemutter und Pflegevater, setzten sich nieder, der Pflegevater hielt den Bescheid in Händen, starrte ihn an, wusste aber weiter nichts zu sagen. Die Pflegemutter saß mit ihm am Tisch, überrascht von der plötzlich aufgetretenen Situation, unfähig aufzustehen und zu helfen, meine Sachen zu packen. Daher kamen die drei Männer vom Fürsorgeamt mit mir und packten ein, was mir gehörte und was ich die kommenden Wochen noch brauchen würde. Zwei blieben wie Leibwächter in der Zimmertür stehen, einer links, einer rechts davon postiert, der dritte half, die Reisetasche zu packen. An seinen geübten Bewegungen und seinen gezielten Blicken war leicht zu erkennen, dass er dies nicht zum ersten Mal machte, dass es wohl sein Beruf war, in aller Kürze den Umzug von Kindern zu organisieren und durchzuführen. Fünfzehn Minuten später waren wir aus dem Zimmer, grußlos verließen die Männer mit mir das Haus und meine Kurzzeitpflegeeltern sahen mir nach, weiterhin völlig unfähig aufzustehen und sich zu verabschieden, unfähig wie immer, mich zu umarmen und mir Gutes zu wünschen. Für mich aber war dieser Einsatz wie einer, bei dem ein Unschuldiger nach Jahren durch den Einsatz himmlischer Kräfte endlich befreit wurde, von einer kleinen Armee der Gerechten, die mich aus diesem schrecklichen Zwangsheim hinausbrachte in eine sicher scheinende, bessere Zukunft.

Im Heim angekommen, erwartete mich eine ganze Armada von Knaben, die allermeisten von ihnen waren älter als ich, viele davon deutlich älter. Ich ging zu diesem Zeitpunkt ja noch nicht zur Schule und wusste eigentlich auch gar nicht, was das ist, eine Schule. Das Wort allein kam mir so fremd vor, dass ich mir eine solche einfach als ein weiteres Durchgangsstadium vorstellte, das man als Kind zu durchlaufen hatte, ohne dass man selbst etwas dagegen unternehmen könnte.

Wann immer ein Neuer im Heim ankam, stellten sich die Buben des Heimes blitzschnell in eine Zweierreihe und trennten sich in der Mitte dann soweit auf, dass sie ein Spalier bildeten. Für einen Kleinen wie mich wirkte dieses Ritual eher beklemmend und angsteinflößend für einen Willkommensgruß, der auch sicher nicht herzlich gemeint war. Wie immer drangen schon im Vorfeld einige Daten vom angekündigten Neuankömmling zu den Knaben durch, sodass sich die Stimmenanführer bereits einiges ausdenken konnten, in welcher Art und Weise der Neue nun willkommen geheißen würde. Als ich den Spalier durchschritt, riefen einige mir meinen Namen zu und hängten an diesen noch einen Satzteil an, den ich mein Leben lang nicht mehr richtig los wurde. »Kevin, allein zu Haus.«

Zum damaligen Zeitpunkt wusste ich nichts über diesen Zusatz, wusste nicht, warum ich allein im Haus sein sollte, waren doch so viele andere anwesend und ich konnte weder sagen noch vermuten, was daran besonders lustig war, denn alle anderen lachten herzlich. Nur ich nicht.

Mir wurde ein Platz in einem Zimmer zugeteilt, das für drei Kinder eingerichtet war. Wir mussten uns dieses jedoch nur zu zweit teilen. Für jeden von uns war ein normal großes Bett neben dem einzigen Fenster, ein eher schmaler Kasten und ein kleiner Schreibtisch vorgesehen. Da wir uns das Zimmer jedoch zu zweit teilten, hatten wir reichlich Platz. Mein Mitbewohner war Thomas, genannt Tom, der gut einen Kopf größer war als ich, fast doppelt so schwer, auf seinem riesigen Körper einen verhältnismäßig kleinen Kopf hatte, der aber über und über mit dichtem, schwarzem Haar zugewachsen war. Tom war ein liebenswerter Bub, der viel lachte, wenn auch nicht übertrieben oder gar laut, der oft fröhlich und guter Laune war, auch wenn die allgemeine Stimmung sich eher im Keller befand, und der allein rein körperlich eine bemerkenswerte Barriere darstellte, an der man nicht so leicht vorbeikam. In ihm sah ich einen zum Menschen gewordenen Prellbock, der mich vor vielem Übel bewahren und beschützen konnte, was er letztlich auch tat. Mit Tom verstand ich mich auf Anhieb gut. Er hegte keinen schlimmen Verdacht gegen mich, ich würde ihm je übel mitspielen wollen und ließ mich sonst einfach sein, wie ich eben war. An den ersten Abenden, wenn wir zu Bett mussten, betrachtete er stumm meinen über und über mit tiefroten Wunden und blauen Flecken übersäten Körper und sagte dazu nicht viel, außer, dass ich hier, in diesem Heim und im Besonderen in diesem Zimmer in Sicherheit sei und ich mir keine Sorgen zu machen brauche, denn solange er an meiner Seite sei, wäre alles gut. Das stimmte mich einigermaßen zuversichtlich und schon in den ersten Tagen zeigte sich, dass ich von den anderen Buben, auch von den streitsüchtigen und lauten, derer es hier viele gab, nicht angerührt, nicht blöd angesprochen und auch nicht weiter geärgert wurde. Das Einzigste, das sich einer von den anderen wagte, war, mir zuzurufen: »Hej Kevin, heute wohl wieder mal allein zu Haus?« Und dann lachten alle der Anwesenden. Tom verdrehte dann die Augen, sah mich an und meinte, dass ich mit dem Satz wohl leben müsste, was nun auch wirklich keine Katastrophe sei und irgendwann würde der Satz den anderen wohl auch zu langweilig werden. Und dann, ja dann, könnte ich dieses Kapitel endgültig abschließen. Damit hatte er recht und unrecht zugleich. Im Heim hörten die Knaben nach einigen Wochen tatsächlich damit auf, auch wenn ich diesen Umstand schon bald gar nicht mehr richtig wahrnahm. Im späteren Leben aber konnten die wenigsten sich verkneifen, mit dieser Anspielung hausieren zu gehen und heiteres oder hämisches Gelächter auf diesen billigen Satz hervorzurufen. Tom war es auch, der mich darüber aufklärte, dass »Kevin – Allein zu Haus« der Titel eines Filmes ist, der den Namen bekannter und auch beliebter gemacht hatte. Seither gäbe es viel mehr Kevins als vorher. Ich kannte zwar keinen zweiten Buben mit dem gleichen Namen, aber ich stimmte Tom in dieser Sache vorsichtshalber zu.

Der Sommer war angebrochen und wir verbrachten den Großteil der Tage im Freien. Unsere Betreuer, die nicht Erzieher genannt werden wollten, und die wir am einfachsten mit ihren Vornamen ansprachen, waren allesamt Männer. Im Haus arbeiteten ausschließlich Männer, nur die Köchin war eine Frau. Frau Gabi war eine äußerst fürsorgliche Frau, die bald die Vorlieben ihrer Schützlinge kannte, wenn sie hungrig zum Essen erschienen, und die kein Hehl daraus machte, dass sie diese gerne verwöhnte. Sie kochte einfach aber gut, und wenn normalerweise das Essen immer für Gesprächsstoff herhalten musste, wenn sich jemand über etwas beschweren wollte, so ging das Meckern über das Essen in diesem Heim üblicherweise ins Leere. Frau Gabi liebte ihre Buben, wie sie sagte, und die Buben liebten sie. Unter den Betreuern gab es keinen eindeutigen Favoriten, den alle gleichermaßen mochten. Vielmehr gab es einfach keinen, der von niemandem besonders gemocht wurde, sodass die Gruppen insgesamt sehr ausgewogen waren. Mit diesen zogen wir nach dem Frühstück in den Wald und sammelten dort Pilze, machten Ausflüge mit den Jägern und Förstern, die uns mit der Natur vertraut machten und die Nachmittage verbrachten wir am See. Dieser war zwar nicht viel größer als ein Waldteich, aber für uns war das der See. Irgendwann wurde dort ein Steg am kiesigen Uferteil errichtet, von dem aus wir wagemutige Sprünge ins Wasser vollführten und auf dem wir in der Hitze der Sommernachmittage unsere Handtücher trocknen ließen. So vergingen die Sommermonate rasend schnell und ich wusste, dass sich im Herbst einiges ändern würde, denn dann würde ich im Dorf, das unweit zum Heim lag, zur Schule gehen. Tom erzählte mir, dass die Lehrer der Dorfschule immer dann besonders stöhnten, wenn im Knabenheim ein Neuzugang zu verzeichnen war, der dann wenig später auch in dieser Schule angemeldet wurde. Dieser Umstand war deshalb bemerkenswert, da das Dorf nicht sehr groß und die Schule relativ klein war und ziemlich genau die Hälfte der Schüler aus dem Heim stammte. Im Heim lebten ausschließlich Kinder, die aus schwierigen Verhältnissen kamen und die sich auch im Heim selbst immer in schwierige Situationen manövrierten. Diese Umstände gingen selbstredend auch an der Schule nicht vorüber, sodass die Lehrer, vielleicht mehr als sonst, ihr Augenmerk und ihre Aufmerksamkeit überwiegend diesen Buben schenken mussten. Daher kam es auch unter den Eltern immer wieder zu unschönen Szenen, denn diese wollten nicht wahrhaben, dass alle Kinder gleichermaßen ein Recht auf Unterricht in der Dorfschule hatten, und nicht nur die Dorfkinder. Gab es somit Probleme beim Lernen, waren in den Augen der Dorfbewohner die Heimkinder mehr oder weniger automatisch die Verursacher, wurde im Supermarkt mehr als üblich geklaut, ging der Verdacht nur allzu leicht auf diese über und waren Kinder in Raufhandel oder Beschädigungen verwickelt, wurde sofort im Heim nachgeforscht. Für die Heimkinder, und somit auch für mich, war das Leben außerhalb der Einrichtung ziemlich schwierig und die Betreuer trachteten daher, uns möglichst viel in den Gruppen zusammenzuhalten und das Heim nur gemeinschaftlich zu verlassen.

Ein paar Wochen vor dem Schulbeginn im Herbst fuhr der kleine Robert, das war einer der Betreuer, mit mir in die Stadt, um die notwendigen Schulsachen zu besorgen. Der kleine Robert war deshalb der kleine, da es auch einen großen gab. Unter den Betreuern hatten wir damals zwei, die Robert hießen. Beide waren gleichermaßen aufmerksam, wenngleich jeder auf seine eigene Art, doch im Äußeren waren sie sehr verschieden. Der eine war sehr groß, vielleicht ein wenig behäbig und langsam, dafür aber bärenstark. Wir Buben nutzten ihn als unseren bevorzugten Reibebaum, wenn die Emotionen mit uns durchgingen, oder wenn wir bloß ziemlich übermütig waren. Dann stellte sich der starke Robert mitten in die Wiese und jeder durfte versuchen, ihn umzuwerfen, was faktisch niemandem gelang. Auch die damals schon großen Buben scheiterten kläglich daran, was ihn, den großen Robert, zu einem in jeder Hinsicht Unerschütterlichen, und aus dem großen Robert eigentlich einen starken machte. Der kleine Robert hingegen war ein aufgeweckter, freundlicher, wendiger und körperlich tatsächlich kleiner Mann, der stets mit gleich aussehenden Hosen und Hemden ins Heim kam. Er kümmerte sich bei uns vor allem um die vielen formalen Belange. Er kannte jedes Formular, das es galt, parat zu haben, jede Vorschrift, die das Eine verbot, das Andere aber notwendig machte und auf uns Kinder insgesamt sehr undurchsichtig wirkte. So begleitete er uns auch auf das Jugendamt und füllte dort Unmengen an Formularen aus, nur damit wir etwas mehr Taschengeld bekamen, und schritt auch immer dann ein, wenn die Heimbewohner wieder einmal eines Vergehens verdächtigt wurden. Dann sprach er bei der Polizei und den beteiligten Parteien vor, und es gelang ihm in Windeseile so gut wie immer, eine gangbare Lösung zu finden, die in jedem Fall Schlimmeres verhinderte. Und deshalb war es er, der sich auch um die Formalitäten mit der Schule kümmerte und den Kontakt dorthin pflegte. Die Schule hatte wohl ein kleines Budget zur Unterstützung der sozial Schwächeren, aus dem die vielen Stifte und Hefte, aber auch die schöne Schultasche, die ich mir selbst aussuchen durfte, bestritten wurden. Ich musste somit nicht mit einem gebrauchten und billigen Modell meinen Schulstart antreten, sondern konnte mir jene aussuchen, die ich am schönsten fand. Und alle Buben fanden in diesem Herbst wohl die gleiche Tasche schön, sodass letztlich nicht weniger als fünf das gleiche Modell mit zum Unterricht brachten.

An der Dorfschule gab es insgesamt fünfzehn Lehrerinnen und Lehrer, sowie den Direktor, der im Unterricht immer dann einsprang, wenn in einer Klasse sprichwörtlich Not am Mann eintrat. Und diese Not trat häufig ein. Schuld daran waren ausnahmsweise nicht wir Schüler, obwohl meistens unsere Klasse von dieser Not betroffen war. Wir, die Klasse 1b, in der acht Mädchen und acht Buben unterrichtet wurden. Ich saß als besonders schwierig eingestuftes Kind in der ersten Reihe, gleich vor dem Lehrerpult. Und neben mir saß die blonde Lina, so nannten alle Kinder dieses Mädchen. Auch wenn es keine zweite Lina in der Klasse und auch nicht in der Schule gab, sodass man die eine Lina von der anderen hätte unterscheiden wollen. So war Lina, meine Banknachbarin, eben die blonde. Mit ihr verstand ich mich auf Anhieb gut und wir sollten auch die kommenden vier Schuljahre Sitznachbarn bleiben. Den Herrn Direktor aber kannten wir schon nach einigen Wochen fast sogar ein bisschen besser als unsere Frau Lehrerin, die Frau Moser. Diese war sowohl die dienstälteste Lehrerin an der Schule als auch die älteste an Jahren und sie war häufig krank. Es hieß, sie würde ohnehin demnächst in Pension gehen. Das Alter dafür schien sie erreicht zu haben und krank war sie eigentlich ständig. Aber während des ersten Schuljahres war sie noch unsere Klassenlehrerin, auch wenn wir

Schreiben, Lesen und Rechnen schließlich vom Herrn Direktor gelernt hatten. So war es eben. Das Erste, was Frau Moser bei der Durchsicht der Schüler sagte, war, dass ich genau an jenen Platz gesetzt wurde, auf dem immer die schlechten und die besonders dummen Schüler saßen. Sie stellte diesen Umstand wie ein ehernes Gesetz fest, ganz so, als hätte sie einen unfehlbaren und gänzlich unverstellten Röntgenblick hinein in die Mitte meiner Intelligenz. Und dieser Meinung schloss sich sehr schnell auch der Herr Direktor an. Denn wie könnte es auch anders sein, wenn ein ungeratener Knabe aus schlechtem Elternhaus aufgrund seines Verhaltens bei Pflegeeltern nicht untergebracht werden konnte und so letztlich in jenem Heim landete, in dem die Allerschlimmsten ihre allerletzte Chance bekamen, bevor sie hinaus ins Leben entlassen wurden, um dort weiter zu nichts nütze zu sein, als hinfort der Gesellschaft mit ihren viel zu großzügigen Sozialleistungen gemütlich auf dem dickem Geldbeutel zu liegen. Nachdem sowohl die Frau Moser als auch der Herr Direktor davon überzeugt waren, dass ich diese Klasse zwar gesetzeshalber besuchen durfte, sie aber besser in einer anderen Schule absolvieren hätte sollen, war es ein Leichtes für mich, ein schlechter Schüler zu werden. Und um dies zu untermauern, wurde ich regelmäßig im Unterricht vorgeführt, um zu zeigen, dass ich weder das Talent für Schreiben oder Lesen noch fürs Rechnen hätte. Meistens gelang den Lehrern dieses außerordentliche Kunststück, indem ich an der Tafel mit für mich schwierigen Aufgaben konfrontiert wurde, die ich dann zuhause mit dem kleinen Robert besprach, bis ich sie ganz und gar verstand. In einem einzigen Fall aber ist ihnen dies jedoch gänzlich misslungen.

Im Bezirk wurde unter den Schülerinnen und Schülern ein Lesewettbewerb durchgeführt. Bei diesem galt es, einen mitgebrachten und einen von einer Kommission vorbereiteten Text vor Publikum vorzutragen. Auch von unserer Klasse meldeten sich einige Schülerinnen, die darin besonders geübt waren, nur von den Buben meldete sich keiner.

Nachdem das Lesen zu den Unterrichtsfächern gehörte, die mir besonders gut gefielen und auch lagen, hätte ich gerne daran teilgenommen, denn eine solche Teilnahme hätte mir eine gute Gelegenheit geboten zu zeigen, dass ich nicht in allem so schlecht war, wie es meine Noten vermuten ließen. Immer wenn der kleine Robert Zeit hatte, übten wir über Wochen hin gemeinsam das Lesen. Gleich zu Beginn meinte er, ich hätte durchaus ein Talent für dieses und so zweigte er immer wieder die eine oder andere Stunde ab, um mit mir zu üben. Dass ich für den Lesewettbewerb nicht vorgeschlagen wurde, lag daran, dass die Lehrer meinten, sich mit mir als Schüler ihrer Schule ohnehin nur zu blamieren und sie deshalb meine Anmeldung ablehnten. Nur in diesem Fall hatten sie nicht mit dem kleinen Robert gerechnet, der, die Schule umgehend, eine Anmeldung bei der Bezirksstelle erwirkte, indem er diese dort bei seinem nächsten Termin direkt einbrachte und meinte, wenn ich schon kein Vertreter der Dorfschule sein durfte, so wurde ich eben zum Vertreter der frei erfundenen Lesegruppe des Knabenheims, die keiner kannte und die in der Realität auch nicht existierte. Außer zu dem Zweck, mich anmelden zu können. Dieses trickreiche Manöver war den Lehrern der Schule zwar ein Dorn im Auge, letztlich konnten sie dagegen aber nichts unternehmen, außer darauf hinzuweisen, dass die entsandten Schüler für die Dauer des Bewerbes freigestellt wären und unter Aufsicht hin- und auch wieder zurückgebracht würden, ich aber extra vom Unterricht entschuldigt und selbst gebracht und geholt werden müsse. Beides ließ sich jedoch einfach erledigen, sodass ich eines Freitags im Turnsaal der Bezirksstadt zur Auslosung der Reihenfolge und der Texte erschien und bereits eine Stunde nach Beginn drankam. Der Saal war schön geschmückt und das Publikum war mucksmäuschenstill, als ich zu lesen begann. Längst hatte sich herumgesprochen, dass ich gar nicht von unserer Schule nominiert worden war und ich als schlechtester Schüler unter den allerschlechten die Anmeldung nur *irgendwie*, aber keinesfalls auf dem korrekten Weg geschafft hätte. So rechnete absolut niemand mit meinem Erfolg, an den ich selbst in der Zwischenzeit auch nicht mehr wirklich glauben konnte. Vielleicht half mir diese maßlose Unterschätzung ja, jedenfalls nahm sie mir jeden Druck und ich las so gut wie ich nur konnte. Den Text waren wir so oft durchgegangen, bis ich ihn quasi auswendig vortragen konnte und dieser Umstand kam mir nun entgegen. Ich konnte alle Zuhörer die ganzen langen fünfzehn Minuten in Atem halten und erntete dafür einen unerwartet großen Applaus. Und so trat ein, was niemand ahnte, denn ich gewann den Wettbewerb auch nach dem zweiten Lesen. Die Begründung der Jury klingt mir noch heute in den Ohren, denn sie lobten mein Lesen als einen Vortrag, der nicht an den Wörtern und Sätzen hängen bliebe, die es vorzulesen galt, sondern der mit erstaunlicher Genauigkeit und Leichtigkeit direkt an das Publikum gerichtet war und niemals den Eindruck erweckte, hier kämpfe ein Schüler mit dem Besten, was er zu geben imstande war. In meiner Schulkarriere war dies wohl das einzige Lob, das ich so offenherzig erhielt, wenngleich ich im Unterricht, auch im Lesen, weiterhin nur schlechte Noten erhielt. Im Heim aber wurde dieser Erfolg mit einem kleinen Fest gefeiert, ganz so, als hätte ich in diesem Jahr gleich zweimal Geburtstag. Tom strahlte an meiner Seite und die Betreuer konnten sich mit mir freuen wie nur ganz selten.

Heute ist wieder Montag und am Vormittag ging ich äußerst gespannt zum meinem Termin bei Frau Müller. Denn diesmal sollten wir eigentlich das besprechen, was ich bislang aufgeschrieben habe. Und tatsächlich, gleich zu Beginn des Gesprächs ging sie darauf ein. Mit ihrem immer sehr freundlichen Lächeln bedankte sie sich noch einmal, dass sie meine Einträge lesen durfte und meinte, dass darin schon zu Beginn ein ziemlicher Wandel sichtbar werde, den sie für sehr wichtig für alles Weitere hielte. Hätte ich nämlich auf den ersten Seiten hauptsächlich festgehalten, was einen bestimmten Eindruck bei mir hinterlassen hatte und was ich generell wert fand aufzuschreiben, so sei ich mit der Zeit, bewusst oder unbewusst, dazu übergegangen, jenes zu erzählen, was für mich momentan davon relevant sei oder in der Vergangenheit relevant gewesen sei. Besonders aufmerksam hätte sie jene Einträge verfolgt, in denen ich begann, aus meiner Kindheit zu erzählen und dabei jene Menschen nannte und beschrieb, die mir damals wichtig waren. Dazu zählen sicher auch die sehr erschütternden Momente, die es in meinem Leben leider zuhauf gegeben hatte. Und genau dies fände sie sehr wichtig, dass ich mich nämlich all diesen Momenten stelle, nichts beschönige oder übermäßig bewerte, sondern diese Momente und Lebensabschnitte Zeile um Zeile festhalte, sodass ich mich bewusst damit auseinandersetzen könne. Allein, aber selbstverständlich auch im Gespräch mit ihr. Sie erwähnte zudem, dass sich dies auch in meinem weiteren Verfahren durchaus positiv auswirken könne, wenn erkennbar wird, wie alles gekommen sei und wie ich dieses als Teil meiner Geschichte im Gesamten in Zukunft anzugehen und zu verarbeiten bereit sei. Während sie sprach, machte sie sich die eine oder andere Notiz und erwähnte, dass sie Einzelnes daraus mit mir gerne noch genauer und im Detail besprechen wolle. Sofern ich dies wünsche.

Während sie sprach, und dieses Mal nahm sie sich deutlich mehr Redezeit als üblich, sah sie häufig von ihren Unterlagen auf und suchte meinen direkten Blick, während ich ihr eigentlich ziemlich teilnahmslos, oder besser gesagt abwartend, gegenübersaß. Ich empfand diesen kurzen Moment als sehr angenehm, diesmal nicht auf ihre Fragen antworten zu müssen, die ich oft auf Anhieb gar nicht verstand und dann nicht immer wusste, was oder wie ich antworten sollte. Seit wir uns regelmäßig treffen, ist dieser Umstand deutlich besser geworden. Jetzt kann ich leichter einschätzen, worauf sie mit ihren Fragen abzielt und welche meiner Antworten die passenden, für die Situation die richtigen sind. So sind auch unsere Gespräche mit der Zeit deutlich entspannter und angenehmer geworden und ich kann die Zeit gut dafür nützen, hinzuhorchen und besser zu verstehen, wie ich denn in meine missliche Lage geraten konnte. Dieser Werdegang war für mich bislang ein mit einem dicken schwarzen Tuch zugedeckter Teil meines Lebens, der nun langsam und Schicht für Schicht freigelegt wurde. Manchmal wünsche ich mir, dass alles zugedeckt und vergessen bleibt, dann aber wache ich am Morgen schweißgebadet auf und weiß, dass mich in meinen Träumen meine Kurzzeitpflegeeltern verfolgt, mir Angst gemacht und mich bloßgestellt haben, dass ich all meine schulischen Dramen ständig wieder erlebe, und die mich noch heute auf Schritt und Tritt wie böse Plagegeister begleiten, die ich nicht so einfach los werden kann. Gerade an solchen Tagen wird mir klar, dass eine Besserung nur eintritt, ja nur eintreten kann, wenn ich mich meiner Herkunft, meinem Werdegang und schließlich meiner Tat bewusst stelle und diese mit der Hilfe von Frau Müller bestmöglich zu bewältigen suche. Und je besser mir dies gelingt, desto leichter kann ich erlösenden Abstand zu all den Qualen finden, die mich von Tag zu Tag begleiten.

Vieles von dem, was ich hier aufschreibe, hatte ich längst vergessen. Vieles ist unter dem Schutt und den Trümmern der Vergangenheit ins Verborgene abgetaucht, das jetzt, wenn ich versuche, mich zu erinnern und nachzuerzählen, Stück für Stück wieder zum Vorschein kommt. Oft denke ich mir dann, dass nicht ich der bin, dem all dies passiert ist, sondern dass es jemand anderer war, dessen Geschichte ich nun in die Gegenwart hole. Jemand, der mir manchmal ein wenig leid tut, dass es das Schicksal mit ihm nicht besser meinte, dass er wenig Glück und viel Unglück in seinem Leben erfahren musste, das ihn eigentlich zu einem unendlich traurigen, ja schrecklich wütenden Menschen hat werden lassen, und der seine Wut jetzt, Jahre später, erkennen muss, angesichts der Tragödie des kürzlich Geschehenen.

Ich war in der vierten Klasse, der Abschlussklasse der Grundschule, als ich eines Nachmittags im Knabenheim zum Heimleiter geholt wurde. Wir spielten gerade auf der Wiese zum Waldrand Fußball mit den größeren Buben und waren, obwohl wir die deutlich schlechtere Mannschaft waren, ausnahmsweise am Gewinnen. Und gerade in dieser Situation wurde unser Spiel unterbrochen. Das war für uns natürlich jammerschade und der Verlust eines wohl nicht wiederkehrenden Momentes.

Dass jemand beim Leiter erscheinen musste, hatte normalerweise Gründe, über die man lieber geschwiegen hat. Ich allerdings war mir keiner Schuld bewusst, also folgte ich dem Betreuer und marschierte überrascht und gespannt zugleich in das kleine Büro der Heimleitung. Hinter einem Berg an Papier und Mappen, alle randvoll und bereit zum Überquellen, saß der Heimleiter und verfolgte meine Ankunft in seinem Büroraum gespannt mit seinen Augen. Ganz so, als wollte er bereits bei meinem Eintreten abschätzen, ob ich den Grund dafür erahnen konnte, warum ich zu ihm gerufen wurde. Er zeigte wortlos auf einen der leeren Stühle, die vor seinem Schreibtisch wie aufgefädelt standen. Der Heimleiter meinte, er hätte gerne den Betreuer Robert bei unserem Gespräch dabei, und als ich ihn fragend ansah, fügte er mit einem leichten Schmunzeln hinzu, »den kleinen Robert«. Ihm war diese Bezeichnung, die wir Kinder ihm gaben, somit geläufig, er hätte ja auch dessen Familiennamen hinzufügen können. Flink wie ein Wiesel erschien dieser, klopfte wie beiläufig an die weit geöffnete Tür und schloss diese auf ein Zeichen seines Chefs hin. Er schien, so wie ich, den Grund unseres Kommens nicht zu kennen, begrüßte mich, indem er mir leicht auf die Schulter klopfte und setzte sich auf den Stuhl, der links von mir stand. Erwartungsvoll schauten wir uns an, der kleine Robert wie immer mit einem zuversichtlichen Lächeln auf den Lippen, das allem, ja wirklich allem, standhielt und ich mit leicht eingezogenem Kopf und angehobenen Schultern, ganz so, als müsste ich mich wappnen, als müsste ich mich vorbereiten auf etwas, das in der nächsten Sekunde über mich hinwegzudonnern drohte. Aber nichts passierte. Der Heimleiter blätterte weiter in seinen Unterlagen, legte die eine Mappe unter die andere, blätterte dort ganz vertieft weiter, ganz so, als suchte er etwas Wichtiges, das er nur mit der gebotenen Ruhe auffinden könnte und sich deshalb von nichts und niemandem stören ließ. Schließlich zog er ein Schreiben, und dann noch eines aus der Mappe, die nun zuoberst lag und schaute erst mich, dann meinen Betreuer an. Nach einer kurzen Pause las er das erste der beiden laut vor und hielt zwischen den einzelnen Absätzen eine kurze Pause, in der er Luft holte und den Inhalt wie eine Anweisung zu einer gekonnt komponierten Dramaturgie verwandelte. Ich verstand den Inhalt lange nicht. Das Schreiben kam vom Fürsorgeamt, verwies auf allerlei Paragrafen des Kinder- und Jugendschutzgesetzes und teilte mir in umständlichem Behördendeutsch mit, dass sich meine Mutter gemeldet hätte und mich sehen wolle. Dem Amtsschreiben war ein handschriftlich verfasster Brief beigefügt, den mir der Leiter nun über den Tisch hinweg reichte.

»Mein lieber Kevin«, stand dort zu lesen. Weiter kam ich fürs Erste nicht, denn schon nach diesem ersten Satz musste ich innehalten und aufsehen. Der Brief kam tatsächlich von meiner Mutter und es war der erste Brief, den sie mir in ihrem bisherigen Leben geschrieben hatte. Und wie sich zeigen sollte, leider auch der letzte. Mit ungelenker, ja ziemlich krakeliger Schrift hatte sie sich bemüht, ein paar Sätze niederzuschreiben, in denen sie mir mitteilte, dass sie wieder nach Hause zurückgekehrt sei, dass es ihr nun deutlich besser ginge und dass sie sich freuen würde, wenn sie mich besuchen kommen darf. Ihr unstetes Leben hätte sie quer durch Europa gebracht, von einer Straßenszene in die andere, aber das sei nun längst vorbei. Sie wäre seit einem halben Jahr wieder völlig eigenständig, hätte durch diverse Sozialprogramme wieder Fuß fassen können und sei auch von den Drogen losgekommen. Kein Alkohol mehr, auch nicht in kleinen Mengen, und vor allem keine härteren Sachen. Kein Schnaps, kein Marihuana, kein Kokain, kein Heroin. Nichts mehr. Das alles hätte sie nun endlich erfolgreich hinter sich lassen können. Sie hätte gute Aussichten auf einen baldigen Job, ein geregeltes Einkommen und sie sei wieder in jener Wohnung eingezogen, an deren Adresse sie zuletzt gemeldet gewesen wäre. Und dann schrieb sie weiter, dass es ihr sehr leid tue, dass sie in den letzten Jahren nicht für mich dagewesen sei, dass sie sich nicht um mich kümmern konnte, dass ich mein bisheriges Leben fast zur Gänze ohne sie verbracht hätte und dass sich das alles ändern könnte. Wenn ich das denn wollte. Sie wäre bereit und wolle mich besuchen kommen, dafür bräuchte sie aber meine Zustimmung. Es wäre ihr eine große Freude, mich zu sehen, mich in ihre Arme zu schließen und zu sehen, welch großartiges Kind in all den Jahren aus mir geworden sei. Damit schloss sie und grüßte mich zum Abschluss. Ich konnte beim Lesen erkennen, ja deutlich spüren, wie viel Mühe sie dieser Brief gekostet haben musste, welch große Anstrengung sie sich auferlegt hatte, um diesen Schritt zu wagen und zu mir Kontakt aufzunehmen.

Ich wollte den Brief eben dem Heimleiter zurückgeben, damit er diesen wieder ordnungsgemäß zu den Akten legen konnte, doch der winkte ab und meinte, es reiche wohl, wenn eine Kopie beim Schreiben der Fürsorge beigelegt bliebe. Wenn ich wolle, so könne ich diesen gerne behalten und ihn zu den Erinnerungsstücken geben, die ich von meiner Mutter über die Jahre bewahrt hatte. Das Fürsorgeamt hatte schon vor Jahren für mich, so wie es damals bei allen betreuten Kindern üblich war, eine kleine Kiste zusammengestellt, in der Dinge aus meiner Kindheit, zurückgehend bis ins Babyalter verwahrt blieben und die ich von Einrichtung zu Einrichtung, von Unterkunft zu Unterkunft, mit mir mitgenommen habe. Darin war eine Trinkflasche verwahrt, eine Babyhose, ein Beißring, ein Kleinkinderbuch, ein paar Fotos von mir, die mich mit unterschiedlichen Betreuerinnen zeigen, ein einziges Foto, das mich mit meiner Mutter zeigt, eine Kinderhose und ein kleiner Ball. An die meisten Sachen kann ich mich nur erinnern, da sie mich in dieser Schachtel begleitet haben und ich sie in der Vergangenheit von Mal zu Mal ausgeleert und durchgesehen hatte. An die meisten Dinge hatte ich allerdings definiv keine Erinnerungen. Dass ich sie je bei meiner Mutter und den späteren Betreuerinnen besessen hatte, dafür war ich damals einfach zu jung. Aber diese Kiste war Teil meiner Vergangenheit und das sollte sie auch bleiben. Daher behielt ich den Brief und legte ihn später tatsächlich zu den Dingen meiner Kindheit. Ich sah Robert an, der auf den sich vor ihm auftürmenden Aktenberg starrte. Da ich nicht von ihm abließ, blickte er mich an und schenkte mir ein vertrautes Lächeln, wie es seiner immer zuversichtlichen Art entsprach. Da niemand von uns ein Wort verlor, ergriff dieses der Heimleiter und meinte, dass ich nun davon wusste, dass meine Mutter den Kontakt zu mir suchte und ich mir in Ruhe überlegen soll, ob und wie ich diesen angehen wolle. Es sei weder Eile geboten, noch müsste ich mich mit Gewalt zu einer Entscheidung durchringen. Sobald ich jedenfalls wüsste, wie er der Behörde antworten soll, könnte ich ihm ja Bescheid geben. Sein Büro stünde ohnehin für jedermann stets offen, ich bräuchte im Grunde also bloß vorbeizukommen.

Robert und ich verließen gemeinsam den Büroraum des Heimleiters. Ohne darüber zu sprechen, trennten sich unsere Wege am Gang hinaus in den Garten, wo er mir sachte auf die Schultern klopfte und zunickte. Dann war er auf dem Weg in die Küche verschwunden. Ich aber marschierte hinaus auf die Fußballwiese, denn ich sah, dass das Spiel dort immer noch im Gange war. Am Spielfeld wurde gekämpft wie selten, alle waren so vertieft in Zweikämpfe, Pässe und Torschüsse, dass niemandem auffiel, dass mit mir ein Spieler zu viel in der einen Mannschaft war. Das machte aber nichts, denn kurze Zeit später weiteten sich die Schatten des Waldes über große Teile des Spielfeldes aus, sodass wir das Spiel abbrachen und zurück ins Heim marschierten. Ich ließ mich am Heimweg ein wenig zurückfallen, um die letzten Meter allein zu marschieren. Mit den Gedanken ganz bei der Vorstellung, ich könnte meine Mutter nach so langer Zeit wiedersehen.

Es war schon ein sonderbarer Gedanke, dass mich meine Mutter jetzt sehen wollte. Viel früher habe ich mir oft nichts sehnlicher gewünscht, als aus all den Betreuungseinrichtungen und Pflegefamilien weg und nach Hause zu ihr zu kommen. Doch damals gab es sie einfach nicht. Keiner wusste, wo sie sich herumtrieb, keiner wusste über ihren ständigen Verbleib, wenn es denn einen solchen gab und niemand konnte sie ausfindig machen. Ich fragte mich oft, ob sie das so gewollt hat oder ob es bloß so war, wie es gekommen ist, ohne dass sie viel dazu beigetragen hat. Eine Mutter in diesem Sinne hatte ich in der Vergangenheit einfach nicht. Da hat leider auch das viele Wünschen nicht geholfen. Und jetzt auf einmal war sie da, tauchte wie aus dem Nichts auf und wollte mich plötzlich sehen, was ihr ohne meine Zustimmung verwehrt geblieben wäre. Aber natürlich war ich neugierig, wollte die Frau sehen, die mir vielleicht in manchem ähnlich war, wollte sehen, wie es ihr ging und wie sie sich mir gegenüber verhielte, wenn wir aufeinandertreffen. Neben der Neugierde herrschte in meinen Gedanken auch ein wenig Angst vor. Angst, dass ich eine Mutter kennenlernte, die ich so lieber nicht kennengelernt hätte, die in ihrem Leben ständig strauchelte und mir keine Stütze, dafür aber eine große Last war und mir so in mein Leben Angst und Unsicherheit brachte, die mir bereits zu viel waren, ist doch meine bisherige Geschichte von großen Ängsten und Unsicherheiten geprägt gewesen.

Das viele Überlegen brachte mich nicht wirklich weiter. Ich zögerte und zauderte, überlegte in die eine, dann wieder in die andere Richtung, ich bat Robert und auch Tom um ihre Meinung und kam letztlich zu keinem Ergebnis. Aber wie der Heimleiter sagte, ich musste keine Entscheidung gewaltsam herbeiführen. Ich konnte in diesem Zustand der Ungewissheit weiterhin verharren und all diesen Gefühlen, die mit der neuen Situation über mich hereinbrachen, in Ruhe nachgehen und entscheiden. Und ja, letztlich entschied ich mich dafür, dass ich meine Mutter sehen wollte, dass ich sie selbst in ihren vier Wänden besuchen wollte, wenn das für sie passte.

Und diese Entscheidung war im Wesentlichen der Inhalt eines ausführlichen Schreibens, das der Heimleiter an das Fürsorgeamt richtete. Wenige Wochen später erhielt ich die Adresse, an der ich meine Mutter treffen konnte und einen Terminvorschlag mitgeteilt. Die Aussicht, dass ich in vier Wochen meine Mutter, die ich nun seit vielen Jahren nicht mehr gesehen hatte, in ihrer eigenen Wohnung treffen durfte, war sehr aufregend und beschäftigte mich Tag um Tag. Erst waren es noch Wochen bis zum Termin und ich empfand ihn noch weit in der Zukunft, schließlich aber waren es nur noch wenige Tage und Robert war gebeten worden, mich auf dieses Treffen gut vorzubereiten. Wir besprachen die Lage, in der sich meine Mutter bislang befunden hat, jedenfalls soweit diese eben bekannt war, wir besprachen ihre und meine derzeitige Situation und er versuchte mir eindringlich zu vermitteln, nicht einem Wunschbild von Mutter begegnen zu wollen, sondern einer noch jungen Frau, die es in ihrem Leben immer sehr schwer gehabt hatte und die, nicht frei von selbstverschuldeten Fehlern, und zudem wohl mit vielen Einschränkungen, den schwierigen Alltag zu bewältigen hatte. Zudem schickte die Fürsorge wenige Tage vor unserem Treffen ein aktuelles Foto von meiner Mutter, das eine schlanke, ja hagere Frau mit dunklen, langen Haaren zeigte, die vielleicht etwas ungepflegt wirkten, vielleicht aber einfach nur zerzaust waren. Als ich das Foto sah und später intensiv betrachtete, bemerkte ich an mir, dass ich im Grunde eine Fremde betrachtete, von der es hieß, dass sie meine

Mutter sei. Dabei wurde mir bewusst, dass ich keinerlei Erinnerungen an sie hatte, nicht, wie sie als junges Mädchen und auch nicht, wie sie später als junge Frau gewesen war. Dazu war ich viel zu klein gewesen, als sie Hals über Kopf verschwand und mich mit meinem Schicksal allein zurückließ. Tom meinte, vielleicht wäre es ohnehin so besser gewesen, und dass ich so nicht mit in ihren elenden Sumpf hineingezogen worden war, wie er ihre Verhältnisse nannte, unter denen sie ihre Jahre seit meiner Geburt verbrachte.

Robert brachte mich eine Stunde vor meinem Termin in die Stadt. Es war ein Nachmittag und ich bereits zuhause von der Schule. Er meinte, ich solle am besten ein wenig durch das Viertel streifen, in dem sie lebte, durch die Gassen schlurfen, die ihr vertraut waren und vielleicht eine Kleinigkeit im nahen Supermarkt einkaufen, in dem wahrscheinlich auch sie tagtäglich ihre Einkäufe erledigte. Er meinte, ich könnte mich damit ihr in Etappen nähern und das Zusammentreffen würde dann vielleicht ein bisschen unkomplizierter und weniger verkrampft sein, wenn ich erzählen könnte, was aus ihrer unmittelbaren Umgebung ich bereits gesehen hatte. Eine kleine Blume in einem Topf gab er mir mit auf den Weg. Blumen zu bringen wäre meistens eine gute Idee, meinte er, und die feuchte Erde würde die Pflanze vor dem frühzeitigen Tod beschützen, sollte sie damit wenig anfangen können. So streifte ich durch eine fremde Gegend, in der ich niemanden kannte, sah unter Bäumen ältere Menschen sitzen, die mangels Alternativen meine Wege mit ihren Blicken genau verfolgten und ging schließlich auf gut Glück in den leeren Supermarkt hinein, wusste aber nicht, was ich kaufen sollte und nahm mir einfach eine Flasche Wasser mit. An der Kassa schielte die Verkäuferin kurz auf meinen Blumentopf, fragte letztlich aber nicht, ob ich diesen schon mitgebracht hätte. Ich bezahlte und ging.

Wieder draußen angelangt, überquerte ich auf dem kürzesten Weg den Parkplatz, schlängelte mich zwischen den parkenden Autos in einem Zickzackkurs hindurch und gelangte schon nach wenigen Minuten genau zu jenem Hauseingang, der zur passenden Adresse gehörte. »Meinradstraße 55« hatte ich mir notiert, obwohl ich mir die Angaben sofort gemerkt hatte und jederzeit auswendig wiedergeben hätte können, ganz so, als wären sie für immer in meine Gehirnwindungen eingeschrieben. Und ich sehe sie noch heute bildlich vor Augen, wie weiland auf dem Schreiben des Fürsorgeamts. Die Meinradstraße schien am Übergang zum Parkplatz des Supermarktes zu enden, die Nummer 55 war somit eine der letzten Hausnummern an der linken Straßenseite stadtauswärts. Die beiden Flügel der Haustür waren weit geöffnet, am Klingelbrett standen nur einige wenige Namen, die meisten undeutlich geschrieben oder durchgestrichen, nur der Name meiner Mutter war nirgendwo zu finden. Ich ging im Stiegenhaus nach oben, sah mich bei jeder Tür um und fand schließlich die richtige Wohnungstür im zweiten Stock. An der schmucklosen, weißen Tür hing ein Notizzettel, auf dem, mit der gleichen krakeligen Schrift, ihr Name stand. Die ungelenke Handschrift, die hier mit dickem Filzstift den Zettel ausfüllte, kannte ich bereits von ihrem Brief. Nach einigem Zögern und im selben Moment, als im oberen Stock jemand eine Tür öffnete, läutete ich an ihrer Eingangstür. Das laute Schellen der Glocke war deutlich zu vernehmen, jedoch nichts war weiter zu hören, kein Laut drang aus der Wohnung. Eine Frau kam mit ihrem dicken Hund an der Leine die Treppen herunter, sah mich grußlos an und verschwand nach wenigen Augenblicken auf dem Weg nach unten. »Hatte mich meine Mutter nicht gehört?«, fragte ich mich. Jedenfalls hatte das Läuten seinen Dienst getan und war unmöglich zu überhören gewesen. Die leisen Geräusche des Nachmittags ließen nichts anderes so deutlich an mein Ohr dringen, sodass ich sicher war, den durchdringenden Ton ordentlich vernommen zu haben. Ich läutete ein zweites Mal und wartete gespannt. Nichts, außer diesem durchdringenden Ton, war zu hören. Auch aus den anderen Wohnungen ringsum drang kein Laut nach außen, sodass ich mir sicher war, dass dieses Läuten gerade jetzt von nichts übertönt hätte werden können. Weder hier im Stiegenhaus, noch drinnen in der Wohnung. Hatte meine Mutter unseren Termin verwechselt oder hatte sie sich bloß ein wenig verspätet? Ich war mir gänzlich unsicher, warum sich weiter nichts tat, warum meine Mutter nicht, wie erwartet, die Wohnungstür öffnete und mich hineinbat. Aber vielleicht besaß die Wohnung ja einen Balkon nach hinten hinaus und sie saß dort, an einem ruhigen kühlen Ort und konnte mich so nicht gut hören.

Ich versuchte, die Tür zu öffnen und stellte fest, dass diese nicht verschlossen war. Also öffnete ich sie ganz, trat langsam in den Flur und fragte in den Raum hinein: »Mutter?«. Weiterhin tat sich nichts. Ich ging noch ein Stück weiter hinein in den düsteren, langgezogenen Gang und sah mich ein wenig um. Links stand die Badezimmertür offen und gab ein heilloses Durcheinander preis. Handtücher und Wäsche lagen auf einem wahllos zusammengeworfenen Haufen, eine Zahnbürste lag quer über der Zahnpasta ins Waschbecken geworfen im Feuchten. Geradeaus konnte ich von diesem Standpunkt aus einen Teil der Küche erahnen. Auch dort herrschte ein wildes Durcheinander. Flaschen standen in engen Reihen, Bauch an Bauch, Schulter an Schulter, wie Zinnsoldaten beim Exerzieren auf dem Küchentisch, ein Stuhl lag umgeworfen daneben, am Boden lagen zwei schmutzige Geschirrtücher und rechter Hand öffnete sich der Blick in spitzem Winkel ins Wohnzimmer. Im großen hellen Raum, der sich tatsächlich zu einem Balkon hin öffnete, stand ein einziges Möbelstück. Ein großes, dunkelblaues Sofa stand an der Balkonseite, leicht schief in den Raum gestellt und darauf lag meine Mutter. Steif wie aus Holz und ein wenig in sich zusammengekrümmt lag sie dort, die dichten, dunklen Haare verdeckten den Großteil ihres Gesichts. Sie atmete tief und schwer. Ein drückender Alkoholgeruch lag über all dem und vieles deutete daraufhin, dass diesen schlimmen Geruch meine Mutter verströmte und nicht allein die unübersehbare, noch halb volle Schnapsflasche daran Schuld war, die mit ein wenig Abstand vor dem Sofa stand. Meine Mutter hatte den Termin wohl nicht vergessen, auch nicht versäumt, aber sie hatte ihn einfach nicht geschafft. Das sah ich ihrem unglücklichen, leicht verzerrtem Gesicht deutlich an, wenn ich sie genauer betrachtete. Warum nur hatte sie diese eine Gelegenheit nicht genutzt? Warum hat sie nach so vielen Jahren darauf verzichtet, mich zu sehen, mich vielleicht für kurze Zeit in die Arme zu nehmen, meinen Geruch einzuatmen und für diese paar Sekunden ganz bei mir zu sein? Traurig sah ich sie für eine Weile an, wie sie dalag, reglos und hilflos und langsam aber sehr deutlich spürte ich, dass meine Trauer verflog und Wut in mir aufstieg. Ich war wütend, dass ich in diese Situation geraten war, die mich augenblicklich zurückholte in jene Momente, in denen ich meine Mutter am meisten vermisste, in denen sie mich gnadenlos und egoistisch zurückgelassen hatte, in denen ich am ganzen Körper bebte und mich eine meiner vielen Betreuerinnen umarmte und tröstete und die dabei wussten, dass sie in genau jenen Momenten einfach die Falschen waren. Denn die Richtige war gerade nicht da, sie war im Grunde eigentlich nie da gewesen. Ich holte vorsorglich tief Luft, ging weiter ins Zimmer hinein, öffnete schließlich die Balkontür ein wenig, stellte den kleinen, unscheinbaren Blumentopf neben die Flasche, ging leise rückwärts aus dem Raum, hinaus aus der Wohnung, die Stiegen hinab und ich verließ das Haus, ohne mich noch einmal umzusehen, mit großen, schnellen Schritten.

Frauen in meinem Leben vermisste ich lange nicht, irgendwann einmal aber dann sehr. Als ich ganz klein war, gerade einmal kein Baby mehr, sondern bereits ein Kleinkind, ein Junge, war ich noch umgeben von Frauen und Mädchen. Die Betreuung von unbegleiteten Kindern in diesem Alter war wohl ganz diesen ans Herz gelegt. Später aber, knapp vor dem Schulbeginn, war ich dann durchgehend mit anderen Knaben untergebracht und auch die Betreuer waren Männer, junge wie alte. Das störte mich nicht so sehr, denn mit ihnen konnte man als Heranwachsender sein Bubsein ausleben, fand in ihnen Sparringpartner mit rauer Schale in Momenten des Tobens und Herumtollens ebenso wie Zuneigung und Trost in traurigen, ruhigen Momenten. Unsere männlichen Erzieher waren immer für uns da und begleiteten uns bis über die Pubertät hinaus aufmerksam und aufrichtig. Aber alle, sowohl die wirklich guten Betreuer, mit denen die meisten zurechtkamen, als auch die weniger tollen, die oft ihre Launen und Macken zeigten und uns diese auch deutlich spüren ließen, waren im Grunde genommen bloß ein Ersatz. Ein Ersatz für Liebe als Ersatzliebe, ein Ersatz für Zuneigung als Ersatzzuneigung und ein Ersatz für das einfache Dasein, das von Dienstplänen, Urlauben und Abwesenheiten durch Krankheit geprägt war. Alles davon fühlte sich für mich gut und richtig, letztlich aber unecht und nur zur Hälfte genug an.

Mit dem Abschied aus der Grundschule ging mir auch meine Lina verloren. Sie war für mich über die vier Jahre hinweg eine Stütze gewesen, hatte mich eingebunden ins Geschehen, wenn andere eher versuchten, mich auszugrenzen. Wenn ich in der Schule meine Aufgaben vergessen hatte, half sie mir oft, diese schnell soweit nachzuholen, dass sie durchgingen und ich nicht wieder als der dumme Esel der Klasse dastehen musste. Insofern war Lina ein Engel für mich. Wir sahen uns in der Schule jeden Tag und verstanden uns prächtig, in der Freizeit, an den Nachmittagen oder in den Ferien sahen wir uns jedoch nie. Lina war somit ausschließlich mein Schulengel. Der Umstand, dass sowohl die Lehrer als auch ihre Eltern sich in der Meinung wiederfanden, dass Lina als gute Schülerin nach dem Schulwechsel eine Schule für gute Schülerinnen besuchen sollte, ich aber als ein ganz schlechter die kommenden Jahre mit meinesgleichen in eine Schule mit deutlich weniger

Ansprüchen wechseln musste, brachte uns letztlich gänzlich auseinander, und in den darauffolgenden Jahren sollte ich sie auch völlig aus den Augen verlieren.

In der neuen Schule, die in der Bezirksstadt lag, waren Buben und Mädchen nicht getrennt und ich hoffte schon vor dem Schulantritt auf eine Art Ersatz-Lina. Es hätte auch ein Ersatz-Tom in der Klasse sein können, es musste kein hilfreiches Mädchen sein, über das ich mich gefreut hätte, aber zum Zeitpunkt des Klassenwechsels war ich vom Eindruck, den Lina mit ihrer freundlichen Art bei mir hinterlassen hatte, noch sehr in meiner Wahrnehmung geprägt. Der Sitzplan kam in der neuen Schule jedoch nicht durch Zufall zustande, sondern wurde vom Klassenlehrer im Vorhinein festgelegt. Das erstaunte uns alle sehr, war es für uns doch üblich, am ersten Tag in kleinen Grüppchen, die sich im Vorhinein gebildet hatten, in das Klassenzimmer zu stürmen und die vermeintlich besten Plätze zu erobern. So kam es, dass ich für die ersten Tage allein in einer Bank zum Sitzen kam, denn mein Sitznachbar war erkrankt und kam erst ein paar Tage später in den Klassenverband. Ich saß weder in der ersten Reihe, wie in den Schulstufen davor, noch in der letzten, die üblicherweise für die Eselsreihe gehalten wird, sondern mit meinem abwesenden Banknachbarn in der Mitte. Darüber musste ich mich nicht lange wundern, denn der Klassenlehrer erklärte die Einteilung gleich in der ersten Stunde, und was mich betraf, so meinte er, die größten Idioten setze er gerne in die Mitte der Klasse, so hätte er diese besser unter Kontrolle. Daraufhin schaute er in meine Richtung und fügte hinzu, dass sich jetzt nicht alle als Idioten angesprochen fühlen müssten, denn die es betraf, würden in den kommenden Wochen diesen Umstand ohnehin zu spüren bekommen. Ich hätte in dieser Situation davon ausgehen können, dass ich davon nicht oder nicht ganz allein betroffen sei, doch fühlte ich mich in dieser Stunde ganz im Schwarzen der Zielscheibe.

Im Unterricht konnte ich wenig glänzen. Wie hätte es auch anders kommen können? Nur der Mathematiklehrer hielt einige Stücke auf mich und meinte, ich würde mein Können weit unter meinen Möglichkeiten verkaufen. Bloß, was sollte ich machen, wie sollte ich es anstellen, bei diesen Lehrern zu glänzen, die ohnehin im Vorfeld schon wussten, wer was taugte und wer nicht. Leider hatte ich es nie anders gelernt. Ich war es gewohnt, als der Esel der Klasse vorgeführt zu werden, als jener, der für nichts taugte und in dieser Rolle ging ich manchmal voll auf. Sehr schlechte Noten hatte ich nicht, aber nur ganz wenige gute und die einzige Eins hatte ich in Mathematik. Das aber verdankte ich mehr den Rechenkünsten des Lehrers, denn ihm gelang es immer wieder, mir da und dort irgendwelche Punkte oder irgendeine gefinkelte Kommaregelung unterzuschieben, die meine Noten rechtfertigten. Ganz anders sah es in den anderen Fächern aus, und wenn es mir doch einmal gelang, einen guten Aufsatz zu schreiben oder alle Vokabeln im Englischunterricht aufsagen zu können, dann war der Kommentar der Lehrer meist, dass ich ausnahmsweise zwar gar nicht so schlecht gewesen wäre, in anderen Klassen unter anderen Gleichaltrigen jedoch ohnehin nur ungenügende Leistungen hätte erbringen können.

Katrin ging mit mir in die gleiche Klasse. Sie saß eine Reihe hinter mir und wenn der Lehrer in die Mitte der Klasse vorging und von dort aus zu uns sprach, so musste ich mich ganz nach links drehen, um ihn wenigstens von der Seite ansehen zu können. Gleich erging es meinen Mitschülerinnen, die hinter mir saßen und damit auch Katrin. So kam es, dass wir in solchen Fällen quasi wie nebeneinander zu sitzen kamen und in die gleiche Richtung sahen. Zumindest theoretisch. Denn wenn wir in der linken Klassenhälfte alle nach links sahen, starrte Katrin mich an. Solange, bis ich ihren Blick erwiderte und ihr nach einiger Zeit auch zulächelte. Dann lächelte sie zurück, bis sich ihre Wangen hoben, und fing an, mit beiden Augen zu blinzeln. Ich konnte diese Reaktion lange nicht deuten, bis ich eines Tages einen Streit zwischen ihr und einem

Mitschüler mitanhörte, in dem sie ihn aufforderte, sie in Ruhe zu lassen und zu bedenken, dass sie ihm niemals zublinzeln würde. Dafür wäre er ihr eindeutig zu hässlich und zu dumm. Im Anschluss an diesen Streit, den sie mit klaren Worten führte, dachte ich mir, dass ich ihr dann wohl nicht zu hässlich und zu dumm sein musste, wenn sie mir andauernd zublinzelte. Ich kannte vorher kein Mädchen, das so offen, ja, fast fordernd auf mich zugesteuert kam und wollte sie auf die Probe stellen. Sollte sie mich mögen und dies zeigen wollen, würde ich sie vielleicht am Heimweg begleiten dürfen. Viele Mädchen, vor allem natürlich die älteren, ließen sich am Heimweg begleiten und stellten dies öffentlich zur Schau. Manche, die von niemand Bestimmtem begleitet werden wollten, ließen sich sogar täglich von einem anderen Burschen nach Hause bringen, nur um zu zeigen, wie einfach es für sie sei, von jedem, den sie natürlich selbst aussuchten, beachtet zu werden.

Und Katrin ließ sich von mir im Anschluss an den Unterricht nach Hause bringen. Im Grunde wohnte sie gar nicht weit vom Schulgebäude entfernt und konnte den Weg, wenn sie es einmal richtig eilig hatte, durchaus in wenigen Minuten bewältigen. Als ich jedoch den geraden, den kürzesten Weg einschlagen wollte, nahm sie mich am Unterarm und zog mich in eine ganz andere Richtung. Ganz so, als wollte sie mir mitteilen, dass sie mit mir gerne einen Umweg gehen wollte. Ich hatte nichts dagegen, sie war ein für Knaben in meinem Alter aufregendes Mädchen, ich durfte sie begleiten und alle sollten es sehen. So näherten wir uns Stück für Stück, fast in einem kreisrunden Bogen ihrem Elternhaus. Wir sprachen währenddessen nicht viel und meist war es sie, die Fragen stellte und ich, der antwortete. Nach einer Woche hatte sich an dem Umstand nichts geändert. Eigentlich rechnete ich damit, dass sie sich ohnehin bald einen anderen Mitschüler wünschte, der sie nach Hause bringen sollte, doch diesbezüglich geschah nichts. Wir flanierten nach dem Unterricht zu zweit immer auf derselben Strecke und kamen so nach etwa zwanzig Minuten bei der Haustür ihrer Eltern an. Dort wartete sie erst ein wenig zu, verabschiedete sich dann aber rasch und verschwand schließlich in Sekundenschnelle im Eingangsbereich. Einmal jedoch, wir waren gerade wieder auf dem Heimweg, nahm sie mich bei der Hand, zog mich ein Stück von der Straße weg, hin zu einem Gebüsch, schlüpfte dort, mich immer noch an der Hand führend, durch das dichte Blattwerk und wir standen plötzlich auf einer kleinen Lichtung, die im Hintergrund von der Rückwand eines Garagengebäudes abgeschlossen wurde. Dort drängte sie mich gegen die Mauer, zog meinen Kopf ruckartig zu sich hinunter und küsste mich auf den Mund. Zuerst drückte sie mir ihre Lippen nur ganz sachte und vorsichtig gegen meine. Nachdem ich den Kuss jedoch nicht sofort erwiderte, drückte sie ihren Mund ganz fest gegen meinen, ließ mich dann aber augenblicklich los, drehte sich um und verschwand durch die Büsche, auf demselben Weg zurück, wie wir gekommen waren. Ich blieb einigermaßen erstaunt und überrascht zurück und brauchte ein wenig Zeit, bis ich mich von meiner großen Verwunderung erholt hatte. Damit hatte ich nicht gerechnet. Hier und heute von Katrin unvermittelt und heftig zugleich geküsst zu werden.

Auf unseren nachfolgenden Treffen wiederholte sich dieser Vorgang nicht und ich war mir unsicher, ob sie nun von mir erwartete, ähnliche Schritte zu setzen. Doch jedes Mal, wenn wir unsere Runde am Heimweg drehten und an der besagten Stelle des ersten Kusses vorbeikamen, wurde ihre Gangart unvermittelt schneller, ganz so, als wollte sie diesen Ort möglichst schnell hinter sich lassen und mir keine Gelegenheit geben. Nur einmal war diese Situation anders, da behielt sie ihre Gangart bei, scherzte mit mir, berührte unvermittelt meinen rechten Unterarm und beließ ihre Hand dort. Diesen kurzen Moment nutzte ich, ergriff ihre linke Hand mit meiner, machte es ihr nach, zog sie sacht und behutsam durch das dichte Gebüsch, hin zur Garagenrückwand, drückte sie dort sehr bestimmt gegen den rauen Verputz und küsste sie. Zuerst nur auf den Mund, dann auf den Hals, die Haare und die Wangen und schließlich hielt ich ihren Kopf ganz fest, sodass sie diesen kaum mehr bewegen konnte. Sie hörte auf, meine Küsse zu erwidern und blieb ganz ruhig, fast so, als wartete sie ab, was nun folgen sollte. Ich ließ meine Schultasche fallen, griff ihr mit der freigewordenen Hand zuerst ganz vorsichtig auf den Pullover, um ihre Reaktion abzuwarten, kurvte dann mit festem Andruck auf ihrem Bauch herum, fasste ihr in den Ausschnitt am Hals, wo ich sogleich ihr Herz ganz wild schlagen spürte, und schließlich hob ich ihren dünnen Pullover an und fuhr mit meiner Hand darunter. Sie hielt immer noch ganz still, eigentlich so, als wollte sie überlegen, wie sie reagieren soll. Ich drückte ihren Busen mit meiner hohlen Hand gegen ihren Brustkorb, spürte, wie sich dieser blitzartig zusammenzog und ganz fest wurde, ließ dann ab von ihrer samtweichen Haut und fuhr mit meiner flachen Hand hinab in ihre Hose. Sie zog den Bauch ein, sodass ich die Knöpfe nicht öffnen musste und trotzdem so weit in den Hosenbund fassen konnte, bis ich erst ihre Schamhaare spürte und schließlich ihre Schamlippen umfasste und mühelos mit meinen Fingern in sie eindringen konnte. Ich rieb meinen Körper an ihr, drückte sie fest und ließ schließlich ab von ihr.

»War ich zu weit gegangen?«, war meine erste bange Frage. Doch Katrin blieb an der Garagenwand stehen, machte keine Anstalten, sich völlig von mir zu lösen und wegzugehen oder gar fortzulaufen. Sie stand dort, sah mir ganz tief in die Augen, rückte ihren Pullover und ihre Hose zurecht und kam einen Schritt auf mich zu. Dann umschlang sie meinen Kopf mit ihren Armen, küsste mich wie zu einem langen Abschied, drehte sich um und verschwand auf dem niedergetrampelten Pfad durch die Büsche. Ich wartete noch einen Moment, folgte ihr dann ein Stück des Weges und hatte sie bald aus den Augen verloren. Der Weg zum Bahnhof, der mich nach Hause ins Knabenheim brachte, führte mich in die entgegengesetzte Richtung, und schon bald saß ich im Zug. Im Kopf aber trug ich das Bild von Katrin, wie sie mich umarmte und küsste und dann verschwand.

In den darauffolgenden Tagen hatten wir von der Schule frei und so sah ich Katrin fast eine Woche lang nicht. Als wir wieder im Klassenzimmer aufeinandertrafen, spürte ich, dass sich in der Zwischenzeit etwas verändert hatte. Sie suchte während des Unterrichts nicht mehr meinen Blick, sah mir kaum in die Augen und ging mir in den Pausen aus dem Weg. Hatte sie in den vergangenen Tagen nichts dagegen aber viel dafür unternommen, dass wir von den Mitschülern häufig zu zweit gesehen wurden, so gab sie mir nun keine Gelegenheit mehr dazu. Ich konnte mir ihr Verhalten nicht erklären, dachte viel darüber nach, was ich vielleicht falsch gemacht haben konnte, und versuchte, sie in den nachfolgenden Tagen darauf anzusprechen. Doch dazu bekam ich keine Gelegenheit, denn immer, wenn ich mich ihr zu nähern suchte, ging sie mir beharrlich aus dem Weg.

Nach der Schule ging sie weiterhin zu zweit nach Hause. Nur im Unterschied zu den vergangenen Wochen aber nicht mehr mit mir. Nun begleitete sie ein deutlich älterer Schüler aus der Klasse über uns, der sich, sobald sie sich trafen, sofort ganz eng an sie schmiegte und sie, mit einem tiefen Blick in die Augen, verschwörerisch ansah. Ganz so, als brächen sie zu einer Gelegenheit auf, die nur sie beide etwas anging. Überrascht und gleichzeitig richtig wütend über diese schnelle und völlig unangekündigte Abfuhr, ging ich ihnen nach Schulschluss unvermittelt ein paar Meter nach. Meinen Blick hatte ich bereits auf meinen kürzesten und zugleich schnellsten Heimweg, die Bahnhofstraße, gerichtet. Denn um den nächsten Zug noch zu erreichen, dieser unangenehmen Situation zu entkommen und rechtzeitig zum Mittagessen im Heim zu erscheinen, ging ich etwas schneller als gewohnt.

Plötzlich drehten sich Katrin und ihr Begleiter zu mir um. Sie schienen meine nahen Schritte wahrgenommen zu haben und blieben augenblicklich stehen. Ich wusste nicht, ob ich besser sofort die Straßenseite wechseln sollte, um den beiden rechtzeitig auszuweichen, blieb letztlich aber doch auf der gleichen und kam ihnen so, Schritt für Schritt, schnell näher. Nur noch wenige Meter bevor ich an den beiden vorbeigegangen wäre, ließ Katrin ihren Begleiter plötzlich los, wandte sich geschickt aus dessen enger Umarmung und kam geradewegs auf mich zu. Mit hochrotem Kopf stellte sie sich mir breitbeinig in den Weg, plusterte sich fast zu meiner Körpergröße auf und schrie mich lauthals an, sodass alle es hören konnten. Sie schrie, dass ich ihr nicht nachstellen, dass ich sie in Ruhe lassen, dass ich ihr aus dem Weg gehen solle, dass ich pickeliger Einfaltspinsel sie nicht im Geringsten interessiere und ich mir ja nichts darauf einbilden sollte, nur weil wir ein paar Mal miteinander nach Hause gegangen wären. Ich sollte lieber sehen, dass ich schnell nach Hause, ins Knabenheim, käme, dorthin, wo alle Vollidioten untergebracht seien, die ohnehin für nichts nütze wären, die niemand vermisse und sie schon gar nicht. Ich sei für sie, und jetzt kam das Schlüsselwort, das mich seit Beginn meines Lebens stets verfolgte, ich sei nämlich die reine Zeitverschwendung. Jede Viertelstunde, die sie mir mir verbrächte, wäre eine verlorene Viertelstunde, eine, die sie besser anders nutzen wolle, denn ich sei ein richtiger Nichtsnutz, einer der sich hoffentlich bald aus ihrer Klasse verabschieden würde, der am besten gleich die Schule wechselte, in eine andere Stadt ginge, damit ich ihr nie wieder unter ihre Augen käme. Ich sollte mich verpissen, am besten gleich, bevor mir ihr Begleiter noch Beine machen würde.

Damit sah sie über ihre Schulter zurück zu ihrem Begleiter, der wie kurz vor dem Sprung auf ihr Zeichen wartete, um zu mir herüber zu sprinten und mir eine überzuziehen, um mir den Hintern zu versohlen und mir zu verstehen zu geben, dass in dieser Sache alles andere als zu spaßen sei und ich in jedem Fall eindeutig den Kürzeren ziehen würde.

Ein wenig verdutzt über diesen ungewöhnlich heftigen Auftritt, den Katrin inmitten des Trubels auf der offenen Bühne meiner ebenfalls nach Hause streunenden Klassenkameraden hinlegte, nutzte ich die nächste Gelegenheit, die Straße rasch zu überqueren, schlüpfte gerade noch rechtzeitig zwischen zwei anfahrenden Autos hindurch, machte mich eilends auf den Weg zum nahen Bahnhof und damit auf und davon. Katrins Begleiter blieb zwar bei ihr zurück, jedoch verfolgte er mit seinen wachsamen Augen meine Flucht und war zugleich wohl ein wenig unzufrieden darüber, mir nicht doch noch ein paar kräftige Schläge versetzt oder eine ordentliche Abreibung verpasst zu haben.

In den darauffolgenden Wochen war Katrin im Unterricht zwar weiterhin sehr abweisend, mied meine Blicke und meinen Kontakt, doch letztlich blieb die eine Szene, die sie mir gemacht hatte, tatsächlich die einzige und auch ihr Begleiter schien das Interesse an mir wieder verloren zu haben. Mir sollte dies recht sein, wusste ich ja bereits am Tag darauf nicht, wie ich in der Schule das weitere Auslangen hätte finden können. Aber nichts weiter passierte. Außer, dass Katrin eines Tages nicht mehr zum Unterricht erschien. Die ersten Tage wussten wohl auch die Lehrer nichts über ihr Nichterscheinen, nach einer Woche aber fragten diese nicht mehr in die Klasse, ob Katrin wieder anwesend wäre und so verschwand sie auch aus meinem Blickfeld, ohne dass ich gewusst hätte, wohin. Zwei Wochen später war dann auch ihr Begleiter abgängig und das nährte natürlich die Spekulationen, dass das Fernbleiben der einen und dem des anderen miteinander zu tun hätte, dass sie von der Schule aus dem gleichen Grund abgegangen wären oder abgehen hätten müssen, ohne dass irgendjemand von den näheren Gründen etwas Konkretes wusste. Weg war weg und mir war es so lieb, denn so konnte ich die letzte Klasse an der Schule abschließen, ohne mir darüber weiter größere Sorgen machen zu müssen.

Gegen Ende meiner Schulzeit gab es dann noch einmal ein Mädchen, das sich mir sowohl im Unterricht als auch in den Pausenzeiten regelmäßig näherte, das mich von sich aus ansprach und ganz offensichtlich Kontakt zu mir suchte. Sie war sehr nett, auch nicht so aufreizend wie Katrin und in der Schule galt sie als eine der besten unter den Schülerinnen. Sie hieß Gabi und hatte am selben Tag wie ich Geburtstag. Wir waren also auf den Tag gleich alt. Diesen besonderen Umstand fanden wir heraus, als wir uns einmal in der Klasse nach dem Geburtsdatum geordnet aufstellen und so Zweiergruppen zur Erledigung von Schulaufgaben bilden mussten. So kam ich eben neben Gabi zu stehen und obwohl ich nach den Teilungsregeln gar nicht in ihre Gruppe gefallen wäre, entschied die Klassenlehrerin, dass ich in diesem besonderen Fall natürlich eine Gruppe mit ihr bilden sollte. Gabi war sehr aufmerksam, half mir auf die Sprünge, wo es mir an Wissen oder Zuversicht mangelte, ohne dass sie mit ihrem Wissen und Können prahlte und sie schien sich tatsächlich für mich zu interessieren. Dass ich im Knabenheim untergebracht war, das wussten ohnehin alle in der Klasse, Näheres wusste sie allerdings nicht von mir und stellte von Zeit zu Zeit Fragen. Ich allerdings war nach dem Debakel mit Katrin jedoch äußerst vorsichtig, vielleicht in diesem Fall sogar übervorsichtig, sodass ich Gabi gegenüber zwar stets sehr höflich blieb, ihr offenkundiges Interesse jedoch nicht teilte oder gar erwiderte. So blieb es beim oberflächlichen Kontakt in der Schule, in der Freizeit trafen wir uns nie. Mit dem Ende der Schulzeit verlor ich den Kontakt zu ihr und ein solcher wäre auch mit einem gewissen Aufwand verbunden gewesen, trat ich doch eine Lehre bei einer Baufirma am Land an, sie aber übersiedelte in die Großstadt und besuchte dort eine weiterführende Schule. Ich habe Gabi dann noch einmal gesehen, als ich sie einmal unvermittelt auf der Straße traf, sie ansprach und dabei feststellen musste, dass sie mich im ersten Augenblick gar nicht erkannt hatte. Wir führten ein kurzes aber belangloses Gespräch, trennten uns nach wenigen Minuten wieder und gingen unserer Wege.

Diesmal musste ich lange darüber nachdenken, ob ich diese Abschnitte aus meinem Heft Frau Müller zu lesen geben, oder ob ich diese bis auf Weiteres lieber für mich behalten sollte. Nach einigem Hin und Her gab ich ihr, wie es in der Zwischenzeit fast schon eine liebgewordene Angewohnheit geworden ist, das Heft doch wieder vollständig zu lesen. Bislang waren unsere Gespräche darüber, was ich hier niedergeschrieben und somit für mich und andere festgehalten habe, immer sehr gut verlaufen. Mein anfänglicher Argwohn ist mittlerweile einigermaßen abgeflacht, ich musste nicht über jede Seite, ja, jeden Abschnitt oder gar jede Zeile nachdenken, ob es gut oder schlecht für mich wäre, wenn sie das eine oder andere über mich und meinen schwierigen Werdegang liest. Im Grunde genommen vertraue ich ihr, dass sie nichts Böses im Schilde führt, sondern es ihr tatsächlich daran gelegen ist, meine Situation besser einschätzen, besser verstehen zu können, was sie selbst von Zeit zu Zeit betont. Und in der Vergangenheit schien dies zu funktionieren. Ihre Rückmeldungen waren in der letzten Zeit zumeist vom Verständnis für die Schwierigkeiten getragen, unter denen ich über die Jahre litt und es war auch Trost, wenn sie meinte, dass es mir einerseits selbst auch besser gehen wird, wenn ich durch das Schreiben meine inneren Hemmschwellen, meine Barrikaden, die ich über die Jahrzehnte zum Selbstschutz errichtet hatte, überwinde und mich hin zu mir selbst öffne, aber dadurch gleichermaßen auch anderen eine bessere Einsicht ermögliche, wenn es schließlich darum ginge, mein späteres Handeln, für das ich in absehbarer Zeit zur Rechenschaft gezogen würde, zu beurteilen.

Ich weiß nicht, ob je ein Richter, ein Laie oder sonst ein damit Befasster dies lesen wird und sich dann denkt, der arme Tropf, der hat es nicht leicht gehabt, der hat es eigentlich nie leicht gehabt in seinem Leben. Und daraus weiter schließt, wie ein solcher auch anders handeln sollte, vielleicht so tun sollte, als würde ihn all das nichts angehen, ihm sein Schicksal nichts anhaben könne und er oben drüber stehen, über diesem seinem Sein und ein durch und durch ordentlicher Mensch werden, wie du und ich. Ausgeschlossen ist dies natürlich nicht, aber sehr unwahrscheinlich dann doch. Und wird sich eine solche Erkenntnis je mildernd auswirken? Oder kommen die Damen und Herren zum Schluss, dass hier ein Nichtsnutz zum Vorschein kommt, der einer ist wie viele andere auch, und aus dem nie etwas Besseres werden wird, der vielleicht ohnehin am besten weggesperrt gehört, damit er nicht noch mehr Schaden anrichten kann? Ab mit ihm, mögen sie meinen, hinter die ewigen Gitter. Weggesperrt mit all den anderen, die in ihrem Leben schon viel Unheil angerichtet haben, und die sich nie ändern, nie bessern werden. Und wenn er dann doch für irgendwas nütze sein sollte, dann kann er ja anfangen zu malen oder gar zu dichten und dann wird er im Museum ausgestellt, wie die anderen Irren, die man bei Gelegenheit dann vorführt, für besondere Anlässe herausholt aus der Klapse, um Gelder für die Einrichtung zu sammeln, die ihn sicher verwahrt. Sammeln auch für die Wurstsemmeln der Wächter, die sich tagtäglich in Gefahr begeben, denn einer von denen könnte ja ausrasten, ihnen die Wurstsemmeln wegnehmen und eins über die Rübe ziehen, bevor dieser dann von der langen Hand des Gesetzes und mit einem tüchtigen Stromschlag niedergeknüppelt und für die kommenden Wochen in Einzelhaft genommen wird, bevor er wieder zum Malstift greifen darf. Diesmal aber mit Sonderbewachung, denn ein Weihnachtsmarkt wird kommen wie das Amen im Gebet, und dann soll der mildtätige Rubel rollen und die Gefängnisleitung glänzen mit ihrem Sozialprogramm, das es bis in die Sammlungen der Library of Congress und des Museum of Modern Art gebracht hat.

Frau Müller ist und bleibt Frau Müller. Zuversichtlich bis zuletzt und immer dabei, sich Gedanken zu machen, wie es weitergehen könnte mit mir, und vor allem wie es besser weitergehen könnte mit mir und all den anderen, denen sie ihr offenes Ohr leiht. Für die sie unablässig ihre geölten Gehirnwindungen durchrast und nach genau jenem Ort sucht, an dem sie schließlich die beste aller Lösungen findet. Und es scheint erstaunlich, wenn ich denn den Gerüchten Glauben schenken darf, welche Lösungen sie dann schließlich und endlich aus dem Hut zaubert. Das alles ist wohl nicht nur ihr zu verdanken, sondern auch ihren guten Beziehungen zu den Entscheidungsträgern, die sie allesamt kennt, die sie regelmäßig trifft, auf Du und Du, und die ihrer Einschätzung zumeist folgen. Doch bis zuletzt bleibt alles offen und auf einen guten Ausgang kann jeder für sich nur weiterhin hoffen.

Die Zeit nach der Schule, und ich meine damit die darauffolgenden Jahre, war meine allerbeste. Ich fand schnell eine Lehrstelle zum Maurerberuf in einem kleinen Betrieb, der ein wenig außerhalb der Bezirksstadt lag. Als ein Kevin wurde ich von den Firmen gerne von vornherein aussortiert und oft erst gar nicht zu einem Gespräch eingeladen. Ähnlich erging es den beiden Mitschülern Dennis und Davis, sowie den Mädchen, die Jaqueline, Chantal oder ähnlich hießen. Diese Namen schienen für die Personalverantwortlichen häufig auf Familien hinzuweisen, in denen keine besonders stabilen sozialen Verhältnisse herrschten und deren Kinder deshalb vielfach gemieden wurden, weil sie als unzuverlässig galten. Aber bei meiner Berufswahl hatte ich Glück. Solange ich noch nicht achtzehn war, durfte ich im Knabenheim verbleiben. Dort hatte ich mich nach all den Jahren gut eingelebt und konnte mein Zimmer ganz für mich behalten, als Tom alt genug war, um auszuziehen. »Warum auch sollte ich wechseln?«, fragte ich mich, und blieb, solange dies möglich war. Mich freute, dass ganz unterschiedlich alte Buben hier wohnten und es gefiel mir auch, wenn ich sah, dass manche noch ganz jung und verschreckt hier ankamen und schon nach einigen Wochen begannen aufzublühen, sich den anderen gegenüber zu öffnen und in der Regel bald Anschluss an die Gemeinschaft fanden. Das zu erleben war immer ein schönes Ereignis, zumal es mir nicht anders ergangen war und ich nun an der Schwelle zur Selbstständigkeit stand.

Der Chef des Maurerbetriebes war schon ein alter Herr, als ich dort anfing. Trotzdem war er fit und gesund genug, um den Betrieb noch weiterzuführen. Und da auch sein Sohn im Betrieb arbeitete, würde dieser früher oder später die Belegschaft übernehmen und die Arbeit könnte weitergehen. Das war für mich damals von großem Wert, denn ich achtete mehr und mehr darauf, in meinem künftigen Leben stets in stabile Verhältnisse einzutreten. Das weniger Stabile wollte ich mit meiner Vergangenheit zurücklassen. Im Betrieb war das Klima gut, die Kollegen nett und die Arbeit in Ordnung. Dafür, dass ich im Rechnen gut war, wurde ich immer wieder gelobt, und wenn ein Vorarbeiter mit einer Überschlagsrechnung eine Materialbestellung durchführen wollte, legte der Chef stets mir die Kalkulation mit einem Augenzwinkern vor und jedes Mal klopfte er mir mit seinen bärenstarken Händen sanft auf den Rücken, wenn ich den Rechenfehler, der sich eingeschlichen hatte, sofort erkannte. Dann erklärte er mir einmal mehr, wie wichtig es wäre, stets den Bezug zu den Zahlen zu behalten, um Fehler beim Arbeiten von vornherein zu vermeiden. Ein Maurer arbeite nämlich immer mit Verhältniszahlen, meinte er. Entweder im Verhältnis zu bestimmten Mengen, vorgegebenen Höhen oder zu erreichenden Dicken. Und dabei sind Rechenfehler, die sich unbemerkt einschleichen, schlecht. Denn dann muss irgendwann ausgebessert, nachgearbeitet oder gar abgetragen werden. Und das alles kostet viel Zeit, Geld und Muskelkraft. So achtete unser Chef stets darauf, dass alle alles am Bau verstanden und richtig machten, und er war zu Beginn einer neuen Arbeit deutlich mehr anwesend als alle anderen. Zum Schluss waren wir somit oft früher fertig mit den Arbeiten, besser ausgeruht und zufriedener als andere, die von ihren Firmen in der Gegend herumgeschickt wurden, um schnell hier und schnell da etwas zu erledigen. Ich genoss die harte körperliche Arbeit im Sommer im Freien, aber auch im Winter, wenn mehr unter Dach gearbeitet wurde, weil im Außenbereich nichts trocknen und alles frieren würde.

In dieser Zeit lernte ich Ivonne kennen. Ivonne arbeitete im Büro der Firma, die nebenan errichtet wurde, denn einige Jahre zuvor hatte sich neben unserem Maurerbetrieb ein Spengler mit seiner Werkstatt angesiedelt und es ergab sich wie von selbst, dass wir uns gegenseitig Arbeiten zuschanzten, und wenn sich die Gelegenheit ergab, auch vermittelten. Aus diesem Grund wurde ich als Lehrling im dritten Lehrjahr öfters mit Papieren dorthin geschickt, wenn diese irrtümlich bei uns gelandet waren oder dorthin weitergegeben werden mussten. Ivonne war ein paar Jahre älter als ich und die Tochter des Spenglermeisters. Sie kümmerte sich um den ganzen Bürokram, verließ pünktlich zu Büroschluss die Arbeit und feierte in ihrer Freizeit viel und ausgiebig. Damals meinte sie, dass sie das nach dem vielen Stress in der Arbeit einfach brauche, um nicht mürrisch und unleidlich zu werden. Und beides war sie definitiv nicht, sie war weder mürrisch noch unleidlich. Ein paar Mal nahm sie mich bei ihren nächtlichen Ausflügen mit, stellte mich dabei auch ihren Freundinnen vor, mit denen sie durch die Gasthöfe im Umland zog und schon nach dem zweiten Mal nahm sie mich mit zu sich nach Hause. Sie hatte seit ein paar Jahren eine geräumige Wohnung in einem der nahen Siedlungsbauten, deren Dächer ihr Vater einst verblecht hatte und daher die Bauherren kannte, die ordentliche Arbeitsleistung gerne gegen anderes tauschten als einfach Rechnungen zu bezahlen und dabei auch noch einiges an Steuergeld zu entrichten. Auf diesem Weg kam auch Ivonne schon sehr früh zu einer eigenen Wohnung und sie schien die damit verbundenen Freiheiten mehr als nur leidlich zu nutzen. Irgendwer musste bei ihr sauber machen, das war mir von Anbeginn klar, denn wenn sie nicht im Büro war, dann war sie nicht einfach zuhause, um sauber zu machen. Doch sauber waren ihre Zimmer immer. In der Küche spiegelte sich das Sonnenlicht in den polierten Oberflächen, die edlen Holzdielen, mit denen die Böden errichtet waren, machten stets den Eindruck, neu verlegt und frisch geölt worden zu sein, und auch das Badezimmer strahlte wie in den schönsten Werbefilmen. Die anderen Räumlichkeiten blieben mir damals verborgen, denn wenn wir mitten in der Nacht, oder besser gesagt, in den frühen Morgenstunden, zu ihr nach Hause kamen, zog sie mich auf dem kürzesten Weg ins Schlafzimmer und am Morgen führten mich meine Wege zuerst ins Badezimmer und anschließend in die Küche. Die Nächte mit ihr waren einigermaßen kraftraubend, da sie aber Wert darauf legte, dass ich morgens duschte und mich dann nach einem schnellen Kaffee auf den Weg zu mir nach Hause machte, hatte ich am Wochenende genug Zeit, um mich auszuschlafen und ausgiebig zu erholen. Zwei Nächte pro Woche war ich wenigstens mit ihr unterwegs, zumeist am Freitag und am Samstag. Ganz selten ging sie bereits am Donnerstag feiern und noch seltener kam ich an einem solchen Tag mit. Zwei von sieben Tagen waren für mich genug, schließlich musste ich auf der Baustelle halbwegs ausgeruht erscheinen und den Arbeitstag über konzentriert arbeiten.

So vergingen die Tage und Wochen wie im Flug und ich konnte mir ein Ende dessen gar nicht vorstellen. Nach ungefähr einem Jahr allerdings rief mich zu meiner großen Überraschung Ivonne in der Mittagspause an, was sie sonst nie tat, und schrie in das Telefon so laut hinein, dass ich ihre Stimme gleichzeitig durch die Fensteröffnung und über die Telefonleitung wie ein zeitversetztes Echo hören konnte: »Komm sofort her zu mir, lass alles liegen und stehen. Ich will dich in zwei Minuten bei mir im Büro sehen. Also gib Gas, du Penner!« Ich überlegte nicht lange, gab meinen Kollegen ein Zeichen meiner kurzen Abwesenheit und ging quer über den Platz, hin zu ihrem Büro, ohne auch nur eine einzige Sekunde zu verlieren, denn so aufgebracht hatte ich sie noch nie erlebt. Ihr Anruf musste demnach wichtig sein. Kaum war ich über die Türschwelle in ihr Büro getreten, fing sie wieder an, laut auf mich einzuschreien. »Was bist du nur für ein Idiot. In welcher Welt lebst du eigentlich? Du Trottel hast mich geschwängert. Ich bin schwanger und du Depp bist der Vater.« Ich war kurz sprachlos und wusste nicht gleich, wie ich reagieren sollte, denn schließlich kamen hier in kurzen und heftigen Intervallen gute Neuigkeiten gemischt mit schlechten und da sie unvermittelt kurz innehielt, antwortete ich: »Das ist doch schön, dass wir ein Kind bekommen. Ich freue mich!« Woraufhin Ivonne damit fortfuhr, ungebremst auf mich loszubrüllen: »Was glaubst du denn eigentlich? Nur weil ich seit ein paar Monaten mit dir ins Bett gehe, soll ich auch gleich mein Glück in dir sehen? Meine Zukunft hab ich mir eindeutig ganz anders vorgestellt, jedenfalls nicht so, dass ich mit einem wie dir auf dem kürzesten Weg eine Familie gründe! Das kannst du vergessen, das kommt überhaupt nicht infrage. Du bringst mir morgen das Geld und dann will ich dich hier nie wieder sehen. Kündige, verlass' den Ort, die Stadt, das Land oder verlass' am besten gleich diesen Planeten! Geh mir aus den Augen!« Ich stand ihr mut- und ratlos gegenüber und wusste nicht weiter. Eben hatten wir ein schönes und aufregendes Wochenende hinter uns gebracht, hatten uns geliebt und waren während der Nächte kaum eine Minute voneinander abgerückt und jetzt schien meine Welt tosend in tausend Teile zu zerbersten. Ich sah eine ganz andere Ivonne mir gegenüberstehen. Eine, die nicht verrückt ist nach den aufregendsten Momenten, die nicht feiert bis zum Umfallen und jede Sekunde auskostet, bis die Zeit nichts mehr hergibt. Aber vielleicht war es ja gerade jetzt soweit. Jetzt, in diesem Moment schien die Zeit verbraucht, sie schien nichts mehr wert zu sein und eine neue wollte nicht nachrücken, um die klaffende Lücke zu füllen. »Was starrst du mich so an? Verschwinde aus meinem Leben! Ich hab' dir alles gesagt, was es zu sagen gibt und jetzt geh'! Geh' einfach, bitte geh'!«, schrie sie mir entgegen. Ich aber rührte mich nicht von der Stelle, starrte sie einfach weiter an und wartete auf den Satz, dass sie alles nicht so gemeint hätte, dass es ihr leid täte, so mit mir umzugehen, dass sie im wahrsten Sinn überwältigt sei von ihren Gefühlen, die sie für mich hege, die sie für unser gemeinsames Kind verspüre, doch nichts dergleichen passierte. Vielmehr brauste sie von neuem auf. Hochrot im Gesicht. Ihre Muskeln waren gespannt wie bei einem Raubtier kurz vor dem finalen Sprung auf sein Opfer und ihr Gesicht war verzerrt wie zu einer Maske. »Warum gehst du nicht? Verschwinde! Ich will nicht noch mehr Zeit mit dir verlieren, du Nichtsnutz! Du bist die größte Zeitverschwendung, die ich je in meinem Leben hatte! Warum nur hab' ich mich mit dir eingelassen, du Loser, du Verlierer?« Da war er wieder, der Satz mit dem Zeitverschwender, der zu nichts taugte, den man auf der Stelle lieber weghaben möchte. Diesen Satz kannte ich nur allzu gut und meine Alarmglocken schrillten entsetzlich laut. Die alles zerstörende Wut, die mir Ivonne in den vergangenen Minuten mit einer solchen Wucht entgegengeschrien hatte, dass ich zur schockstarren Statue verkam, überwältigte mich. Ich drehte mich augenblicklich um, verließ ihr Büro, ging zurück an meinen Arbeitsplatz, meldete mich ab und ging nach Hause.

Mehr als zwanzig Jahre war ich mittlerweile alt geworden und immer noch verfolgten mich die gleichen Beschimpfungen, hefteten sich mir an die Fersen, klebten an mir wie feuchter Kaugummi, der nicht abgehen will, und immer dann, wenn ich dies am wenigsten vermutete, fuhren sie wie mit der Gewalt einer Walze über mich hinweg und machten mich platt, bis keine Zelle in mir mehr atmen konnte und sich nichts mehr regte. Und wenn mein Leben so wie bisher weiterginge, würde sich daran wohl auch nie etwas ändern. Ich wusste, dass ich nicht nutzlos bin oder war und auch keine Zeitverschwendung für andere darstellte. Ich musste zu diesem Zeitpunkt etwas tun, musste meinen Hals aus dieser, mich unbarmherzig erwürgenden Schlinge ziehen, musste mich selbst befreien und gleichzeitig all jenes und jene endgültig hinter mir lassen, die mich verfolgten, die es mir im Leben letztlich ungemütlich und schwer machen wollten und Ivonne sollte die erste sein, die dies am eigenen Leib zu spüren bekäme.

In den Morgenstunden des 21. März explodierte im Eingangsbereich des Mehrparteienhauses Gartenweg 2 eine Paketbombe. Die eben nach Hause kommende Ivonne M. wurde dabei schwer verletzt und mit dem Hubschrauber in das Landeskrankenhaus geflogen. Ihr Begleiter, der zum Zeitpunkt der Detonation wenige Meter hinter ihr stand, kam mit leichten Verletzungen davon. Er konnte nach Angaben der Ärzte das Krankenhaus bereits verlassen und befände sich in häuslicher Pflege. Über den Zustand und den Grad der Verletzungen von Ivonne M. konnten bislang keine neuen Stellungnahmen eingeholt werden. Die Ermittlungen der Polizei wurden in der Zwischenzeit intensiviert. Der Täter wird im engen Umfeld des Opfers vermutet.

Diese Kurzmeldung erschien tags darauf in der Lokalpresse. Am Abend desselben Tages erschienen zwei Polizeibeamte an meiner Wohnungstür, um mich zu einer Vernehmung ins Präsidium zu bringen. Seit damals sitze ich tatverdächtig in Untersuchungshaft und warte auf meinen nächsten Termin vor Gericht. Frau Müller wird mich dorthin begleiten. Herr Josef und seine Frau Agnes haben ihr Kommen ebenfalls zugesagt. Dafür bin ich sehr dankbar.

Heute Vormittag wurde ich schriftlich über den plötzlichen Tod meiner Mutter verständigt. Eine Todesursache wurde im Schreiben nicht genannt.

Jetzt habe ich niemanden mehr. Ich bin ab nun ganz allein.

## 4

## J. N. R. I. – Im Dienst der heiligen Kirche

*Wut und Hass können sich entwickeln: Ein Teil der missbrauchten Jungen können eher ihre Wut und ihren Hass auf sich selbst, auf ihre Eltern und auf den Täter äußern, als ihre Trauer über die ihnen zugefügten Verletzungen zuzulassen. Diese Gefühle können auch »versteinern« und sie damit von weichen, liebevollen Gefühlen gegenüber späteren Partnern und Kindern abschneiden.* [4]

LUDWIG VOM WALDE war der einzige erbberechtigte Nachfahre einer alteingesessenen Bankiersdynastie, die es in den deutschsprachigen Ländern geschafft hatte, ihre Geschäfte mit viel Glück und Verstand äußerst positiv und gewinnbringend durch die Unbilden des letzten Jahrhunderts zu manövrieren. Die Handelsangelegenheiten der Bank, die ihr Fähnlein gerne und durchaus erfolgreich in den Wind der jeweiligen Machthaber hängte, waren stets nach jenen vorteilsbringenden Umständen ausgerichtet, die die nicht immer rosigen Zeiten mit sich brachten, sodass so mancher sich auch im Nachhinein noch heftig daran stoßen könnte, würde je alles davon offengelegt werden, womit die Bank und damit die Eigentümerfamilie zu solchem Reichtum gekommen war. Allerdings waren zu viele Persönlichkeiten der gehobenen Gesellschaft tief in diese Geschäfte verstrickt, sodass es wohl als eher unwahrscheinlich angesehen werden konnte, dass dies jemals geschah.

So kam es, dass Ludwig der Alleinerbe des umfangreichen Vermögens war und er sich seinen Brotberuf als Advokat der Schönen und Reichen zum Zeitvertreib frei wählen und auch darüber hinaus durchaus leisten konnte. Arbeiten im herkömmlichen Sinn hätte er nie müssen, liefen die Geschäfte doch im Grunde wie von selbst. Seine regelmäßige Anwesenheit in einem seiner Geldinstitute war zu keinem Zeitpunkt erforderlich, waren doch die dort eingesetzten Geschäftsführer seit vielen Jahren loyal und zuverlässig und präsentierten darüber hinaus den potenten Anlegern regelmäßig auf den ausgesprochen beliebten Jahreshauptversammlungen außerordentlich gute Zahlen, sodass diese geneigt waren, ihr umfangreiches Kapital durchaus auch weiterhin in den geschickten Händen dieser Bank zu belassen. Alles andere hätte sowohl für sie als auch für die Bank ein nicht notwendiges und zugleich überraschendes Manöver dargestellt.

Ludwig war ein Mann, dessen wichtigste Eigenschaften man getrost allesamt als konservativ bezeichnen konnte und zugleich war er der überaus standesbewusste Patriarch seiner Familie. Ludwig war sein erster Vorname und zugleich sein Rufname. So nannten ihn die wenigen Menschen, die sich als seine Freunde bezeichnen durften, wie auch er selbst, wenn es darum ging, mit seinem Namen im geschäftlichen wie privaten Umfeld aufzutreten. Mit vollem Namen aber war er nur den Behörden bekannt, seit dieser einst von seinen Eltern zur Taufe gewählt und in den römisch-katholischen Matriken der Pfarrkirche zum Heiligen Petrus eingetragen wurde. Ludwig Maximilian Rabanus Ignazius vom Walde hieß er mit vollem Namen und dass dieser einer bestimmten und über die Generationen weitergegebenen Namensfolge glich, wussten auch nur die wenigsten. Mit diesem augenfälligen Kult, der doch stets ein wenig aus der Zeit gerückt und einigermaßen verschroben wirkte, war über die Generationen hinweg sicher auch ein gewisses Faible für ältlich klingende Namen verbunden, das auch Ludwig dereinst weiterzuführen gedachte.

Als er seinen dreißigsten Geburtstag feierte, beschloss Ludwig, Abschied vom umtriebigen Junggesellendasein zu nehmen und die um einiges jüngere Susanna zu heiraten. Sein Plan, mit dem er gedachte, rasch an sein Ziel zu kommen, zog sich aber schließlich über einige Jahre hin und schien zwischendurch auch zu scheitern, denn Susanna hielt wenig davon, dass Ludwig sie eifrigst umwarb und ihr schon nach wenigen Monaten einen Antrag samt teurem Verlobungsgeschenk machte. Den Ring nahm sie nicht an, auch nicht als Geschenk tiefer Freundschaft, wie es Ludwig vorschlug, um mit seinem Streben letztlich nicht gänzlich Bruch zu landen. Und eine Ehe mit ihm lehnte sie über gar nicht wenige Monate hinweg kategorisch ab. Was aber Susanna letzten Endes dazu brachte, seinem neuerlichen Antrag um einiges später doch zuzustimmen, war und blieb wohl nur ihr selbst bekannt. Denn gerade in jener Zeit, als alle, die um das intensive Werben Ludwigs wussten, davon ausgingen, dass er Susanna niemals zur Frau bekommen würde, kam die überraschende Mitteilung, dass sich die beiden in aller Stille verlobt hätten und gedachten, in einem Jahr gemeinsam zum Altar zu schreiten.

Susanna war nicht irgendeine Frau, sie war in den Augen sämtlicher Junggesellen, die zu jener Zeit nach heiratsfähigen Frauen Ausschau hielten, die Schönste unter den Schönen und die mit Abstand zu allen anderen am meisten begehrte Frau. Dazu trug wohl vor allem ihr strahlendes Äußeres bei, das von größter Anmut und dem gewissen Maß an Grazilität geprägt war, sodass sie von Jugend an ständig umschwärmt, aber letztlich für die werbenden Männer nur selten erreichbar war. Zudem war sie eine Frau, die ganz genau wusste, was sie wollte und vor allem, was sie keinesfalls wollte und dies auch strikt zu verhindern trachtete. So war das Jahr bis zu ihrer pompös angesetzten Hochzeit davon geprägt, dass sich die beiden vorwiegend um den einen Tag ihrer Hochzeit kümmerten. Ludwig brachte ihr jeden Tag fünf neue Vorschläge zu den Details der Zeremonie, die er allesamt für außergewöhnlich hielt, bei Susanna sich damit aber zumeist nicht durchsetzen konnte. Er wollte jede einzelne Minute teuer, exklusiv und in jeder Hinsicht überschwänglich begehen, sie aber hielt von dem ganzen Pomp wenig und bestand auf etwas mehr Zurückhaltung und Schönheit im Einfachen. Schließlich kam der Tag heran und die beiden erlebten ein schönes Fest, das sie mit einer großen Schar an Geladenen feierten; ein Fest, das sichtlich sowohl Ludwig als auch Susanna glücklich machte.

Im ersten Jahr ihrer Ehe gingen die beiden auf lange Reisen und einer ihrer besonders weiten Wege, die sie dabei wählten, reichte an seinem Ende fast zur Gänze um den Erdball. Sie besichtigten die schönsten Hauptstädte auf allen Kontinenten und wichen da und dort von den ausgetretenen Trampelpfaden der Touristen ab, um auch jene Teile der Erde bereisen zu können, die nicht allzu bekannt oder beliebt und doch außergewöhnlich waren. Erst nach diesem einen Jahr ihrer Ehe kamen sie wieder nach Hause. Mit dabei war bei ihrer Ankunft auch ihr erster Sohn, der kleine Alexander, der in den USA das Licht der Welt erblickt hatte und der samt dem amerikanischen Kindermädchen mit zurück nach Europa kam. Bereits ein Jahr später gebar Susanna ihren zweiten Sohn, den sie auf den Namen Wilhelm tauften, und nur zwei Jahre später erhielt das Paar seinen dritten Sohn, Johannes.

Nach außen hin verbrachten sie mit ihrer bis dahin stetig gewachsenen Familie ein glückliches und zufriedenes Leben, obwohl es zu diesem Zeitpunkt bereits die ersten Verstimmungen in ihrer Ehe gegeben haben musste. Mit der Geburt des dritten Kindes verlor Ludwig gänzlich das Interesse an seiner Frau, verbrachte ohne triftige Gründe zunehmend mehr Zeit außer Landes und ließ damit seine Familie allein zurück in ihrem Anwesen mitten im flachen Land. Wie und warum es dazu kommen konnte, verlautbarte das Paar zu keiner Zeit. Weder Ludwig noch Susanna äußerten sich zu den Umständen in der Öffentlichkeit, wodurch erst recht wilden Spekulationen Vorschub geleistet und es schließlich ruchbar wurde, dass für Ludwig mit dem dritten Kind seine Familienplanung abgeschlossen gewesen wäre und Susanna damit die von ihr erwartete Funktion, ihm Kinder zu gebären, im

Wesentlichen erfüllt gehabt hätte. Als die wilden Geschichten rund um die Ehe zwischen den beiden in den Klatschspalten der Zeitungen begannen ihre Runden zu drehen, packte Susanna ihre Koffer und verließ die eigentlich noch ganz junge Familie. Warum sie damit zugleich auch ihre Kinder für immer zurückgelassen hatte, war nicht bekannt. Johannes, der jüngste Sohn, war zu diesem Zeitpunkt gerade ein Jahr alt.

Als Susanna schließlich fortgezogen und damit auch aus dem Blickfeld der neugierigen Medienschar geraten war, hieß es, sie hätte sich nicht nur von der Familie entfernt, sondern sich sogar auf einem anderen Kontinent, weit entfernt von Europa, niedergelassen. Ludwig kehrte daraufhin wieder dauerhaft zu seinen Söhnen zurück und kümmerte sich ab diesem Zeitpunkt intensiv um deren weiteres Wohlergehen, jedenfalls so, wie er es für richtig hielt. Den Platz von Susanna nahm eine tüchtige Haushälterin ein, die sich gemeinsam mit dem Kindermädchen nicht nur um das geregelte Leben der Kinder kümmerte, sondern sich mit Ludwig ab sofort auch in der Öffentlichkeit blicken ließ und schon nach ein paar Monaten kein Hehl daraus machte, dass damit sie nun als Frau vom Walde angesprochen zu werden wünschte. Tüchtig war die neue Frau an seiner Seite nicht nur im Regeln des Haushaltes, sie schien sich mit einiger Energie und Leidenschaft auch in alle weiteren Belange des Lebens einzubringen, was Ludwig vielfach großzügig honorierte und mit Stolz hervorhob.

Ludwig fand schon zu einem sehr frühen Zeitpunkt, dass seine Söhne in der vor ihnen ausgebreiteten Zukunft genau jenen geraden Weg einschlagen sollten, den er für sie vorgesehen hatte. Alexander, den er den Klugen nannte, sollte dereinst kundiger Jurist werden und möglichst frühzeitig auch mit seinem Sachverstand in die Geschäfte seiner Firmen eingebunden werden. Mit ihm würden zukünftig die Geschäfte des respektablen Finanzimperiums erfolgreich in der kommenden Generation fortgesetzt und abgesichert werden, dachte Ludwig.

Wilhelm aber sollte ein Arzt oder jedenfalls Mediziner werden, denn einen solchen hatte es in seiner langen Familiengeschichte bislang noch nicht gegeben. Für ihn war klar, dass jede Familiengeschichte, die etwas wert sein sollte, auch einen solchen ausweisen können müsste. Und dazu sollte sich Wilhelm möglichst früh in die Welt aufmachen und an den besten Universitäten und Kliniken seine Ausbildung erfahren. Johannes aber sollte schon früh in den Dienst der Kirche eintreten. Natürlich sah er ihn in seinen Träumen nicht in einer zugigen Bergkirche die mühsame Predigt über das Wirken des Heilands vor einem kleinen, kränklichen Grüppchen von Altersschwachen und Gebrechlichen abhalten, sondern sah ihn in vornehmen Klöstern, umgeben von gebildeten und einflussreichen Klerikern die Administration großer Güter lenken und schließlich an oberer Stelle in Rom residieren, wo er vielsprachig und theologisch wie wirtschaftlich äußerst gelenk, seine Ämter führen würde.

Dies war der kühne Plan, den er für seine Kinder schmiedete, auch wenn diese zum damaligen Zeitpunkt das Schulalter noch gar nicht erreicht hatten. Doch ein Mann, der seinen Namen trägt, sollte auch auf eine stolze Zukunft blicken können, meinte er. Wie immer besprach er seine Vorhaben ausführlich mit seiner Haushälterin, die ihn in seinen Entscheidungen in jeder Hinsicht unterstützte und zudem meinte, dass gerade der angehende Theologe schon bald in den Schoß der heiligen Kirche übergeben werden könne, verstehe sich diese doch seit Jahrhunderten mit großem Erfolg darauf, mit der erforderlichen Strenge und Geduld, aus kleinen Buben große, respektable Männer heranzuziehen. Was in der abgeklärten Terminologie seiner Haushälterin nahezu wie ein zwingendes Muss, ja, wie eine durchaus realistische Perspektive tiefgekühlter Rationalität klang, war letztlich für ihn, den kleinen Johannes, ein schwerer Schicksalsschlag, dessen Tragweite er wohl erst viele Jahre später erkennen konnte. Doch ein Entkommen war ihm damals schier unmöglich und blieb dies auch in den nachfolgenden Jahren.

Im zarten Alter von gerade einmal fünf Jahren kam Johannes Nepomuk Rabanus Ignazius vom Walde, wie er mit vollständigem Namen hieß, in das Katholische Bischöfliche Knabeninternat von Mailand. Dass er dort mit vollem Namen nur sehr selten angesprochen wurde, war weiter nicht verwunderlich, war er dort doch einer von sehr wenigen, die Deutsch als ihre Muttersprache hatten. Und auch wenn er von seinen Freunden im Internat und in der Schule, dem Italienischen entsprechend, wie selbstverständlich »Giovanni« gerufen wurde, so sprachen ihn seine Lehrer vorwiegend mit seinem deutschen Namen, Johannes, an. Der Aufbruch von zuhause fiel ihm im Grunde nicht schwer, war er doch ein aufgeweckter und neugieriger Bub, der sich schnell und sehr leicht für Unbekanntes interessieren konnte, und doch hatte er dicke Tränen in den Augen, als es im Spätsommer hieß, Abschied von der Familie zu nehmen. Der Abschied von seinem Vater war ein leichter, denn mit ihm verband ihn im Grunde seines Herzens wenig. Den frühen Verlust seiner Mutter hatte er immer ihm, dem strengen Patriarchen, zugeschrieben und dafür auch stets dessen kalte Seite zu spüren bekommen. Das Abschiednehmen von seinen Brüdern hingegen war ein hartes. Sie schienen mit den Jahren die Abwesenheit der Mutter besser verdaut zu haben und sahen in ihrem Vater weniger den Übermächtigen, der seine Vorhaben oft im stillen Kämmerchen plante und anschließend auch umsetzte, ohne große Rücksicht auf andere zu nehmen. Er, der Jüngste, musste weichen, so empfand er diese Situation, während seine beiden Brüder in ihrer vertrauten Umgebung bleiben konnten, in der sie auf eine Vielzahl guter Freunde zählten, mit denen sie sowohl die Schule als auch die Freizeit teilten, und die einem zudem den nicht immer nur rosigen Alltag schöner erscheinen ließen.

Noch oft musste Johannes an diesen frühen Septembermorgen denken, als ihn ein freundlicher, ihm aber völlig unbekannter Herr abholen kam und ihn, sowie seinen Koffer, mit fortnahm. Der Vater samt Haushälterin begleitete ihn bis zur Haustür und übergab dort dem wartenden Chauffeur das Gepäck. Die Brüder aber waren nicht zu halten, liefen hinaus in die aufkommende Dämmerung und begleiteten den Wagen die lange, gekieste Einfahrt bis zum Tor, an dem sie schließlich innehielten, herzlich winkten und ihm noch lange alles Gute nachriefen. Er aber hörte von all den Rufen schon nichts mehr, denn die lauten Motorengeräusche des Fahrzeugs übertönten alles andere und so sah er sie nur noch durch die Heckscheibe mit durchgestreckten Armen winken und letztlich noch kleiner werden, bis sie um eine Kurve bogen und die Brüder schließlich völlig aus seinem Blickfeld verschwanden. Die weite Fahrt mit dem Zug nahm fast den ganzen Tag in Anspruch, sodass er nach den ersten Stunden der Aufregung die vorbeiziehende Landschaft nur noch wie einen Brei aus düsteren Farben wahrnahm, der sich mit der Zeit mehr und mehr über ihn legte und ihn niederdrückte, bis er einschlief und erst, im Zielbahnhof angekommen, von seinem Begleiter geweckt wurde. Den Zug hatten sie nur ein einziges Mal wechseln müssen. So war ihnen kaum eine Abwechslung vergönnt und sie mussten in ihrem Abteil ausharren bis zuletzt. Es war spät am Abend, als sie schließlich an ein großes braunes Holztor klopften und ein schon müder Pförtner eilig herbeigewatschelt kam, um ihnen zu öffnen und sie hereinzubitten. Denn ihm, dem alten Herrn, der geflissentlich wohl seit Jahrzehnten den Eingang zum Internatsgebäude kontrollierte, war ihr Kommen angekündigt worden und er führte sie ohne Umwege in eine kleine Stube, wo ein bescheidenes, aber wohlschmeckendes und sättigendes Abendessen auf die beiden wartete.

Wie ein dahinwackelnder Mops, der seinen gedrungenen Leib mit seinen viel zu kurzen Beinchen eifrig unter sich herschiebt, war ihm der Pförtner vorgekommen. Und wenn dieser auch ein freundliches Lächeln für ihn parat hatte, so hatte Johannes den Eindruck, dass ihn gleichzeitig zwei Personen ansahen. Der Mann, der vor ihm stand, ihn ein wenig mehr musterte als bloß ansah und ein anderer, der durch dieses eine Gesicht hindurchzuschauen vermochte, der im Hintergrund im Verborgenen blieb, aber letztlich für ihn doch eindeutig zu erkennen war. Am Weg in den Schlafsaal blieb der Pförtner stets an seiner Seite, stammelte einige unverständliche Sätze, nuschelte zum Abschluss noch ein paar Laute über den Gang und schob ihn so zuerst ins Badezimmer, das so groß war, dass es gleichzeitig mindestens dreißig Knaben aufnehmen konnte, dann zu einer Kastenwand, wo er Fächer zugewiesen bekam und seine Kleidung sowie das Gepäck verstauen konnte und schließlich schob der Mops ihn freundlich aber bestimmt hin zu einem freien Schlafplatz, der sich in der unteren Etage eines Stockbettes befand. Dort schlief er mehr schlecht als recht ein, konnte die Größe des Saales mit seinen vielen Betten in der Dunkelheit nur erahnen, hörte einen jeden Laut, der bis zu ihm durchdrang und erlebte so äußerst befremdlich die allererste Nacht außerhalb seines Heimathauses. Als er schließlich nach unzähligen, sich dahinziehenden Minuten in den Schlaf fiel, begrüßte ihn im Traum seine Mutter, wie er in den ersten längeren Ferien wieder zuhause ankam, ihr in die weit geöffneten Arme lief, tief ihren Duft und die Wärme ihres Körpers einsog und dieser Nähe nicht mehr entkam, bis ihn schließlich ein unbarmherziges, schrilles Läuten aus seinem Schlaf riss und augenblicklich zurückholte in die neue, fremde Wirklichkeit des ersten Tages.

Ein wildes Stimmengewirr brach über ihn herein, als die Glocke verstummt war und ihren Zweck vollends erfüllt hatte, die Knaben in ihren Betten zu wecken und zum Aufstehen zu gemahnen. Aus den oberen Etagen sprangen Knaben behände zu Boden, drehten sich, dort angekommen, flugs wieder um und kletterten einen Halbstock zurück zu ihren Betten, um die Leintücher, Tuchenten und Polster zu glätten und mit viel Geschick in eine fast militärisch anmutende Ordnung zu bringen. Dann erst standen die unten Liegenden auf, ordneten ihre Bettsachen und machten sich auf, um in den Gang und darüber hinweg in die Badezimmer zu gelangen. Das alles muss für einen Beobachter ausgesehen haben, als hätte eine Choreografin hinter all dem synchron anmutenden Tun gestanden. Eine, die sich darauf verstand, komplexe Themen im Theater oder besser noch, im Ballett, aufzuführen und die dafür jeden Einzelnen bis ins kleinste Detail instruiert hatte, bis jeder Handgriff saß, bis mit wenigen Zugriffen eine Vielzahl an Tätigkeiten erledigt war. Johannes, der kein Wort von dem verstand, was die anderen sich fröhlich durcheinander zuriefen, folgte einfach dem Jungen, der im Bett gegenüber geschlafen hatte und tat, was die anderen gerade machten. Er verstand ja kein Wort. Er wusste zu diesem Zeitpunkt nichts über die Sprache, die hier alle zu sprechen schienen, über das Italienische, das in den nördlichen Provinzen dieses so sehr in die Länge gezogenen Staates gesprochen wurde. Im Schlepptau der anderen fand er zu seinen Toilettensachen, fand augenblicklich den Weg zurück zur Kastenwand, nahm die Sachen für den Tag heraus, zog sich an und machte sich dann auf, um den Anschluss nicht zu verlieren. So landete er schließlich ein wenig unbeholfen und doch zielsicher im großen Speisesaal zur Essensausgabe.

Als er dort gefragt wurde, was er für das Frühstück auf sein Tablett laden wollte, sah er sein Gegenüber mit großen Augen fragend an. Woraufhin dieser lächelte, den Kopf mehrmals schüttelte und dazu »no« sagte. Anschließend nickte er heftig und sagte dazu klar und deutlich und vielleicht ein wenig lauter als sonst: »Si.« Das also wurde von ihm erwartet. Si oder no. Fürs Erste schien dies zu reichen. Nicht viel später hatte er alles, was er erwartete und trabte den letzten Zöglingen hinterher, die sich gerade aufmachten, um an ihre Tische zu gelangen. Bei dem Jungen angelangt, der im Bett gegenüber geschlafen hatte, fand er einen letzten Sitzplatz im hinteren Bereich und fragte den Buben, ob er

Platz nehmen durfte. Dieser antwortete mit »si«, also setzte Johannes sich, allerdings ohne zu wissen oder zu ahnen, woher dieser kam und ob er von diesem verstanden worden war. Als jedoch nach wenigen Augenblicken ein Redeschwall über ihn hereinbrach, dem er bloß mit offenem Mund und weit geöffneten Augen begegnete, war ihm klar, dass er wohl nicht verstanden worden war, sein Handeln aber zur Antwort des Gegenüber gepasst hatte. Im Laufe des Frühstücks wusste er nicht, wie er auf all das Unverständliche reagieren sollte, mit dem er hier konfrontiert wurde. So entschied er sich, einfach abwechselnd die Fragen mit »si« oder »no« zu beantworten. Diese Strategie schien einigermaßen gut zu funktionieren, denn nur manchmal sah ihn der Junge fragend an, woraufhin Johannes mit dem Gegenteil antwortete, was den anderen wiederum zufriedenzustellen schien.

Als alle aufbrachen, nahm auch er sein Tablett mit seinen noch kleinen Händen auf, steckte sich noch eines der übriggebliebenen Cornetti ein, trank hastig den letzten Schluck aus der noch warmen Kakaotasse, gab alles bei der Essenausgabe zurück und machte sich auf den Weg, hinaus in den breiten Flur, der sich gerade in diesem Augenblick mit einer großen Schar an Buben füllte, die alle das gleiche Ziel zu haben schienen. Mitten im Gang aber stand ein Pater, groß, ja hoch aufragend, mit drahtigem Körperbau und gekleidet in sein überaus gepflegtes Ordensgewand, der über die Köpfe der deutlich kleineren Schüler hinweg Ausschau hielt. Kaum hatte dieser Johannes erblickt, der im hinteren Bereich der in die Breite gewachsenen Schülertraube zum Stehen kam, steuerte er freundlich lächelnd auf ihn zu. Er benutzte dabei seine Arme, um sich einen kurzen Weg durch die aufgeregte Menge hindurchzupflügen und mit jedem Schritt, den er näher kam, wirkte sein Lächeln offener und freundlicher. Ein paar Meter vor seinem Ziel blieb er stehen und deutete Johannes zu, dass er ihm folgen möge. Die beiden gingen vom dicht gedrängten Gang weg, hin zu einem seitlich gelegenen Flur, der augenblicklich im rechten Winkel abbog und damit den Lärm in diesem Trakt des Gebäudes zur Gänze verschluckte. Mit einem Mal war es ganz still.

Bevor die beiden den letzten Raum am Ende des Ganges betraten, hielt der Pater kurz inne, wandte sich Johannes zu und sprach ihn auf Deutsch an. Makellos und ohne jeden Akzent stellte er sich als Pater Richard vor, erzählte, dass er sich in der Regel um die Neuangekommenen kümmere und dass es für jene, die weder des Italienischen ausreichend mächtig, noch alt genug für die Regelschule seien, an jedem Vormittag eine extra Stunde gäbe, in der diese auf das Kommende vorbereitet würden. Da nun beides auf ihn, Johannes, zutreffe, sei er hier richtig, denn in dem Klassenzimmer, das sich hinter dieser Tür verbarg, würden schon andere auf ihn warten, die jedoch schon ein paar Tage eher eingetroffen wären. Mit ihm sei diese kleine Gruppe von sechs Schülern nun vollzählig und er würde ihn nun bitten, einzutreten, denn Pater Martin, der für sie zuständige Lehrer, würde schon auf ihn warten.

Vorsichtig und mit fragendem Blick öffnete Johannes die große Holztür und trat mit einem freundlichen Lächeln auf den Lippen und zugleich fragendem Blick ein. Im Inneren angekommen ging er geradewegs auf Pater Martin zu, der zu ihm hindeutete, er möge ruhig weiterkommen. Neben dem Lehrerpult blieb er stehen, streckte ihm seine rechte Hand entgegen und nannte seinen Namen, wenngleich auch nur die Kurzform. Den vollständigen hielt er in dieser Situation für unangebracht, verwendete er diesen ja praktisch nie. Pater Martin empfing ihn auf Deutsch. Auch er sprach ohne einen eindeutigen Akzent, der auf seine Herkunft hinweisen könnte, und wies ihn an, sich eines der am vordersten Tisch liegenden Sprachbücher zu nehmen.

Die erste Stunde seines Unterrichts verging genauso schnell wie alle nachfolgenden. Obwohl er in dieser ersten, sowie in den nachfolgenden zunächst die Grundlagen des Italienischen und im Eiltempo einfache Phrasen für die Kommunikation erlernte, besuchte er die restlichen

Unterrichtsstunden wie alle anderen auch. Da er zu Beginn seines Aufenthalts über noch kein ausreichendes Sprachverständnis verfügte, blieb er bei seiner Strategie, das zu tun, was alle taten und wenn ihn dies nicht weiterbrachte, abwechselnd mit »si« oder »no« zu antworten. Zwar führte dies dazu, dass so mancher Gesprächspartner und auch einige der Lehrer ihn von Zeit zu Zeit verdutzt und fragend ansahen, da sich aber rasch herumgesprochen hatte, dass er noch kein Italienisch sprach und verstand, wussten diese bald damit umzugehen.

Die ersten Wochen im Internat vergingen wie im Flug, von Tag zu Tag verbesserten sich seine Sprachkenntnisse in Riesenschritten und bald konnte er den Lehrern im Unterricht soweit folgen, dass er nicht mehr ausschließlich auf das Erraten einer richtigen Antwort angewiesen war. Guido, sein Gegenüber im Schlafsaal, bemühte sich in dieser Zeit sehr um ihn, zeigte ihm alles, was er wissen musste und saß an den Nachmittagen gemeinsam mit ihm über den Hausübungen, denn noch war Johannes nicht in jedem Fall klar, was von ihm erwartet wurde. Er lernte Schreiben und Lesen zugleich in zwei Sprachen, denn im Unterricht wurden die Muttersprache und die Unterrichtssprache gleichgestellt unterrichtet. Als Fünfjähriger hatte er sowohl in der Schule als auch im Internat einen besonderen Status, der besagte, dass er von diversen Diensten zunächst befreit war, die die anderen im Laufe einer Woche zu erledigen hatten. So gab es für die Knaben Aufgaben im Garten, wenn es galt, den Gärtnern bei ihren Arbeiten zu helfen, Aufgaben bei den Sportanlagen, die die Sportwarte und -lehrer bei vielerlei Tätigkeiten unterstützten und welche in der Haustechnik, wenn Kaputtgegangenes wahrgenommen, gemeldet und mitunter auch Hilfsdienste bei deren Beseitigung erledigt werden mussten. Im Grunde waren diese Dienste für die Schüler keine große Herausforderung, und trotzdem wurden sie manchmal nur mit Widerwillen erledigt, engten sie doch die Freizeit gerade in den Nachmittagsstunden um ein oder zwei Stunden ein. Guido, der diese Dienste allesamt bereits mehrmals durchgemacht hatte, schärfte ihm ein, sich dringend von jenen fernzuhalten, die die Sportwarte betrafen. Die Arbeiten auf den Sportanlagen waren sehr beliebt, da sich dort zumeist das eine oder andere Fußballspiel in die zu verrichtenden Tätigkeiten einflechten ließ und so viele Arbeiten wie im Spiel erledigt wurden. Die drei Sportwarte waren, so Guido, zwar sehr höfliche und durchaus zugängliche Männer, einer unter ihnen, Herr Bergolini, der auch selbst als Lehrer und in der Freizeit Sportstunden gab und von seinen Lieblingsschülern schlicht Matteo gerufen wurde, sei jedoch mit Vorsicht zu genießen, denn dieser schien besondere Vorlieben zu haben, die so manchen unter ihnen nicht recht waren. Was er darunter zu verstehen hatte, sprach Guido nicht direkt aus, jedoch sollte Johannes ein paar Wochen später ungewollt in eine Situation geraten, die ihn diese Vorlieben erahnen ließen.

Matteo Bergolini war vielleicht dreißig Jahre alt. Zumindest war er dies in den Augen des kleinen Jungen, der kurz vor seinem sechsten Geburtstag stand, und der Männer in diesem Alter ohnehin ausschließlich in die Gruppe der ziemlich Alten einordnete. Bergolini war, bevor er als Sportlehrer ins Bischöfliche Internat kam, als solcher schon in mehreren Schulen Oberitaliens gewesen. Gehalten hatte es ihn aber in keiner besonders lang, sodass es als eine große Ausnahme angesehen werden konnte, dass er hier bereits in sein viertes Schuljahr ging. Johannes kannte diesen Sportlehrer bereits, denn in ihrer Freizeit konnten sie unter Aufsicht einige Stunden im Garten und in den Sportanlagen verbringen und dort jenen Auslauf finden, den Schulkinder am Nachmittag zum Ausgleich für das viele Stillsitzen am Vormittag üblicherweise brauchen. Und so spielten auch die Jüngsten in diesen Stunden fast täglich zusammen mit den größeren Knaben Fußball, wobei Bergolini als ihr Trainer fungierte.

Was Guido mit seiner Andeutung gemeint haben könnte, als er sagte, er solle Bergolini möglichst meiden, konnte Johannes spätestens seit dem Vorfall erahnen, in den er nur zufällig geraten war. Als die Herbstwinde langsam kälter und intensiver wurden, waren auch die Fußballspiele im Freien rarer geworden. Die Rasenflächen waren ständig nass und rutschig und der Fußballplatz lag ungeschützt vor Wind und Wetter inmitten einer offenen Landschaft, die von den umliegenden Wiesen und Feldern geprägt war. Einmal aber erhielten die Knaben trotz leichten, aber anhaltenden Nieselregens die Erlaubnis, eine Stunde lang Fußball zu spielen. Bergolini stand währenddessen ganz gegen seine sonstigen Gewohnheiten am Platzrand und gab von dort aus nur selten Anweisungen, erteilte manchmal Lob oder rief seine Kritik lautstark auf das Spielfeld. Sonst war er immer mitten im Geschehen, kommentierte jede Ballannahme, jeden Pass unmittelbar und aus nächster Nähe. Unabhängig davon, ob die Spieler darauf reagierten oder nicht, ging er diesmal geduldig den Spielfeldrand entlang wie ein aufmerksamer Linienrichter, ohne jedoch auch nur einmal ins Laufen zu kommen. Als er schließlich abpfiff und die Schüler einer nach dem anderen das Feld verließen, wies er diese an, im Anschluss und am besten sofort eine heiße Dusche zu nehmen, um einer Erkältung zu entkommen und die von der Kälte und dem Spiel angespannten Muskeln zu wärmen und zu lockern. Johannes hatte dem Spiel nur aus der Ferne zugesehen und dieses Mal nicht mitgespielt, denn eigentlich wollte er den Nachmittag ja mit Guido verbringen, der aber in diesen Stunden nicht auffindbar war. So beobachtete er genau die einzelnen Spieler, um vielleicht ausmachen zu können, ob Guido am Feld mitspielte oder nicht. Der Blickwinkel aus der Entfernung war aber viel zu steil, um alle Mitschüler im Einzelnen eindeutig identifizieren zu können, sodass er sich letztlich unsicher war, ob er Guido erkannt hatte oder nicht. Deshalb wartete er ein wenig zu und machte sich dann auf, um in der Umkleidekabine nachzusehen. Als er dort eintraf, schienen die allermeisten von ihnen noch unter der Dusche zu sein, denn von dort kamen die lautesten Geräusche und gegenseitigen

Zurufe, mit denen diese das eben beendete Spiel kommentierten. Als Johannes eintrat, stand Bergolini im Türrahmen, der die Verbindung zwischen der Garderobe und dem Wasch- und Duschraum bildete. Er stand dort, mit dem Rücken zu ihm, hatte die linke Hand tief in seiner Hosentasche vergraben und wann immer einer der Schüler fertig und auf dem Weg hinüber in die Umkleidekabine war, nahm er die Hand aus der Tasche und klatschte diesem mit beiden Händen auf den nackten Po. Dazu lachte er hell auf und rief: »Gut gemacht!«. Die meisten Knaben schienen dieses Verhalten zu kennen und spielten mit, einige streckten ihm mit einer heftigen Verrenkung Bauch abwärts ihr Hinterteil entgegen und riefen dazu etwas, das Johannes nicht verstand, aber alle in heftige Aufregung zu versetzen schien. Andere wiederum versuchten an ihm vorbeizukommen, ohne von Bergolini angefasst oder gar in dieser Weise beklatscht zu werden. Und ein kleiner Teil der Burschen, die allesamt bereits älter waren, warfen dem Trainer einen festen, vielsagenden Blick zu, sodass dieser zurückwich und ohne einen Kommentar abzugeben, zur Seite sah.

Seit Johannes im Internat war, hatte er schon von einigen Mitschülern erzählt bekommen, dass es unter den Lehrern, aber auch den Padres einige gab, die man nicht allzu nahe an sich heranlassen durfte. Von einem Padre Antonio wurde immer wieder erzählt, dass er ganz eigene und perfide Methoden anwenden konnte, wenn es darum ging, seine Schüler in der einen oder anderen Art berühren zu können. Sei es, dass er einem dabei einfach zustimmend auf die Schultern klopfte und anschließend über den Rücken hinunterstrich, bis es dem Schüler zu viel wurde und dieser zurückwich, sodass sich die Hand des Padres vom Rücken löste. Sei es, dass er einem wohlwollend über den Kopf fuhr, dabei die Haare mit den Fingern nach hinten kämmte und die warme, leicht schwitzende Hand im Nacken beließ. Oder sei es, dass er einen seiner Schüler umarmte, so als wolle er damit bloß kurz und unaufgeregt seine Zuneigung zeigen, dabei aber den Schüler fest an seinen

Körper presste, bis diesem die Situation schließlich zu unangenehm wurde und er sich aus der Umklammerung wand. Wenn es aber in den ganz heimlichen Gesprächen darum ging, die einzelnen Situationen zu schildern, dann wurde stets auch von einem gewissen Mehr erzählt, das einige angaben, beobachtet zu haben, das über die einfachen Umarmungen und Berührungen hinausging. Worum es sich dabei allerdings konkret handelte, vermochte jedoch keiner klar auszusprechen.

Padre Antonio leitete außerhalb des Unterrichts jene Schülergruppe, die in den Messdienst eingeführt wurde. Denn ein solcher gehörte auch zu den Pflichten eines Zöglings im Internat. Johannes war davon bislang noch ausgenommen, jedoch in ein paar Wochen, wenn er das sechste Lebensjahr hinter sich gebracht haben würde, wäre es auch für ihn soweit und er käme in die Gruppe der angehenden Messdiener. Dann würde auch er mit diesem Pater in direkten Kontakt kommen, den er bis dato nur vom Sehen kannte, und wäre jedenfalls vorgewarnt. Aber darüber machte er sich in diesem Moment noch keine Gedanken oder gar Sorgen. Schließlich war er noch intensiv damit beschäftigt, sich in der Schule und im Internat zurechtzufinden und seine sprachlichen Defizite möglichst rasch zu überwinden. Die wenigen Freundschaften, die er in seiner ersten Zeit mit anderen Knaben geschlossen hatte, halfen ihm dabei am meisten, konnte er so all das, was er im Unterricht und in der Freizeit lernte, sofort anwenden und spielerisch mit großer Leichtigkeit umsetzen.

Viele der Knaben im Heim bekamen regelmäßig Post von zuhause. Guido zum Beispiel bekam jede Woche von seiner Großmutter ein Päckchen, von dem seine Eltern keinerlei Kenntnis hatten und wohl auch keine erlangen sollten. In diesem Päckchen, das zumeist die Größe einer Schuhschachtel hatte, befanden sich vor allem Schokolade, Kekse und andere Süßigkeiten, die er im Internat nicht bekam, sowie meistens auch nützliche Dinge wie Hefte, Bleistifte, Radiergummi und Lineale. Seine Großeltern wussten, dass er seine Schulsachen manchmal völlig gedankenlos an fremden Plätzen liegen ließ und diese so auf Dauer leicht verloren gingen. Und sie hatten in diesem Fall recht, denn nur sehr selten konnte er nach mühevoller Suche seine liegengelassenen Stifte und Hefte wiederfinden und so verhindern, dass er von seinen Lehrern und Erziehern von Zeit zu Zeit gemaßregelt wurde, auf seine Dinge besser aufzupassen. Von seinen Eltern hingegen bekam er einmal im Monat ein größeres Paket, in dem zumeist Ergänzungen zu seiner Kleidung verpackt waren. Manchmal schickten sie ihm, verpackt zwischen den Hosen und Socken, den Pullovern und Hemden auch süße Kleinigkeiten, von denen sie gleichermaßen wie Oma und Opa annahmen, dass er solche im Internat ohnehin nur in Ausnahmefällen bekam. Denn von den regelmäßigen Päckchen der Großeltern, den Schokoladelieferungen, wie Guido sie nannte, wussten sie ja nichts. Zudem waren in den Päckchen auch immer Karten und Briefe, in denen sie nach seiner Gesundheit und den Fortschritten in der Schule fragten, ihn aber auch mit Neuigkeiten von zuhause versorgten. Manchmal waren zudem auch Bücher, einzelne Zeitschriftenhefte oder wenige Seiten aus den lokalen Zeitungen beigepackt, wenn die Eltern und Großeltern glaubten, dass diese für ihn von Interesse sein könnten oder deren Inhalte ihn freuen würden. Guidos Heimatort lag mehrere hundert Kilometer von der Schule entfernt. Nicht ganz so weit wie jener von Johannes, aber er konnte doch zumeist nur an den großen Feiertagen und in den Ferien nach Hause fahren. Dann aber saß er stundenlang in langsam dahintuckernden Zügen und musste dabei dreimal die Strecke wechseln. Er kam an solchen Tagen zumeist erst in den frühen Abendstunden bei seinen Eltern an, wenngleich er schon zeitig am Morgen den ersten Zug in Richtung Heimat bestiegen hatte. An manchen Wochenenden bekam er überraschenden Besuch von seinem Vater. Dieser war als Geschäftsreisender viel unterwegs und konnte sich seine beruflichen Fahrten manchmal so einrichten, dass er sich am Freitag Abend ganz in der Nähe von Guidos Schule eine Unterkunft suchte und erst am übernächsten Tag, dem Sonntag, weiterreiste. Oft kam dies freilich nicht vor, aber in jedem Semester konnte Guido damit rechnen, dass dies zwei- oder dreimal, wenngleich unvorhergesehenerweise, klappte.

Nur Johannes bekam nie Post. Genauer gesagt, fast nie. Guido bemerkte diesen Umstand schon bald nach Schulbeginn und sah dann in den dunklen, funkelnden Augen des Kleinen jene Traurigkeit, die er oft in den Augen vieler Jungen sah, die hier im Internat untergebracht waren. Deshalb teilte er gerne mit Johannes, diesem lieben Knaben, der ihn dafür mit großer Dankbarkeit anstrahlte und ihm von Tag zu Tag mehr und mehr zugetan war. In ihm hatte er damit schon früh einen Freund gefunden, der ihm sein ganzes Leben lang erhalten bleiben sollte.

Wenn Post kam, dann stand dies in der sogenannten Postliste vermerkt. Dort waren die Namen aller Buben aufgelistet, die sich nach dem Mittagsessen ihre Päckchen oder Briefe beim Portier abholen konnten. Die Postliste hing auf einer der schwarzen Hinweistafeln am Eingang zum großen Speisesaal und war manchmal ganz kurz, dann standen dort zwei, drei, vielleicht auch vier Namen. Meistens aber war diese Liste lang, dann ging sie über den Umfang einer Seite hinaus, denn es war durchaus üblich, dass die Familien ihren Söhnen Sachen schickten. Sei es, weil diese zuhause vergessen worden waren und in der Schule oder im Internat gebraucht wurden, oder weil gerade der Wechsel der Jahreszeiten anstand und mehr oder andere Kleidung benötigt wurde. Vor den Feiertagen war diese immer ganz besonders lang, denn dann schickten die Eltern, die Großeltern und wohl auch die Paten den Kindern hauptsächlich Selbstgebackenes, damit sie dieses an den Feiertagen wie zuhause mit gleichem Genuss verspeisen konnten. So bekamen über die Wochen hin alle gleichmäßig Post. Nur Johannes eben nicht. Er bekam so selten Post, dass er sich an jeden einzelnen Brief, jede Karte und jedes Päckchen und dessen Inhalt genauestens erinnern konnte. Wenn ihm der Vater einen Brief schrieb, dann war dieser kurz und knapp und beinhaltete mehr Fragen als Mitteilungen oder gar Erzählungen von zuhause. So wusste er wenig von seinen Brüdern und nur etwas darüber, was in seinem Elternhaus gerade geschah. Und in jedem dieser Briefe stand, dass er nicht antworten müsse, solange er noch nicht flüssig schreiben gelernt hatte. Diesen Umstand aber nahm er jedes Mal zum Anlass, dass er sich mit der Hilfe von Pater Richard die Fragen des Vaters im Einzelnen genau durchlas und überlegte, was er darauf wohl antworten konnte. Mit noch ungelenker Schrift widmete er sich dann den halben Nachmittag dem Schreiben und bemühte sich, mit wenigstens genauso viel Text zu antworten, wie ihm der Vater geschickt hatte. So manchen Satz musste ihm dabei einer der älteren Schüler vorschreiben, sodass er wusste, wie die einzelnen Wörter richtig geschrieben wurden.

Einmal jedoch bekam er Post, an die er sich sein ganzes weiteres Leben lang erinnern sollte. Genauer gesagt bekam er einen Brief, dessen großer, gelber Umschlag auf der Rückseite mit vielen bunten, ausländischen Briefmarken verziert war. Allein dessen Ausgestaltung mit zahlreichen Stempeln und Marken wirkte bedeutend und machte auf ihn ordentlich Eindruck. Sein Name und seine Adresse waren schwungvoll und weit ausladend mit einem kräftigen Stift von Hand geschrieben. Erst als er nach dem Essen das Kuvert genauer unter die Lupe genommen hatte, erkannte er, dass dieser Brief von seiner Mutter stammen musste. Soviel konnte er zu diesem Zeitpunkt bereits lesen und ihre Adresse war nicht handschriftlich angebracht, sondern maschinell in schönen, elegant wirkenden Typen fest aufgedruckt. Ihm schien das ganz so, als würde sie damit auch regelmäßig Geschäftspost oder sehr häufig Korrespondenzen verschicken und hätte damit einen großen Bedarf an vorgefertigten Briefumschlägen und dergleichen. Dass seine Mutter ihm einen Brief in einem dick aufgeplusterten Kuvert schickte, hatte er nun tatsächlich nicht erwartet, wusste er doch so gut wie nichts über sie. Und das Wenige, das er wusste oder sich zusammenreimen konnte, war, dass sie einst die Familie verlassen hatte, als er noch ein Baby im zarten Alter von gerade einmal einem Jahr gewesen war. Und auch das hatten ihm dereinst seine Brüder erzählt, wenn sie zusammensaßen und darüber sinnierten, wie ihre geschrumpfte Familie eigentlich funktionierte. Er selbst wusste davon jedoch nichts. Er war zu diesem Zeitpunkt einfach noch viel zu klein und zu jung gewesen, um an dieses traurige Ereignis selbst Erinnerungen haben zu können. Noch nie hatte ihn seine Mutter kontaktiert, zumindest hatte er bislang nichts davon erfahren. Sein Vater legte großen Wert darauf, dass sie in den Gesprächen und Erzählungen nie vorkam. Und wenn dies dann doch einmal passierte, dann tat er viel darum, sie, die Mutter, sowie ihren schönen Namen, sofort aus diesen eben gefallenen Sätzen wegzubekommen und endgültig vergessen zu machen.

An vielen Abenden schlief er ein, zuhause wie gleichermaßen im Internat, und dachte dabei an seine Mutter, die große Unbekannte, nach der er sich so sehnte. Wie sie jetzt wohl aussah? Hatte sie lange schwarze, ja richtig dichte wallende Haare wie seine Brüder oder doch blonde, so wie er sie hatte? Waren sie am Hinterkopf mit einem Band zu einem dichten Schwanz zusammengebunden oder trug sie ihre Haare offen? Wie war der Klang ihrer Stimme, wenn sie sich in einem Raum ausbreitete? War sie sonor, voll im Ton, und durchdringend oder doch eher hoch, vielleicht etwa leise, behutsam und sanft oder gar schrill? Er fragte sich immer, welche Kleidung sie wohl am liebsten trug, wenn er eine der elegant gekleideten Damen in der Stadt über die Plätze spazieren sah. Dann war er sich sicher, dass auch seine Mutter so gekleidet sein musste. Stets in eleganten, langen Kleidern gewandet, die kein Knie zeigten und gerade so geschnitten waren, dass sie dabei die dazu passenden Abendschuhe soweit freiließen, dass sie von allen ausgiebig bewundert werden konnten. Wenn er abends müde in seinem Bett langsam einschlief und seine Gedanken an sie in einen sachten Traum übergingen, dann lag er in ihren schlanken, aber zugleich kräftigen Armen, dann schmiegte er sich an ihren wiegenden, weichen, wohlriechenden Körper, klammerte sich an ihre zarte Haut und ließ sich von ihr geduldig in den Schlaf singen. Wenn er morgens wieder erwachte, lag er etwas schräg, wie leicht zur Seite geschoben, in seinem Bett und klammerte sich fest an seinen Polster, den er, viel zu groß für seinen noch kleinen Körper, mit beiden Armen an seinen Bauch drückte und das Gefühl hatte, dass sie, seine Mutter, eben erst erwacht wäre und sich noch vor ihm im Bad zurecht machte, sodass sie anschließend gemeinsam, am Tisch Arm an Arm sitzend, frühstücken könnten und sich dabei jede ihrer anmutigen Bewegungen durch diese äußerst angenehmen Berührungen an ihn übertrug, sodass er sich ihrer unmittelbaren Nähe gewiss sein konnte. Das Aufstehen, das Verlassen des Bettes fiel ihm an solchen Tagen besonders schwer. Denn dann hätte er sich gewünscht, länger mit diesem innigen Gefühl der Geborgenheit, der durchdringenden Wärme der Kissen, verweilen und es noch etwas länger genießen zu können. Aber der frühe Lärm des Schlafsaales ließ dies nicht zu und kaum waren die Buben aus den oberen Etagen der Stockbetten herabgesprungen und hatten ihr Bettzeug fertig zurechtgerückt und glattgestrichen, mussten jene der unteren sich bereits sputen, um rechtzeitig in die Badezimmer zu gelangen und damit nicht zu spät zum Frühstück zu erscheinen.

Das Kuvert konnte er letztlich erst spät am Abend öffnen. Dabei saß er in einer der kleineren Studierstuben, hatte seine Hefte und Bücher noch über seinen Schulaufgaben fächerartig ausgebreitet, las in seinem Vokabelheft und wartete geduldig, bis Pater Richard Zeit hatte, sich mit ihm den Brief anzusehen und zu lesen. Er war den Nachmittag über viel zu aufgeregt gewesen, um allein den Umschlag zu öffnen und nachzusehen, was dieser enthielt. Und so saß er bei seinen Wort- und Buchstabenübungen, hatte bereits alles geschrieben und nachgezeichnet, was von ihm in der Schule gerade verlangt wurde und blätterte wie beiläufig in seinem Heft, als sich die Tür öffnete und Pater Richard eintrat, der wie immer freundlich lächelte, mit drei Schritten den Raum durchquerte und sich behutsam neben ihn setzte. Der Pater war in seinem Charakter unerschütterlich. Selbst wenn schlimme Vorfälle das Internat heimsuchten, wenn Schüler etwa sehr krank wurden, so krank, dass eine Rückkehr in das Internat erst sehr spät im Schuljahr oder gar nicht mehr möglich war, blieb er, der Pater, mit der mächtigen Gestalt eines großen, kräftigen Mannes, unerschütterlich und wies allen anderen den Weg nach vorne, stets optimistisch in jene Zukunft, die, wie er sagte, mit jedem Augenblick begann. Pater Richard hatte sich seine Kutte zuerst ordentlich glatt nach unten gestreift, um diese anschließend mit einer ausladenden Bewegung mit seinem rechten Arm kurz zur Seite zu heben, damit er sich bequem niedersetzen konnte. Er warf einen prüfenden Blick auf die vor ihm ausgebreiteten Bücher und Hefte, nahm kurz das zuoberst liegende Aufgabenheft zur Hand, blätterte darin ein wenig und legte dieses anschließend wieder an seinen Platz zurück. Nicht ohne dabei Johannes für seine ordentliche Handschrift zu loben und festzustellen, wie gut er sich in diesen Wochen bereits in die Gemeinschaft im Internat eingelebt hatte. Dann aber streifte er mit einen suchenden Blick über die Tischplatte, um nachzusehen, ob er den Brief ausfindig machen konnte, weswegen Johannes ihn hergebeten hatte. Dieser aber steckte seine Hand mit einem gezielten Griff unter die Tischplatte und holte das in der Mitte bauchig aufgeplusterte Kuvert aus dem darunterliegenden Fach hervor. Johannes wollte ihm das kleine Päckchen verschlossen übergeben, doch Pater Richard meinte, er solle es doch selbst zu öffnen versuchen. Schließlich wäre es ja ohnehin seines, nämlich eines, das allein an ihn adressiert und damit auch allein an ihn gerichtet sei. Zögerlich nahm Johannes es in beide Hände und suchte jene Stelle, an der es am leichtesten zu öffnen wäre. Der selbstklebende Verschluss des Kuverts war nicht nur fest umgeschlagen und zugedrückt, sondern zudem mit einem breiten

Klebeband abgedeckt worden. Trotzdem gelang es ihm mit seinen zarten Fingern eine Stelle ausfindig zu machen, an der er unter das Band greifen und es so langsam, sich von links nach rechts, Griff um Griff vorarbeitend, zu öffnen.

Als er es schließlich der Breite nach gänzlich geöffnet hatte, stellte er das Kuvert mit dem Boden auf den Tisch und schaute aufgeregt von oben hinein. Drinnen befanden sich ein kleiner, etwas in die Jahre gekommener Teddybär sowie eine Korrespondenzkarte, die auf einer Seite den gleichen Aufdruck zeigte, der ihm zuvor bereits an der Außenseite des Briefes aufgefallen war. Er drehte die Karte mehrmals in seiner Hand, um jene Stelle zu finden, an der der mit blauer Tinte handgeschriebene Text begann. Nachdem ihm dies nicht auf Anhieb gelingen wollte, zeigte der Pater auf den Beginn der ersten Zeile und begann langsam vorzulesen, indem er mit dem Finger jene Worte streifte, die er gerade laut aussprach.

»Mein lieber Johannes, es freut mich so sehr, dass ich die Adresse des Internats herausfinden konnte, in dem Du untergebracht bist. Sooft denke ich an euch und vor allem an Dich. Du wirst Dich sicher schon oft gefragt haben, wo ich denn bin und warum ich so lange keinen Kontakt zu euch hatte. Und um das und vieles mehr mit Dir und Deinen Brüdern zu besprechen, komme ich bald zu euch. Ich habe hier in Südamerika noch ein paar Sachen zu regeln, doch dann kann ich mich für einige Wochen freimachen und möchte in dieser Zeit nur für euch da sein. Dann aber werde ich noch einmal nach Brasilien zurückkehren, um meine Geschäfte aufzulösen und wieder ganz nach Europa zu kommen und stets in eurer Nähe zu sein. Den kleinen Bären hat Dir einst unser Kindermädchen von einem Flohmarkt mitgebracht. Bei meiner Abreise konnte ich nur ganz wenige Sachen als Andenken an euch mitnehmen. Darunter war auch der kleine Teddy, den Du als Baby sehr geliebt hast und den ich nun all die Jahre bei mir hatte. Ich nahm ihn immer dann zur Hand, wenn ich an Dich denken musste. Und jetzt, kurz vor meiner Abreise, schicke ich Dir diesen zu, damit Du ihn schon bald wieder in Deinen Händen halten kannst. Umarmen wirst Du ihn nicht mehr können. Dafür bist Du schon zu groß und der Bär zu klein. Vielleicht aber kannst Du ihn einfach nehmen, wenn Du an mich denkst und Dich vielleicht darauf freust, dass wir uns bald sehen. Ich lege Dir ein aktuelles Foto von mir bei. So sehe ich heute aus, solltest Du Dich je gefragt haben, wie Deine Mutter wohl gerade aussieht. Deinen Brüdern habe ich ähnliche, aber andere Fotos geschickt, sodass ihr in den Winterferien, die ja bald beginnen, diese miteinander vergleichen und euch gegenseitig zeigen könnt. Ich umarme Dich von ganzem Herzen, wir sehen uns bald, Deine Mama.«

Erst jetzt nahm er das Foto aus dem Kuvert und betrachtete dieses aufmerksam. Pater Richard warf einen kurzen Blick darauf, stand auf, klopfte ihm mit seinen übergroßen Händen sachte und gemächlich auf seine Schultern und verabschiedete sich anschließend mit dem Satz: »Mach's gut, mein Junge. Wir sehen uns morgen.« Allein im Studierzimmer zurückgelassen, packte er seine Schulsachen zusammen, steckte alles ordentlich in die Fächer seiner Ledertasche, hielt das Foto mit der rechten Hand aufrecht vor sich hin und ging so, dieses andauernd betrachtend, zurück in den Schlafsaal. Denn bald sollte dort die verordnete Stille einkehren, die der Nachtruhe immer vorausging.

Das Foto zeigte eine immer noch sehr jung aussehende Frau, die ihre dunklen Haare halblang trug, sodass sie gerade den oberen Teil ihres schlanken Halses verdeckten. Etwas außerhalb der Mitte gescheitelt, fielen sie in einem leichten Bogen über die Ohren, die somit gänzlich verdeckt waren. Sie trug, als sie abgelichtet wurde, eine weiße Bluse mit langen Ärmeln sowie eine dunkelblaue Freizeithose, die, klassisch geschnitten, durchaus als eine durchgehen konnte, die auch bei geschäftlichen Anlässen getragen wurde. Kein Kleid also, keine wallenden Falten in edlen Stoffen und auch keine eleganten Abendschuhe darunter. Dafür vielmehr niedere, sportlich anmutende Schuhe, wie sie zu dieser

Zeit von vielen getragen wurden. Mit einem freundlichen Lächeln und einem gänzlich unverstellten Blick lächelte sie entspannt in die Kamera, deren Position räumlich nah an ihr gelegen haben mag. Schließlich füllte sie die gesamte Fläche des Bildes aus, sodass vom Hintergrund nur wenig zu erkennen oder zu erahnen war. Das Foto zeigte sie wohl in ihrer Freizeit, vielleicht in ihrem Garten oder in einer Wiese vor einem Bürogebäude stehend. Johannes konnte sich vorstellen, dass sie auch im Geschäftsleben so aussah und sie sich dafür nicht extra kleiden musste. Sie war schön. Das hatte er auf den ersten Blick erkannt. Schön in ihrer anmutigen Art, die keiner aufwendigen Kleidung bedurfte, um diesen Umstand hervorzuheben. Der kleine Teddybär kullerte während des Gehens im Kuvert etwas verloren hin und her, ganz so, als würde er dafür viel zu klein sein. Schließlich war er ein kleiner, bereits etwas abgenutzter Bär voller verloren gegangener Erinnerungen, der sich nun nach einigen Jahren als Fremdgewordener wieder in sein ehemaliges Leben zurückschlich.

Als er den Schlafsaal betrat, war es dort schon einigermaßen ruhig. Einige der Buben lagen lesend flach in ihren Betten, andere schienen bereits zu schlafen und ganz wenige unterhielten sich noch leise über die Gänge hinweg, die sich dazwischen auftaten. Angelo aber, ein vielleicht ein Jahr älterer Knabe, lag, wie so oft in letzter Zeit winselnd in seinem Bett und zog dabei die Beine so an, dass er seitlich gekrümmt wie ein Embryo zu liegen kam. Er war bereits das zweite Jahr im Internat und galt in der Schule als einer der Vorzugsschüler, der bei seinen Aufgaben stets weniges falsch, dafür aber vieles richtig machte. Die Lehrer mochten ihn sehr, da er leicht lernte und ebenso schnell verstand. Somit war der Aufwand, ihm etwas beibringen zu müssen, erheblich geringer als beim Durchschnitt aller Schüler. Angelo war aber nicht nur beim Lehrpersonal beliebt, auch seine Mitschüler mochten ihn sehr. Schließlich kümmerte er sich mit großer Leidenschaft und einigem an Einfühlungsvermögen um jene, die sich in der Schule schwer taten oder die im Internat, im Gegensatz zu ihm, nicht besonders beliebt waren. Er galt als einer, der mit jedem konnte und anderen zumeist mit wenigen Vorurteilen begegnete. Und doch hatte er in den vergangenen Wochen auffällige Verhaltensweisen gezeigt, die ihm eigentlich gar nicht ähnlich sahen. Verhaltensweisen, die andere letztlich von ihm fernhielten und gleichsam die Aufmerksamen unter den Lehrern ermahnten, wachsam zu sein. Manchmal lag er abends, wenn er mit seinen Aufgaben fertig war und auf das Abendessen, wie so oft in den letzten Wochen, verzichtet hatte, fast apathisch und in jedem Fall gänzlich abwesend in seinem Bett und starrte zur Decke hoch. Dorthin, wo es im Grunde nichts zu sehen gab als einige unscheinbare Risse im Verputz. Seine Mitschüler fragten sich dann untereinander und schließlich auch ihn selber, was denn mit ihm los sei, welche Gründe es gäbe, dass er entweder völlig teilnahmslos in seinem Bett lag, anstelle, wie sonst immer, mit den anderen den Abend mit viel Elan am Tischtennistisch zu verbringen. Dann aber starrte Angelo die Fragenden mit einem völlig leeren Blick an und verfiel von Zeit zu Zeit ins Heulen. Oder aber, er drehte sich einfach weg und wollte in Ruhe gelassen werden und einfach seinen Frieden haben, wie er betonte. Dieses Verhalten war an ihm neu und hinter der vorgehaltenen Hand wurde darüber gemunkelt, dass er wohl in die Fänge Padre Antonios geraten sei, was man unbedingt vermeiden sollte.

Diesen Pater sollte Johannes in den darauffolgenden Tagen selbst kennenlernen. Da er nun, so wie alle anderen auch, zum Messdienst in der Kirche eingeteilt war, kam er zu den Vorbereitungsstunden bei Padre Antonio. Einmal pro Woche leitete dieser die jungen Buben an, wie man sich für den katholischen Gottesdienst mit den Messgewändern ordentlich kleidete und wie man die Vorbereitungen für die Messe erledigte. Er führte auch vor, welche Vorlieben welcher Priester hatte, wenn es darum ging, den richtigen Messwein auszuwählen, wie viel Wein und wie viel Wasser in den Krügen sein musste, um bei der

Wandlung des einen in das andere in der passenden Menge vorhanden zu sein. Zudem wie viele Hostien im Tabernakel eingelagert sein mussten, oder wie eine ordentliche Kniebeuge auszusehen hatte, wann im Messdienst wie oft und wie laut mit den Schellen geläutet werden sollte. Dies war nur einiges von dem Vielen, auf das Padre Antonio großen Wert legte, und es gab sehr vieles, das dabei falsch gemacht werden konnte. Denn der Padre war ein exzentrischer Pedant in allem, was er tat oder vorbereitete. Ein Handgriff zu viel konnte ihn dabei ebenso zur äußersten Raserei verleiten wie einer zu wenig. Es galt also in den Vorbereitungsstunden, den er selbst Unterricht nannte, die Ohren zu spitzen und sich vieles genauestens zu merken. Abschauen von den anderen und einfach nachmachen war dabei nicht sein pädagogischer Ansatz, denn dabei würde sich, wie er stets betonte, bloß eine unermessliche Nachlässigkeit einschleichen, die im Zeremoniell der Heiligen Liturgie der katholischen Messfeier keineswegs zulässig wäre. Johannes, der davon nicht minder überrascht war wie seine Mitschüler es stets waren, wenn sie davon zum ersten Mal erfuhren, versuchte sich daher alles gut einzuprägen und und es sich notfalls abends so lange vorzusagen, bis er das Gefühl hatte, alles richtig zu machen.

Neben dem Gruppenunterricht, den Padre Antonio immer an den Mittwoch Nachmittagen abhielt, verpflichtete er vor allem die Neuankömmlinge unter seinen Schülern freitags und samstags zum Einzelunterricht. Besonders die hübschen Schüler wählte er dafür gerne aus und gerade jene, von denen er wohl annahm, dass er sie für seine Zwecke leicht gefügig machen konnte. Zumindest hatte der Padre in diesen Stunden ausreichend Zeit, ungestört herausfinden zu können, welche seiner Schützlinge für seine Unterweisungen besonders geeignet waren. Perfektionsstunden nannte er diese Einheiten mit Einzelunterricht und es waren zugleich jene Stunden, die unter den Schülern besonders gefürchtet waren. Sie wurden von allen gemieden, die eine Abwesenheit davon auch nur irgendwie bewerkstelligen konnten. Und sei es, dass eine leichte Erkältung oder gar stechende Kopfschmerzen zur Entschuldigung vom Unterricht vorgebracht werden konnten. Seine Mitbrüder im Kloster schienen Antonio hingegen für seine Geduld, die er den Kindern gegenüber allem Anschein nach aufbrachte, sehr zu bewundern, denn niemand von den anderen konnte sich vorstellen, ein so umfangreiches Zeitpensum in die Ausbildung der jungen Messdiener zu investieren.

Es dauerte auch nicht lange, bis Johannes zum Einzelunterricht einbestellt wurde. Im Gruppenunterricht verstand er wenig von dem, was von ihm im Einzelnen verlangt wurde, denn dazu sprach Padre Antonio zu schnell und vor allem verwendete er viele Wörter, die er bislang nicht kannte und die ihm in ihrer Bedeutung völlig fremd waren. Der Einzelunterricht, meinte Padre Antonio, würde ihm daher sehr gut tun, denn dann könnte er Johannes jede auch nur so kleine Handlung, die zu vollziehen war und jeden einzelnen Schritt, der von einem Messdiener erwartet wurde, detailliert, in Ruhe und mit so vielen Wiederholungen erklären, wie eben notwendig wären. Deshalb sollte Johannes am kommenden Freitag um 16 Uhr in die Sakristei der dem Internat räumlich angeschlossenen Klosterkirche kommen. Dann würden sie dort, an Ort und Stelle, fortsetzen, wo sie im Gruppenunterricht stehen geblieben wären.

Die Sakristei hatte zwei Eingänge. Einerseits erreichte man diese über den Kirchenraum, andererseits konnte diese auch, nach vollständiger Umrundung der Kirche, von außen betreten werden. Für beides brauchte man einen Schlüssel, denn die Sakristei war stets abgeschlossen. Als Johannes die Kirche betrat und auf den Altarraum zusteuerte, erkannte er, dass die Tür dorthin noch verschlossen war. Er setzte sich also in eine der nahen Kirchenbänke, von denen aus der Eingang zur Sakristei gut einsichtig war und wartete. Kaum saß er, öffnete sich auch schon die rechte Flügelhälfte der schweren Kirchentür und Padre Antonio trat ein. Im Gegensatz zu seinen Mitbrüdern im Kloster trug er nicht die übliche braune Kutte, sondern immer einen schwarzen, glänzenden Talar, der sich in den geschwungenen Falten des schweren Kleidungsstoffes bis knapp über den Boden hinzog und nur die glänzenden und ebenfalls schwarzen Lederschuhe freigab. Er steuerte in schnellen Schritten direkt auf den Altar zu, ganz so, als wäre er sich seiner Verspätung bewusst und wollte die Zeit nicht weiter vergeuden, sondern, ganz im Gegenteil, diese wieder rasch aufholen.

Noch im Gehen holte er mit der linken Hand den Schlüssel zur Sakristei aus seiner Kitteltasche und öffnete die Tür. Johannes, der aus dessen Perspektive ein wenig im Abseits saß, stand von seinem Platz auf und querte den Raum, nicht ohne sich vor dem Altar kurz niedergekniet zu haben. Padre Antonio, der noch in der Tür stand und kurz über seine Schulter zurückblickte, als hätte er ein überraschendes Geräusch vernommen, drehte sich zu ihm um und nickte ihm wohlwollend zu. Ganz so, als hätte er sagen wollen, dass Johannes schon einmal diese eine, ganz wichtige Regel wahrgenommen und befolgt hatte. Niemals durfte ein Messdiener die Achse des Altars, die sich längs des Kirchenschiffes entlangzog, queren, ohne dass er dafür die nötige Demut bekundet hatte und sich niederkniete oder eine tiefe Kniebeuge vollzog. Antonio ließ Johannes den Vortritt, als er diesen mit der flachen Hand auf dessen Schulter sanft aber bestimmt in den Eingangsbereich der Sakristei schob. Johannes war sich nicht sicher, was denn nun folgen sollte. Er ging daher in die Mitte des Raumes und blieb dort stehen, nicht ohne sich ausgiebig umzusehen, welche Gegenstände gerade aus den Kästen geräumt waren. Gegen die Fenster an der Ostseite des Raumes waren große, rechteckige Holzplatten gelehnt, die mit einem bedruckten, schweren Leinenstoff bespannt waren. Darauf waren einige der Gebete aus der »Ordo Missae« in lateinischer Sprache abgedruckt, die zur geistigen Vorbereitung auf die heilige Messe und das Aufsagen der ersten Stufengebete, wie es Padre Antonio nannte, gedacht waren. Antonio stellte sich neben Johannes und drehte diesen sanft nach links, sodass beide nah genug vor den Tafeln zu stehen kamen. Dann begann er laut und deutlich vorzulesen und deutete Johannes, es ihm gleich zu tun: »*Asperges me, Domine, hyssopo et mundabor: lavabis me, et super nivem dealbabor. Besprenge mich, o Herr, mit Ysop, und ich werde rein; wasche mich, und ich werde weißer als der Schnee.*« Anschließend ging es weiter mit: »*Miserere mei, Deus, secundum magnam misericordiam tuam. Gloria Patri, et Filio, et Spiritui Sancto. Erbarme Dich meiner, o Gott, nach Deiner großen Barmherzigkeit. Ehre sei dem Vater und dem Sohne und dem Heiligen Geist.*« Padre Antonio hielt nicht inne, bevor er die ganze Tafel vorgelesen hatte und begann anschließend wieder von vorne. Johannes stand dicht neben ihm und versuchte, ihm bestmöglich zu folgen. Immer wieder fiel er aus dem Rhythmus des Lateinischen und immer wieder begann er von vorne, um neuerlich Eingang in die entsprechende Zeile zu finden. Antonio hielt dann kurz inne, wartete, bis Johannes an der richtigen Stelle angekommen war und fiel dann mit seiner stechenden Stimme ein, um gemeinsam weiterzulesen. Nachdem sie die eine der Tafeln drei Mal gemeinsam laut vorgelesen hatten, ließ ihn der Padre für einige Minuten allein, in denen er die Übung selbstständig durchführen musste. Johannes las so gut er konnte und versuchte sich besonders schwierige Textpassagen auswendig zu merken, damit er, an diesen angekommen, nicht jedes Mal scheiterte. Als der Padre zurückkam, überreichte ihm dieser ein kleines Büchlein, dessen Einband mit goldenen Lettern ein Gebetsbüchlein für Messdiener verhieß. Aus diesem, meinte Antonio, sollte er täglich eines der Lateinischen Gebete zur Vorbereitung auf die heilige Messe lesen und, so gut es eben ginge, lernen, auswendig aufzusagen. Das »*Asperges Me*« sollte Johannes bis zum kommenden Freitag jedenfalls gut aufsagen können.

Mit seinen immer noch fünf Jahren war dies eine ziemliche Herausforderung und ganz nebenbei konnte er selbst an sich feststellen, dass er im Lesen und den Fertigkeiten, in einem Buch selbstständig nachzusehen, schon ziemlich gefestigt und in Übung war. Bereits am Sonntagabend hatte er dieses eine Gebet soweit verinnerlicht, dass es ihm nicht mehr schwerfiel, es fehlerfrei vorlesen und einigermaßen gut aufsagen zu können. Und am darauffolgenden Freitag gelang es ihm bereits, beim gemeinsamen Vorlesen mit dem Padre, die Zeilen flüssig und fehlerfrei zu rezitieren, was dieser mit einem wohlwollenden Nicken begleitete und ihm ein Lächeln schenkte. Das Büchlein aber enthielt noch eine Reihe anderer Textstellen, von denen Johannes zu Recht annahm, dass auch diese beizeiten an die Reihe kamen. Darin hatte er sich, wie sich in den Wochen darauf zeigte, nicht geirrt, denn die Abfolge der Gebete richtete sich exakt nach dem Liturgischen Kalender, also genau so, wie sie über die Wochen hin in der Messvorbereitung von den Messdienern gebraucht wurden.

Padre Antonio aber legte, wie er selbst immer wieder betonte, nicht nur Wert darauf, dass die Messdiener ihre Aufgaben perfekt erledigen konnten, sondern dass sie zudem ihre Verrichtungen mit der notwendigen Hingabe und Präzision erledigten. Dazu zählte eben auch das Knien, bei dem man dem Padre zufolge vieles, wenn nicht sogar alles, falsch machen konnte. Er zeigte seinen Schützlingen immer und immer wieder vor, wie man richtig zu knien hatte, wie man sich hinkniete, dann in der richtigen Stellung still verharrte und wie man sich anschließend wieder korrekt aufrichtete, ohne dabei zu vergessen, dass man ein Messgewand trug, dessen Passform einem bei all dem Aufstehen und wieder Niederknien nicht immer hilfreich entgegenkam. Und so ließ er im Unterricht die Knaben hunderte Male niederknien, so verharren und anschließend wieder aufstehen, bis er der Meinung war, dass dies in einer heiligen Messe von allen als angemessen wahrgenommen wurde. In Wirklichkeit aber stand dahinter wohl mehr der Drill zum Gehorsam, den er regelmäßig anwendete, um zu sehen, welche seiner Schüler ihm mehr und welche weniger gefügig waren. Von Johannes nahm er nach einigen Monaten im Messdienst an, dass er durchaus zu jenen gehörte, die ihm gehorsam und eventuell auch gefügig waren.

Wohl aus diesem einem Grund ordnete er für Johannes wieder Einzelstunden an, die in der Woche nach den Weihnachtsferien beginnen sollten. Als Johannes diesen Umstand später noch brühwarm seinem Freund Guido erzählte, schlug sich dieser mit der flachen Hand gegen die Stirn, überdrehte die Augen, stieß ein lautes NEIN aus und riet ihm zu äußerster Wachsamkeit und Mut. Nicht, so meinte er, dass es ihm so erginge, wie Angelo, der schon seit Wochen nicht mehr im Internat war und, wie es hieß, möglicherweise auch nicht mehr zurückkäme. Johannes ahnte, worauf Guido und die anderen mit diesen Vermutungen anspielten, die anscheinend ein offenes Geheimnis waren, und schloss für sich aus, dass ihm dies auch passieren könnte. Dafür, so meinte er, wäre er gewarnt genug und hätte zudem den Vorteil, dass er als einer der Jüngsten häufig unterschätzt wurde.

Die Herbstferien waren schneller vergangen, als sie gekommen waren. Im Internat war die Stimmung zu dieser Zeit freudig und aufgewühlt, denn einige unter ihnen durften diese Tage zuhause bei ihren Familien verbringen. Johannes und Guido aber zählten zu den wenigen, die im Internat bleiben mussten und freuten sich darauf, dass in diesen Ferien häufig ausgedehnte Ausflüge unternommen wurden. Entweder fuhren sie in Gruppen zu Sportveranstaltungen oder besuchten die großen Museen der nahen Hauptstadt. Beides gefiel den Buben in der Regel und so war es auch diesmal gewesen, denn um aus dem Internat hinauszukommen, bedurfte es stets bestimmter Umstände. Die Ferientage zählten in jedem Fall dazu.

Die Zeit bis zu den nahen Weihnachtsferien war mit einer Reihe von Prüfungen und einem dichten Programm an Aufgaben gespickt, sodass sie beide oft noch in den späten Nachmittagsstunden in den Studierstuben saßen, um ihr Pensum rechtzeitig erledigen zu können. Johannes lernte für seine erste Sprachprüfung, die er schließlich ohne große Aufregung gut meisterte und von seinen Lehrern dafür auch sehr gelobt wurde. Des Italienischen war er in der Zwischenzeit schon mächtig genug, um im Alltag des Internats gänzlich allein zurechtzukommen. Im Unterricht brauchte er zwar noch ein wenig Hilfe, dafür reichte es aber in der Regel, wenn Guido ihm die eine oder andere halbe Stunde widmete. Guido befürchtete schon, einen seiner besten Freunde zu verlieren, wenn dieser ihn nicht mehr brauchen würde, doch dem war natürlich nicht so und die Sorge war gänzlich unbegründet.

Dann kam der große Tag der ersten Heimreise. Seinen Koffer hatte er schon Tage zuvor gepackt und jedes Mal, wenn er etwas daraus brauchte, musste er diesen von Neuem öffnen und so manches umsortieren, bis er schließlich fand, was er suchte. Neben dem Koffer hatte er eine kleine Reisetasche dabei, um die wichtigen Dinge stets griffbereit zu haben. Die Köche statteten die Kinder noch mit dem nötigen Proviant aus und dann wurden die Buben zu den Zügen gebracht, die so knapp vor den Feiertagen ohnehin kaum über freie Plätze verfügten. Johannes aber hatte Glück und fand, bald nachdem er den richtigen Waggon bestiegen hatte, einen Sitzplatz in einem Abteil. Auf der Heimreise musste er nicht umsteigen, denn einige der Wagen, die sich im hinteren Zugteil befanden, wurden auf der Fahrt von einem auf den anderen Zug umgehängt. Nachdem dies zweimal geschehen war, stieg in ihm die Vorfreude, nach Hause zu kommen und seine Brüder wiederzusehen. Schließlich wusste er, dass auch diese Post von ihrer Mutter erhalten hatten, die sie sich gegenseitig zeigen und die Fotos untereinander tauschen wollten. Ja, und dann gab es auch noch den Vater, auf den er sich freute, wenngleich ihm seine Brüder im Moment deutlich wichtiger erschienen.

Am Bahnhof angekommen, stürmten seine Brüder zu ihm her, umarmten ihn und nahmen ihm sein schweres Gepäck ab. Der Vater marschierte hinter dieser kleinen, etwas ungestümen Gruppe hinterher, ganz so, als müsse er dafür sorgen, dass sie letztlich alle gut beim

Auto ankamen und vom Chauffeur zum Haus der Eltern gebracht wurden. Im Haus selbst war die vorweihnachtliche Stimmung bereits angekommen. Kaum hatten die Buben lärmend die Türschwelle am Eingang des Hauses überschritten, strömte ihnen der intensive Duft von Lebkuchen und anderer Weihnachtsbäckereien entgegen, den sie sofort tief genussvoll in ihre Lungen einsogen. Der große, geschmückte Tannenbaum, den die Gärtner stets ein paar Tage vor dem Fest in der Eingangshalle aufstellten und der im Anschluss von den Hausmädchen liebevoll durch den Baumschmuck zu einem Kunstwerk verwandelt wurde, stand schon bereit, um die vielen Geschenke und Päckchen unter sich aufzunehmen und solange zu verbergen, bis sie ausgepackt werden durften. Und all das hüllte eine wohlige Wärme ein, die zu dieser Zeit im Haus lag und wohl davon stammte, dass über die Feiertage wesentlich mehr gekocht, deutlich mehr gebacken und schließlich wohl auch mehr und länger gegessen wurde.

Die Brüder begleiteten Johannes hinauf in sein Zimmer, das von den Hausmädchen nett auf seine Ankunft hin vorbereitet worden war. Gut gelüftet und zugleich wohlig warm, strömte ihm die Luft beim Betreten entgegen, das Bett war frisch bezogen, ordentlich gemacht und war bereit, ihn jederzeit aufzunehmen und in tiefen Schlaf fallen zu lassen. Doch jetzt, in diesem Moment der Ankunft war dafür keine Zeit, denn Johannes und seine Brüder holten die Briefe herbei, die ihnen ihre Mutter geschrieben hatte, jeder mit ähnlichem Inhalt und doch so verschieden, dass sich ein jeder von ihnen direkt angesprochen fühlen konnte, ganz so, als hätten die einzelnen Schreiben nichts miteinander zu tun, außer, dass sie wussten, dass alle Brüder einen solchen Brief erhalten hatten. Johannes zeigte ihnen seinen Bären, den er im Kuvert zugeschickt bekommen hatte und die anderen bestätigten, dass auch ihren Briefen etwas Kleines beigelegt gewesen war.

Bald nach dem Abendessen taten sich die Brüder zusammen und trafen sich im Kaminzimmer. Der Raum lag verwaist im Erdgeschoß, obwohl ein kräftig loderndes Feuer im Kamin eine einladende Stimmung verbreitete. Der Vater war für den weiteren Abend außer Haus und die Angestellten gingen im Verborgenen ihren Tätigkeiten nach. Noch nie hatte die Buben ein Thema unter so großer Aufregung miteinander verbunden wie der Umstand, dass sie völlig unerwartet Post von ihrer Mutter bekommen hatten. Den ganzen Abend sprachen sie über sie, ganz so, als wäre sie nicht jahrelang, sondern vielleicht bloß über das Wochenende verreist gewesen und erzählten sich, aber vor allem dem Jüngsten, Johannes, Geschichten über sie, als hätten diese erst vor Wochen stattgefunden. Dabei hielten sie die Fotos in Händen, die sie bekommen hatten und immer und immer wieder forderten sie einander auf, das eine oder doch lieber das andere herzuzeigen und zu kommentieren. Sie sahen Ähnlichkeiten in ihren Gesichtern, fanden, dass ihre geschwungene Schrift, mit der sie die jeweiligen Zeilen geschrieben hatte, genau der ihren entsprach und wetteiferten gegenseitig darum, wann sie denn nun kommen und wann sie für immer in ihrer Nähe bleiben würde. Wo, in welcher Ortschaft würde sie sich niederlassen? War möglicherweise der Verkauf der einen oder anderen Liegenschaft bekannt und war wohl sie die heimliche Käuferin? War ihre Mutter gar so vermögend, dass sie eine der vielen Ländereien, die es hier gab, samt angeschlossenen Landwirtschaften und Weingütern, erwerben und davon Profit machen könnte? Darüber wussten sie letztlich nichts, und je länger der Abend und je hitziger die Spekulationen wurden, desto mehr mussten sie feststellen, dass ihre Mutter für sie im Grunde eine große Unbekannte war, in die sie ihre heimlichen Wünsche legten.

Die Feiertage über sahen sie ihren Vater im Grunde wenig. Den Heiligen Abend verbrachte er mit ihnen. Er verteilte mit ausgestreckten Armen seine großzügigen Geschenke und ließ sie nach weiteren suchen, die er im Haus für sie versteckt hatte. An den anderen Tagen war er zumeist bis Mittag bei ihnen, verbrachte aber die restliche Zeit gemeinsam mit seiner Haushälterin, wie er sie immer noch nannte, außer Haus. Er stattete, wie er meinte, dringende Besuche ab, die sich unter dem Jahr, wenn alle die Tage von ihren Terminkalendern getrieben verbrachten, schlecht einrichten ließen. Wenn die beiden spät nach Mitternacht zurückkehrten, schliefen die Buben längst tief und fest, denn in der Obhut ihres Kindermädchens fühlten sie sich wohl und geborgen und sie ließen sich von ihr gerne verwöhnen. In diesem Winter hatte es noch keinen Schnee gegeben, dafür eine Fülle an Regen, Nebel und Wind, die sie zusammen eher in die geheizten Stuben trieben als hinaus in die nasskalte Natur. Sie nutzten die kurze Zeit und verbrachten viele Stunden miteinander, denn letztlich kam für Johannes wieder der Tag, an dem es für ihn hieß, Abschied zu nehmen und ins Internat zurückzufahren.

Die Fahrt dorthin war diesmal für ihn weit weniger aufregend als zuvor und obwohl er dieses Mal die Strecke allein reiste, kam er sich bereits wie ein kleiner Routinier vor. Er wusste noch von der Rückfahrt, welche Wagen in welchem Zug er wählen musste, um nicht umsteigen zu müssen, wie er sich am besten die mitgenommene Mahlzeit einteilte, um letztlich nicht allzu hungrig am Ziel anzukommen und wann die Landschaft abenteuerlich schön war und er lange Zeit aus dem Fenster blickte, oder später öde und langweilig, sodass er lieber in eines seiner neuen Bücher sah und darin blätterte oder gar las. Am Ziel angekommen, wurde er, wie andere seiner Mitschüler auch, vom Portier des Internats mit dem Auto abgeholt und kurze Zeit später, so kam es ihm nach der langen, nun aber zu Ende gehenden Fahrt zumindest vor, traf er endlich im Schlafsaal ein und begrüßte dort aufgeregt seine Freunde und ganz besonders Guido, für den er sogar ein kleines Geschenk von zuhause mitgebracht hatte. Während der Abendstunden erzählten sie sich gegenseitig, was sie in den Ferien unternommen hatten. Guido war für ein paar Tage zum Schifahren in den Bergen gewesen, Johannes aber erzählte ausführlich von seinem Treffen mit den Brüdern und wie sie sich die Briefe und Fotos ihrer Mutter, die schon bald kommen sollte, gegenseitig gezeigt und lange besprochen hatten.

Schon am nächsten Tag begann wieder die Schule und damit der gewohnte Alltag im Internat. Die Lehrer schienen ihnen nach den Ferien keine Schonfrist gewähren zu wollen und kündigten der Reihe nach die anstehenden Termine für die nächsten Prüfungen an. Keiner von den Schülern hatte die Ferien genutzt, um dafür ausgiebig zu lernen, daher waren die kommenden Tage für alle mit einem Mehr an Studierstunden gepflastert und die Studierzimmer quasi zu jeder Tageszeit gut gefüllt. Johannes hatte schon fast darauf vergessen, jedoch erinnerte er sich noch rechtzeitig daran, dass er gleich am kommenden Freitag zum Einzelunterricht bei Padre Antonio musste. Die Woche über dachte er nicht daran, doch kaum war der Freitag herangekommen, fiel ihm dieser Umstand wie Schuppen von den Augen. Aber im Grunde machte er sich nichts daraus, sollte diese Perfektionseinheit, wie der Padre sie nannte, ohnehin bloß eine Stunde dauern. Tatsächlich wurde sie deutlich kürzer, aber davon ahnte Johannes zu dieser Zeit noch nichts.

Am besagten Freitag fand er sich rechtzeitig in der Kirche ein, die nun im Winter deutlich kälter war, wurde sie doch entweder nur wenig oder aber gar nicht beheizt. Er setzte sich, wie schon bei den Stunden zum Einzelunterricht im Herbst, in eine der vorderen Bänke und wartete. Eingepackt war er in Pullover und Jacken und trotzdem drang schon nach wenigen Minuten die Eiseskälte zu ihm durch. Padre Antonio kam wie immer pünktlich, öffnete die Tür zur Sakristei mit seinem Schlüssel und wartete auf der Schwelle zum Eingang, bis Johannes herangekommen war und er ihn mit sanftem Druck in den Raum schieben konnte. Drinnen angekommen, deutete ihm Antonio, dass er durchaus die Jacke ablegen konnte, denn dieser Raum verfügte über eine Heizung und war somit deutlich wärmer als der weite, sich vor dem Altar markant nach links und rechts öffnende Raum des Kirchenschiffs.

Der Padre deutete auf die drei Stufen, die sich mitten im Raum befanden und die zu den Kleiderkästen hinaufführten, in denen sich die Messgewänder für die Priester und Diener befanden und meinte, sie würden heute das in der Kirche so wichtige Niederknien einüben, das von den meisten, auch von so manchem Priester, eher nachlässig ausgeübt würde. Dies sei jedoch absolut unverzeihlich, wollte man vor dem Herrn, der sich einst für die Menschheit geißeln und letztlich kreuzigen ließ, doch absolute Ehrerbietung und Demut bekunden. Da stehe es, so der Padre, einem einfachen Messdiener nicht an, Nachlässigkeit bei einer noch so kleinen und einfachen Geste wie dem Niederknien zu zeigen. Vielmehr stecke in der körperlichen Übung eine des reinen Geistes, der hinzeige zum Höheren und Guten.

Nach einer kleinen Pause schien sich Padre Antonio wieder im Irdischen gefasst zu haben, ging hin zu den Stufen, streckte den Rücken kerzengerade durch, ging mit beiden Beinen leicht in die Knie um letztlich das rechte unmerklich nach vorne zu drücken und damit das Gewicht auf das linke Bein zu verlagern. Anschließend glitt sein Körper sanft und dabei elegant, gebremst durch die kräftigen Beine, auf die vorgegebene Stufenhöhe, um letztlich dort gleichmäßig niederzuknien. Nach ein paar Sekunden stand er wieder auf. Dabei begann er damit, das gesamte Körpergewicht kurz auf die leicht angezogenen Füße zu verlagern, rollte diese bis zur Ferse ab und streckte dabei im selben Moment die Beine wieder durch, um so, bei geradem Rücken, wieder zum Stehen zu kommen. Was hier ein wenig umständlich und gar verrückt klingen mag, ist für einen Buben im Alter von Johannes im Grunde kein Problem, für einen Pater im Alter von Antonio hingegen eine Leistung, die nur gelingen kann, wenn sie von regelmäßiger Übung begleitet ist. Anschließend war Johannes an der Reihe, der sich jeden einzelnen Bewegungsablauf genau angesehen, sich jedoch nicht alle Details sofort gemerkt hatte. Aus diesem Grund musste er mehrmals auf der einen Stufe niederknien und wieder aufstehen, bis sich der Pater zufrieden zeigte. Johannes rechnete schon damit, die ganze Stunde über diese Bewegung ausführen zu müssen, doch daraus wurde nichts, denn Padre Antonio wurde von einem seiner Mitbrüder geholt und konnte wohl nicht mehr damit rechnen, rechtzeitig wieder zurückzukommen, sodass die eine Stunde jäh unterbrochen wurde.

Wieder im Schlafsaal zurück, erwartete ihn bereits Guido, um zu erfragen, ob Johannes etwas Besonderes zu berichten hätte. Doch da dieser von nichts Außergewöhnlichem wusste, gingen die beiden hinaus auf den Fußballplatz, auf dem sich einige ihrer Freunde im Schlittschuhlauf versuchten und sie diesem Ereignis beiwohnen und eventuell auch selbst eislaufen wollten.

Die darauffolgenden Wochen waren in der Schule von allerlei Prüfungen und Tests, die Einzelstunden allein vom Niederknien und wieder Aufstehen geprägt. Johannes schien sowohl in der Schule als auch bei Padre Antonio mit seinen Leistungen zu brillieren, sodass für ihn dadurch weiter keine Aufregungen entstanden. In beidem tat er, wie ihm geheißen und alle waren zufrieden. Im Einzelunterricht ging es nach dem Niederknien auf den Stufen dazu über, die exakten Bewegungen auch am flachen Boden auszuführen und ein wenig später kamen die Übungen dann zur Anwendung, wenn Johannes die Messkleider trug. Dies war erheblich schwieriger, denn dabei mussten nicht nur die Bewegungen exakt ausgeführt werden, um nicht umzukippen, Johannes musste zugleich auch darauf achten, die Kittel rechtzeitig ein wenig mit den Fingern anzuheben, sodass sie beim Niederknien nicht spannten und ihn am Hals bodenwärts zogen, und, umgekehrt beim Aufstehen nicht unter die Fersen rutschten, sodass die Kittel ungewollt nach hinten gespannt wurden und ihn mitten in der Bewegung straucheln ließen. Padre Antonio schien seine reine Freude daran zu haben, wenn er Johannes vor sich am harten Boden knien sah, denn dann lächelte er ihm gütig zu, ganz so, als wollte er ihm sagen, dass er der hohen Kunst, ihm alles recht zu machen, ein gutes Stück näher gekommen wäre.

Johannes ahnte, dass diese einfachen Übungen, die er mit einem so hohen Maß an Präzision auszuführen hatte, noch nicht reichten, um den Padre restlos zufriedenzustellen und so wunderte er sich im Grunde wenig, dass sie sich zwar über Wochen hinzogen, aber immer noch kein Ende abzusehen war. Aufstehen und niederknien war das Eine. Niederknien und in dieser Stellung möglichst lange zu verharren das Andere. Und so kniete Johannes auf dem harten Steinboden, bis ihm eine dicke Hornhaut an den Knien gewachsen war. Oft verließ der Padre die Sakristei für einen Augenblick, um etwas zu erledigen, wie er sagte, letztlich aber wohl auch um zu sehen, ob er nach seiner Rückkehr noch immer ordentlich kniete. Die letzte Stufe der völligen Hingabe im Knien aber wäre, so Padre Antonio, wenn Johannes dabei die Augen schlösse und ohne umzukippen, ohne auch nur ein bisschen zu schwanken in dieser Stellung verharre, bis er unter dem Kinn die Berührung, den leichten Kitzel, fühlen könnte, der entstünde, wenn ihm der Priester mit dem goldfarbenen Tablett berührt, um ihm die geweihte Hostie zuerst an die Lippen und letztlich zum Mund zu führen.

Die Obsession des Priesters, die manches Mal in puren Sadismus überging, kannte kaum Grenzen. Johannes war ja einer jener, die sich bislang gegen seine Unterrichtsmethoden nicht auflehnten, sondern diese kommentarlos hinnahmen und nicht weiter diskutierten. Andere jedoch, die vielleicht ein bisschen älter waren, ließen sich von ihm so nicht behandeln. Da jedoch jeder der Schüler neben den vielen anderen Diensten auch zum Messdienst eingeteilt wurde, traf jeder von ihnen mit der Zeit auf Padre Antonio. Und genau jene, die Widerstand leisteten, mussten zur Strafe, oder wie der Padre es ausdrückte, um Buße vor dem Herrn zu tun, um Abbitte zu leisten vom Ungehorsam gegenüber den Pflichten, die einem alleinig die Heilige Kirche auferlegte, knien, bis ihnen die so entstandenen Schwielen an den Rändern aufplatzten und aus den offenen Wunden heftig zu bluten begannen. Zwar waren diese Schüler bis zur vollständigen Abheilung der Wunden vom Knien ausgenommen, nichtsdestotrotz konnten sie auch so den äußerst biegsamen Fängen des Padre nicht entgehen, der sie in einem solchen Fall mit dem Aufsagen langatmiger lateinischer Gebete hartnäckig zu quälen wusste.

Außerhalb des Messdienstes ging das Alltagsleben im Internat und in der Schule seine gewohnten Wege. Viele davon waren bereits seit Jahrzehnten eingefahren, sodass die Lehrer wie aus reiner Gewohnheit ihren Stoff abspulten, ohne großes Augenmerk auf irgendwelche außergewöhnliche Abweichungen zu werfen. Die Termine für Prüfungen und Tests richteten sich im Wesentlichen nach den Feiertagen, alle Klassen der gleichen Schulstufe hatten an denselben Tagen ihre Leistungsüberprüfungen und in der Freizeit lief alles wie immer. Für Johannes war zwar alles neu, aus den Erzählungen seiner Mitschüler konnte er jedoch bereits im Vorfeld einiges erahnen. Ein Fußballturnier würde im April nach den Osterferien starten, die Tischtennismeisterschaften, an denen die Mannschaften des Internats teilnahmen, begannen im Mai und die Sprachwettbewerbe fanden ihren Höhepunkt im Juni. Keine dieser Veranstaltungen betrafen Johannes, da er bei den allermeisten für eine Teilnahme noch zu jung war. Wenn er wollte, durfte er aber zu dem einen oder anderen Termin mitfahren, meinten die älteren Schüler, jedenfalls wenn ausreichend Platz vorhanden war. Am meisten von diesen interessierten ihn eindeutig die Sprachwettbewerbe und an diesen würde er als Zuschauer mit dabei sein, denn diese fanden im aktuellen Jahr an seiner Schule statt. Unter einem Sprachwettbewerb konnte er sich wenig vorstellen, ein solcher schien ihm schon allein aufgrund des besonderen Begriffs interessant.

Bis dorthin hatte Johannes aber noch genügend Zeit und wenn dann die Wettbewerbe starten würden, hätte er beinahe sein erstes Schuljahr hinter sich gebracht.

Im März wurde er erstmals zum Friedhofsdienst eingeteilt. Dieser beschränkte sich nicht bloß auf den alten Friedhof, der die Kirche samt Mauern einfriedete, der Dienst bezog sich zudem auf den neuen, der sich hinter dem Internatsgebäude befand und über einen asphaltierten Weg erreichbar war. Der alte Teil wurde über die Jahre neu gestaltet und Gräber, die keine Besitzer mehr hatten, aufgelöst, ohne dass sie an andere weitergegeben wurden. Vielmehr wurde darauf geachtet, die frei werdenden Plätze durch Grünflächen zu ersetzen, um den die Kirche umgebenden Raum auf Dauer frei zu bekommen. Betroffen waren davon auch drei Gruftanlagen, die in den letzten Jahren leergeräumt und die darin gestapelten Särge verlegt wurden. Der Friedhofsdienst, den man sich mit einem zweiten Schüler für eine Woche teilte, sah vor, dass die Schüler mit einem Müllsack durch die Reihen gingen und offensichtlich verloren gegangene Gegenstände und liegengebliebenen Müll aufsammelten. Zudem mussten die Zöglinge darauf achten, dass zwischen den Gräbern Ordnung herrschte und melden, sollte dies nicht der Fall sein. Oft standen dort herrenlose Radtruhen umher oder es blieben Schaufeln und Rechen neben Gräbern liegen, deren Besitzer diese vergessen hatten und erst Tage später ihren Verlust bemerkten. Dann kamen sie, zumeist ältere Herrschaften, in die Friedhofsverwaltung und konnten dort ihre verlorengegangenen Gegenstände abholen. Am alten Friedhof waren auch die Pater des Klosters von Zeit zu Zeit zugange, da sie die geöffneten Gruftanlagen inspizierten und auch im Inneren fotografierten, um diese Abbilder der Nachwelt zu erhalten. Anschließend wurden die unterirdischen Grabkammern, die wie kleine Kellerräume wirkten, wenn sie vollständig geöffnet waren, zugeschüttet, die Mauern aber belassen und deren Überreste von oben durch Markierungen im Boden gekennzeichnet.

Johannes war bei einem solchen Verschluss einer der noch offenstehenden Grabkammern zufällig anwesend und verfolgte aufmerksam den Vorgang, wie damit weiter verfahren wurde. Dabei wurden zuerst die Bretter, die zur Absturzsicherung als provisorische Abdeckung über die Grube gelegt wurden, einzeln entfernt. Anschließend kam ein Lastwagen rückwärts in die Einfahrt gefahren und leerte das mitgeführte Material dort hinein, sodass die offenstehende Gruft damit schon weit über die Hälfte zugeschüttet wurde und in einem nächsten Schritt verdichtet und planiert werden konnte. Die Arbeiten bedurften dabei keiner besonderen Präzision und gingen so einigermaßen schnell vonstatten. Innerhalb kürzester Zeit war somit ein Großteil des Aufwands verrichtet. Zumeist war ein Helfer am Friedhof anwesend, der wusste, welche Grube als nächstes verschlossen werden sollte und der auch den Lastwagenfahrer einwies. Die Gräber selbst lagen zu dieser Zeit, es war im aufkommenden Frühling, noch in ihrem Tiefschlaf, Besucher waren während dieser Wochen erst wenige anzutreffen und die Tätigkeiten waren gering, die beim Friedhofsdienst für die Schüler in der Regel anfielen. Somit hatte Johannes viel Zeit, das Zuschütten der einzelnen Gräber genau zu beobachten und jeden der einzelnen Schritte wahrzunehmen und sich einzuprägen.

Direkt von einem solchen Dienst musste er einige Monate später zum Einzelunterricht bei Padre Antonio. Es war bereits im ausgehenden Frühjahr, als auch die Arbeiten im Freien wieder Fahrt aufgenommen hatten. Eigentlich dachte er, dass er mit seinen mittlerweile vielwöchigen Übungen unter der Anleitung des Padre dessen Vorstellungen, was die Korrektheit der Ausführungen eines Messdieners während der Heiligen Messe betraf, bereits vollständig erfüllte. Doch darin schien er sich wohl zu irren. Denn anders konnte er sich diese Anordnung zum neuerlichen Unterricht wahrlich nicht erklären. So kam er wie immer ein paar Minuten zu früh in die Sakristei und musste feststellen, dass diesmal, anders als sonst, der Padre schon anwesend war. Auch die Umstände des sich anbahnenden Unterrichts erschienen Johannes diesmal ein wenig anders, denn an diesem Tag trug Padre Antonio nicht sein strenges, manchmal auch unbarmherzig wirkendes Gesicht. Er wirkte vielmehr ein wenig fröhlicher und offener, vielleicht auch ein wenig aufgeregter als sonst, denn er empfing Johannes mit offenen Armen anstelle mit den sonst so steifen und im Grunde nichtssagenden Gesten und ließ ihm darüber hinaus wesentlich mehr Freiraum in allem, was er von ihm erwartete. Schon beim Eintritt in die Sakristei wurde er weniger streng gemustert, beim Anziehen des vielteiligen Gewands der Messdiener für die eine oder andere Nachlässigkeit weniger getadelt und auch beim Rezitieren der Lateinischen Gebete achtete der Padre weniger auf den einen oder anderen Fehler, sondern überging diese einfach so, als wären sie nie gewesen und hätten nicht stattgefunden.

Sehr rasch aber, viel rascher als sonst kamen sie diesmal zu ihrer Abschlussübung, wie der Padre diese eine in der Zwischenzeit nannte. Johannes musste vor ihm niederknien, die Augen schließen und geduldig darauf warten, dass ihm mit einem Tablett unter dem Kinn das Nahen der Hostie angekündigt wurde. In diesem Moment, und nur in diesem, durfte er anschließend die Augen öffnen und musste den Mund leicht öffnen, um das Heilige Brot aus den Händen des Priesters zu empfangen. Also kniete Johannes geduldig vor dem Priester, denn er war es gewohnt, in dieser Stellung verharren und einige Zeit warten zu müssen. Das kannte er bereits aus den schier endlosen Einzelstunden zuvor. Und nach einiger Zeit, in der er eine Vielzahl an vertrauten Geräuschen vernahm, die stets ein Ende der Übung ankündigten, war es soweit. Er spürte, wie sich der Priester ihm gemächlich näherte und ihm sanft das Tablett unter das Kinn schob. Johannes öffnete, wie von ihm erwartet wurde, langsam die Augen. Noch bevor er allerdings seinen Mund öffnete, um das Allerheiligste zu empfangen, erkannte er, dass ihm diesmal nicht eine Hostie als das Fleisch des gefolterten, gekreuzigten und schließlich qualvoll verstorbenen Christus zwischen den Fingern des Padre präsentiert wurde, sondern dass dieser mit der hohlen Hand aus den Falten seines Kittels sein eigenes Fleisch am Tablett präsentierte und dabei schwer ins Atmen gekommen war. Sein Stück Fleisch, das sich gerade aus einem schlaffen Monster aus gelblicher Haut und fahlen Falten zu einem erigierten Schwergewicht verwandelte, schien den Padre so intensiv zu beschäftigen, dass er auf Johannes Reaktion nicht vorbereitet war. Dieser nämlich nahm augenblicklich alle Kraft zusammen, die er aufbringen konnte, schlug ihm mit der flachen Hand, die eben noch zum Gebet angehoben und gefaltet war, das Tablett aus seiner Umklammerung, sodass dieses raketenhaft in weitem Bogen wegflog und erst in der hintersten Ecke des Raumes mit lautem, metallischem Klirren zu Boden krachte. Johannes stand so schnell er nach all den Übungen nur konnte, geschickt und ohne zu stolpern auf, drückte den gänzlich überraschten Padre zur Seite und lief hinaus in den Kirchenraum. Die Tür zur Sakristei krachte hinter ihm schwer in die Angeln. Johannes lief auf den Ausgang zu, streifte dort, bei den hinteren Sitzreihen angekommen, in aller Eile sein Messgewand ab und stürmte über alle Maßen angewidert aus der Kirche hinaus.

Auf dem Vorplatz der Kirche angekommen, wäre er um ein Haar mit Pater Richard zusammengestoßen, dessen Weg er dort kreuzte. Dieser schien einigermaßen überrascht zu sein, Johannes mit so großer Geschwindigkeit plötzlich die Kirche verlassen zu sehen, sodass er nicht wusste, ob er dem halb stolpernden, halb laufenden Buben nachsehen, oder ob er nicht besser überprüfen sollte, woher dieser kam und warum er mit einem solchen Tempo auf und davon floh. Letztlich ließ er beides sein, schüttelte ein wenig seinen Kopf, zog sich seinen beim Zusammenstoß etwas verrückten Kittel wieder glatt, an dem sich Johannes quasi im Sturzflug festgehalten haben musste und ging seiner Wege.

Vom schnellen Laufen kam Johannes bereits wenige Augenblicke später im Internat an. Er war ganz außer Atem und Guido wusste sofort, als er ihn in den Schlafsaal stürmen sah, dass etwas geschehen sein musste. Denn in all den Wochen und Monaten hatte er seinen Freund, der immer so ruhig und besonnen agierte, noch nie so außer Atem erlebt. Kaum hatte dieser sein Ziel erreicht, legte er sich für einen Augenblick lang ausgestreckt auf sein Bett und versuchte sich so von diesem gewaltigen Schreck und der großen Angst, die damit verbunden war, zu erholen. Einige Minuten später, als Guido schließlich langsam und noch ein wenig zaghaft an sein Bett herantrat und sich auf die eine Kante der an den Rändern etwas aufstehenden Matratze niederließ, setzte er sich wieder auf, noch immer leichenblass im Gesicht und leicht zittrig in den Gliedmaßen, und begann Guido alles, was in der letzten Stunde vorgefallen war, minuziös zu erzählen.

Guido hörte sich in Ruhe an, und ohne ihn dabei auch nur ein einziges Mal zu unterbrechen, was Johannes ihm zu erzählen hatte. Zwischendurch nickte er bestätigend und ermutigend, um ihm zu signalisieren, dass er nun ganz allein am Sprechen war und bloß weitererzählen sollte, und als Johannes zum Schluss seines Berichts gekommen war, zog er seine Mundwinkel augenblicklich heftig nach unten, ganz so, als hätte ihn gerade in diesem Moment ein stechender Schmerz erfasst. Tief erschüttert und todunglücklich nahm er Johannes in den Arm und wiegte ihn lange hin und her. Dann aber, als sich Johannes selbst aus der schützenden Umarmung zu lösen begann, setzte er sich diesem gegenüber und meinte, was Johannes ihm erzählt hätte, wäre kein Einzelfall und es bilde sich im Internat wohl gerade eine Gruppe von Lehrern und Erziehern, die diesen Geschehnissen nachgingen und sie letztlich restlos aufklären wollten. An der Spitze dieser Gruppe schien, so meinte Guido, Pater Richard zu stehen. Vielleicht wäre es daher das Beste, ihn demnächst in das eben Geschehene einzuweihen. Und wenn Johannes dies wünschte, so würde er, Guido, ihn natürlich dorthin begleiten. Denn Pater Richard schien einer der ganz wenigen zu sein, die in diesen Angelegenheiten absolut keinen Spaß verstünden und die betroffenen Schüler unterstütze, wo er nur könne. Dass ihm auf seiner Flucht gerade Pater Richard über den Weg gelaufen sei, wäre wohl nachgerade ein Zeichen des Himmels, der ihm damit seinen besten Retter zur Hilfe schicke. Und zudem sei es einfach, Pater Richard anzusprechen, sei er doch jener, der sich besonders um die Jüngeren unter ihnen kümmere. Das sah auch Johannes so, denn schließlich war dieser Pater genau jener, den er seit Anbeginn seiner Schulzeit kannte und zudem ganz gleich wie Guido einschätzte. Somit, und das musste er seinem Freund versprechen, wollte er die nächste günstige Gelegenheit nutzen und sich dem Pater anvertrauen.

Doch die nächste günstige Gelegenheit schien auf sich warten zu lassen, denn obwohl Johannes Pater Richard bei allerlei Anlässen traf oder ihm einfach in einem der vielen Gänge des Internats über den Weg lief, taugte keine der vielen Situationen, die sich in den Tagen darauf ergaben, für ein vertrauliches Gespräch. Sei es, dass andere zu einem der zaghaft angefangenen Gespräche plötzlich hinzukamen und Johannes das Thema in eine andere Richtung lenken musste, sei es, dass Pater Richard in Gedanken ganz woanders und deshalb sichtlich abwesend und nicht auf die notwendige Ernsthaftigkeit eingestellt war, oder sei es, dass Johannes für ein plötzlich sich ergebendes Gespräch zu überrascht war und nicht gleich die richtigen Worte gefunden hätte. Also ließ er die Sache für die nächste Zeit auf sich beruhen und wollte einen der Abende dafür nutzen, wenn er zumeist allein in einer der Studierstuben saß, seine Hausaufgaben erledigte und Pater Richard seine allabendlichen Runden durch die Zimmer drehte und da und dort ein freundliches und ganz und gar ungezwungenes Gespräch begann.

Padre Antonio schien in dieser Zeit Johannes ständig aus dem Weg zu gehen und seine Nähe zu meiden. Er teilte ihn nicht weiter zu den

Messdiensten ein, bei denen er in der Vergangenheit als verlässlicher Diener im Grunde stets erwünscht gewesen war, er ordnete keine weiteren Unterrichtsstunden an und verlor im Übrigen kein Wort darüber, was zwischen den beiden in der Sakristei vorgefallen war. Weder gegenüber Johannes noch zu einem der anderen. Kreuzten sich unerwartet ihrer beider Wege, mied er jedweden Blickkontakt und verließ ohne die kleinste Verzögerung jede Örtlichkeit, sobald Johannes dort eintraf. Johannes war dieser Umstand nicht unrecht, denn nach der bereits längeren Zeitspanne, die seit dem schrecklichen Geschehnis vergangen war, konnte er schon selbst fast nicht mehr glauben, was ihm geschehen war. Wären da nicht in der Vergangenheit die Anspielungen von Guido und die vagen Ahnungen gewesen, hätte er das alles für eine Fantasie seines kindlichen Geistes gehalten. Aber dem war nicht so, und Johannes hatte immer noch das schreckhafte Gesicht von Angelo vor Augen, von dem im Verborgenen angenommen wurde, dass er in die Fänge Padre Antonios geraten und denen nicht mehr entkommen war. Bis es für ihn zu spät war und er für die Buben im Internat gänzlich von der Bildfläche verschwand.

Als Johannes den festen Entschluss gefasst hatte, bei Pater Richard um einen richtigen Termin zu bitten, nicht bloß um ein informelles Gespräch oder gar etwas noch Unwichtigeres, kam es, dass er mit Guido zum Dienst am Friedhof eingeteilt wurde. Dort war immer noch verhältnismäßig wenig los. Nur einzelne Besucher streunten umher, suchten das eine oder andere Grab, oder gingen einfach zwischen den Stätten ihrer Vorfahren, ihrer Freunde und Bekannten durch, die hier ihre letzte Ruhe gefunden hatten und ihnen nach christlichem Glauben ins Himmelreich vorausgegangen waren. Der alte Teil des Friedhofs jedoch war menschenleer und lag verlassen vor ihnen.

In einer der tiefen Gruben, die als nächstes zugeschüttet werden sollten, hockte ganz in sich zusammengezogen Padre Antonio, der mit Hilfe eines Notizblocks und einem Stück Kreide versuchte, die dort in den Stein gemeißelte Inschrift zu entziffern. Die beiden hätten ihn gar nicht entdeckt, so still und auf seine offensichtlich mühsame Arbeit konzentriert war der Padre, sodass sie sich, sich gegenseitig an den Ärmeln ziehend, in Windeseile außer Hörweite bringen wollten, als sie plötzlich ganz überrascht auf ihn hinabsahen. Kaum hatten sie den tiefgrünen Rasenplatz verlassen, der sich rings um die offene Gruft auftat, kam einer der vielen Lastwagen, die hier von Zeit zu Zeit gebraucht wurden, rückwärts zum Tor hereingefahren. Der Fahrer öffnete das Fenster, sah freundlich hinab zu den Knaben und schien sie offensichtlich fragend anzuschauen, ob sie denn wüssten, wohin er das geladene Material bringen und in welche Grube er es diesmal wohl entleeren sollte. Geistesgegenwärtig nickte Guido heftig und durchaus überzeugend mit seinem Kopf. Dabei zeigte er geradewegs auf die Grube, in der Padre Antonio vertieft in seine Arbeit hockte und nichts von der Welt, die ihn umgab, mitbekam. Den Fahrer schien dieser Hinweis sehr zufriedenzustellen, lag dieses Ziel doch geradewegs hinter ihm und war auch mit dem großen, deutlich behäbigeren Lastwagen einfach zu erreichen. Guido zog Johannes am Ärmel seiner Jacke, sodass sich beide eilig in diese Richtung aufmachten. Sie trabten dem Lastwagen im Laufschritt voraus, dessen Fahrer sie im Rückspiegel anvisierte und nicht mehr aus den Augen ließ und der den Wagen so rasch rückwärts, mit dem Können eines routinierten Fahrers, geschickt auf die ihm gezeigte Grube zubewegte. Guido begann, sachte die Leiter, die dort als Abstiegshilfe lehnte, herauszuziehen, ohne dass Padre Antonio dies sofort merkte. Johannes packte schließlich tatkräftig mit an, als er erkannte, was Guido im Schilde führte, und kaum war die Leiter vollständig entfernt, entleerte der Lastwagenfahrer auch schon den ganzen geladenen Schotter in einem Rutsch in die Grube, ohne zu bemerken oder auch nur zu ahnen, dass sich dort unten noch jemand befand und er diesen damit vollständig begrub. Die beiden Buben aber packten die lange Holzleiter, einer vorne, einer hinten, winkten dem Fahrer zum Abschied fast fröhlich zu und brachten diese am kürzesten Weg zu jenem Unterstand, in dem alle anderen Leitern abgestellt waren und auf ihren nächsten Einsatz warteten.

## 5
## Ich – Ein Kind zweiter Klasse

*»Menschsein heißt, sich minderwertig fühlen.« Viele Erscheinungen des gesunden und kranken Verhaltens sind entweder Ausdruck von oder Reaktion auf allmächtige Minderwertigkeitsgefühle, die wie ein Stachel in der Psyche sitzen und sich irgendwie ein Ventil verschaffen.* [5]

Der Herbst ist und bleibt wohl für immer meine allerliebste Jahreszeit, denn in dieser Zeit kommt die Natur zur Ruhe. Wenn er, der Herbst, endlich gekommen ist, kann sie, die Natur, sich von den manchmal so mühsam überwundenen Strapazen des Sommers erholen. Dann ist sie in der Regel auch keinen Wetterextremen mehr ausgesetzt und kann sich noch ein allerletztes Mal voll entfalten, bevor endlich Ruhe und Stille einkehren und der Winter alles in einen langen tiefen Schlaf versetzt.

Manchmal, so denke ich, geht es mir nicht viel anders als der Natur. Denn auch ich brauche meine Phasen des frühlingshaften Erwachens. Dann wachsen mir ständig Flausen aus dem Kopf, wie meine Eltern immer meinten, oder ich entwickle die besten Ideen und bringe meine Gedanken zum Erblühen, wie meine guten und mir wohlgesinnten Freunde stets sagen. Im Sommer, in der Zeit des heißen, wallenden Aufstrebens, zeigt sich, welche Ideen wachsen und reifen, und welche vergehen und für immer im großen runden Kübel des Vergessens landen. Dann aber kommt die Zeit, in der sich die Früchte der harten Arbeit, der Mühsal und Plagen zeigen und ich anschließend selbst zu jener erholsamen Ruhe finde, in der ich mich nach innen kehre und alles sein lasse, wie es geworden ist. Denn dann überkommt mich die endgültig befreiende Stille, die tief in mir ist, und die sämtliche Zwänge von mir abfallen lässt, wie trockene Blätter vom Baum.

Und tatsächlich haben wir im Moment gerade Herbst. Einen goldenen, wie man sagt, wenn die Tage sonnendurchflutet einen im Jahr späten Zauber präsentieren. Ein kühler Wind steigt die steilen Felswände hoch und kühlt den Stein im Vorüberziehen, den Granit, um genau zu sein, der hier im gleißenden Sonnenlicht eines milden Septembervormittags sein dunkelgrünes Gesicht zeigt und die Wärme für die späten Nachmittagsstunden speichert, wenn sich der Brennpunkt der Sonne längst von diesem Ort abgewandt hat und es kalt zu werden beginnt. Die Bäume stehen in ihren prächtigen Farben. Es herrscht ein Durcheinander von Gelb, Rot, Grün und Braun. Doch es ist kein Durcheinander, kein wildes Chaos, ganz so als hätte jemand willkürlich Farben in der Landschaft ausgestreut. Es ist vielmehr ein perfekt abgestimmtes Bild, in dem im Laufe der Jahrtausende durch das ständige Wachsen und Vergehen nichts dem Zufall überlassen blieb, sondern alles miteinander verwoben ist und seine ganz genau bestimmte Funktion einnimmt.

Von oben sehen die Baumwipfel weniger mächtig aus als von unten, wenn die Kronen hoch oben durch die unteren, ausladenden Äste verborgen bleiben und sich erst im Lichten zeigen, wenn die Bäume das meiste Laub abgeworfen haben. Von hier herobcn aber zeigt sich vielmehr ein Bild, als liege eine weiche Decke unter einem, in die es sich komfortabel springen ließe. Doch die Decke ist ein großes Stück zu weit von der felsigen Wand entfernt, sodass man sie auch mit einem kühnen Sprung nicht erreichen würde.

Am Fuß der Felswand kann man augenblicklich zwei Kletterer ausmachen, die offensichtlich gerade jene Route besprechen, über die sie den Aufstieg in Angriff nehmen wollen. Sie deuten mit ihren weit ausgestreckten Armen gegen den dunkelblauen, wolkenlosen Himmel im Hintergrund und ziehen unsichtbare Bahnen in die Natur, um sich gegenseitig zu versichern, dass sie beide die gleichen Kanten meinen, entlang derer sie steigen wollen, dieselben Standplätze zum Nachsichern verwenden wollen, wenn die eine geplante Seillänge dann doch nicht ausreichen sollte, um von ihrem Zwischenziel in Einem weiterzukommen und um schließlich jene markanten Steinformationen umgehen zu können, die einem weit überhängend entgegenblicken. Ganz so, als wollten sie einen jeden genau beobachten, der hier seine Kletterkünste testet, und die als solche im Vorstieg kaum zu bezwingen wären. Von Zeit zu Zeit sehen die beiden zu mir herauf, indem sie ein wenig zurücktreten und ihre Köpfe weit zurück in ihre Nacken legen. Dann wenden sie sich wieder ihrem Vorhaben zu und beachten mich nicht weiter, denn ich kenne die beiden und die beiden kennen mich. Oft schon haben wir diese Wand gemeinsam bestiegen, haben uns zusammen mit unseren Partnern beraten, welches Kletterpaar welche Route nehmen würde, wo wir uns treffen und wo wir unbedingt genügend Abstand zueinander halten sollten, wenn wir uns nicht gegenseitig behindern wollten.

Nur heute bin ich die Wand nicht vor ihnen hochgestiegen, denn ich habe meine Kletterausrüstung zuhause im Schrank gelassen. Genau an dem Platz, an dem sie immer dann zum Liegen kommt, wenn ich nicht vorhabe, sie bald wieder anzulegen und ins Gebirge zu gehen. Heute habe ich einen ganz anderen Aufstieg gewählt. Schon früh am Morgen hatte ich mich aufgemacht, hatte den ersten Bus genommen, der um diese sehr frühe Uhrzeit losfährt, um die Menschen aus den nahen Siedlungen zu holen und zur Arbeit in die Stadt zu bringen. Von der Endhaltestelle dieser Buslinie geht man noch ein Stück des Weges, bis man schließlich an den Fuß der Felswand kommt. Am schnellsten und einfachsten gelangt man mit dem Auto hierher, fährt, von der Stadt kommend, immer die Bergstraße entlang und gelangt so, nach einer ausgedehnten, flach angelegten Kehre, schließlich zum einzigen

Parkplatz, den es hier weit und breit gibt. Dieser wurde einst für die vielen Wanderer und die am Wochenende in Scharen zur Felswand pilgernden, ambitionierten Sportler angelegt, damit diese hier einen sicheren und zugleich in der Natur gut versteckten Startpunkt für ihre Touren finden. So kommen sich die zu Fuß Geher und die Autofahrer nicht gegenseitig ins Gehege, schimpfen einander nicht zu, falls die einen vielleicht gerade die Straße überqueren, wenn die anderen beschleunigen wollen oder die anderen die Natur bestaunen, während die einen ihnen mit Wucht eine geballte Ladung ihrer Autoabgase ins Gesicht blasen.

Zu Fuß nimmt man von der Endhaltestelle des Busses jedoch einen ganz anderen Weg hier herauf. Man wählt zuerst die steilste Straße, die geradewegs zum Waldrand führt, und folgt der Beschilderung zum rot–weiß–rot markierten Weg 995, der bald hinter dem Siedlungsgebiet gut zu erkennen ist. Dieser, zum Teil nur leicht ansteigende, Pfad, windet sich durch den Wald in einigen Kehren und endet ein wenig oberhalb des Autoparkplatzes. Von dort kann man einen ersten Blick hinauf in die Felswand werfen, die alsbald vor einem senkrecht in den Himmel ragt. Wer diesen massiven und steilen Aufschwung nicht erklettern und trotzdem ganz nach oben kommen will, folgt dem einmal eingeschlagenen Weg weiter. Dieser führt anschließend in einem engen Bogen um die Anhöhe herum, um auf der Rückseite in einigen wenigen, jedoch steilen Serpentinen bis an den höchsten Punkt zu führen. Ab der Mitte der Anhöhe wird mit einem Schild deutlich davor gewarnt, dass sich nur trittsichere und schwindelfreie Personen weiter und bis zur Spitze vorwagen sollen. Kurz vor dem Erreichen des höchsten Punktes werden dann die Sicherungsstellen sichtbar, die von den Sportvereinen errichtet wurden, um einige Teillängen der oberen Kletterrouten auch von oben gut absichern zu können.

Während die vorstehenden, überhängenden Felsformationen von unten gut sichtbar sind und sich markant vom Hintergrund abheben, erscheinen diese von hier oben mehr wie moosige Almsteige, die eher unscheinbar ein Stück über die Wand hinaus ins Leere führen, um schließlich im Nichts zu enden. Von manchen der Kletterer werden diese Felsen als die drei Sprungbretter bezeichnet, denn in der Vergangenheit hat schon der eine oder andere Selbstmörder diese Felsformationen zu seinem allerletzten Absprung benutzt. Die Stadtregierung hat nach jedem dieser Freitode beraten, ob diese Stellen nicht besser abgesichert gehörten oder vielleicht ganz abgesperrt werden sollten. Jedoch bietet der Felsen auch an ganz anderen Stellen für einen Selbstmörder genug Möglichkeiten, zu seinem letzten Sprung abzuheben, sodass diese Pläne immer wieder verworfen und nie umgesetzt wurden. Und daran hat sich auch bis heute nichts geändert.

Einige Nebelkrähen ziehen gerade mit kraftvollen Flügelschlägen vom Wald herauf und drehen direkt vor mir ihre weiten, kunstvoll aufeinander abgestimmten Kreise. Diese Vögel sind schon lange daran gewöhnt, von den Kletterern regelmäßig gefüttert zu werden, indem ihnen Brot- und Wurststücke zugeworfen werden, die sie mit ihren ganz erstaunlichen Flugkünsten in der Regel mit großer Leichtigkeit fangen. Manch einer unter den Vögeln zeigt dabei das akrobatische Kunststück, dass sie spielerisch in der Lage sind, die Jausenstücke auch noch im Sturzflug einzuholen, wenn sie diese vorher, im fast waagrechten Wurf, nicht rechtzeitig erreichen konnten. So drehen die Vögel auf etwa gleicher Höhe mit mir ihre Erkundungsrunden und werfen mir dabei in regelmäßigem Abstand neugierige Blicke zu, um sich zu versichern, dass ich ihnen beizeiten etwas zukommen lasse. Ich habe heute allerdings nichts bei mir, was ich ihnen zuwerfen könnte und die Vögel müssen warten, bis andere hochgestiegen sind, die diesbezüglich einspringen können.

Der aufsteigende Wind hält die Vögel mit sicherer Hand und mit den Krähen ziehen zugleich auch einige andere markante Geräusche auf die Anhöhe herauf, denn das dumpfe, gleichmäßige Rauschen der

Stadt, die ein ganzes Stück weit im Hintergrund liegt, wird im regelmäßigen Intervall von durchdringendem Sirenengeheule durchtrennt, das sich gleichmäßig und zugleich rasch nähert und dabei unüberhörbar lauter und durchdringender wird. Zumindest einer der beiden Kletterer muss also die Rettungskräfte alarmiert haben, denn einen anderen Grund, warum sich die Einsatzfahrzeuge genau diesem Punkt mit großer Geschwindigkeit nähern, kann ich mir im Grunde kaum vorstellen. »Da steht eine an der vordersten Kante der Kletterwand«, mag der Anrufende der Einsatzzentrale mitgeteilt haben. »Die steht da oben, schaut manchmal zu uns herunter und bewegt sich dabei kaum«, war vielleicht seine Beobachtung, die er aufgeregt ins Telefon gerufen hat. »Ich kenne die! Die wollte schon einmal herunterspringen, wurde dann aber im letzten Moment gerettet«, kann er hinzugefügt haben, wenn er sich daran erinnern sollte. Und ja, es stimmt. Einmal bin ich hier oben gestanden, an genau diesem Platz, ganz allein, im Frieden mit mir selbst und ohne jeden Stress, denn die Tiefe bewirkt in mir keinen Stress, wie vielleicht bei anderen, sondern vielmehr das innige Glücksgefühl, oben sein zu können, oben, über allem anderen. Dann aber sind die Rettungskräfte gekommen. Damals. Die Männer von der Bergrettung sind von hinten den Hügel hinaufgeeilt und einer hat schon von weitem gerufen: »Ursula, tu' es nicht. Bleib zurück von der Wand. Geh' einfach ein paar Schritte auf uns zu. Wir kommen dir langsam entgegen. Schau' zu uns, schau' nicht in die Tiefe«. Und ich hab' zurückgesehen, hab' die Einzelnen erkannt, die hintereinander mit hochroten Köpfen auf mich zu schwitzten. Den Hans ganz vorne, dann den Peter und ein Stück weiter hinten hab' ich den Toni ausmachen können. Mit allen dreien war ich schon öfters in den Bergen und alle drei waren sich sicher, dass ich springen werde. Das haben sie mir aber erst später erzählt, als sie mich ins Krankenhaus gebracht haben.

Und ja, es stimmt. Damals wäre ich vermutlich gesprungen, wären sie nicht rechtzeitig gekommen. Meine Retter. Ich bin denen noch

Jahren später oft begegnet und war jedes Mal sprachlos, wenn ich sie eigentlich grüßen wollte. Aber mein Mund blieb geschlossen und so sehr ich mich auch bemühte, ich brachte nicht einmal ein einfaches »Hallo!« über die Lippen. So nickte ich ihnen stets freundlich und aufmerksam zu und einmal, zu Weihnachten, umarmte ich alle drei, als ich ihnen am Handwerksmarkt über den Weg gelaufen bin. Sie nahmen es stumm, aber glücklich hin und strahlten mich an. Ich war wohl nicht die Einzige, die sie im letzten Moment retten konnten. Im Traum aber bin ich viele Male gesprungen. Meistens ist die Wand dann rasend schnell an mir vorbeigezogen, von oben nach unten, immer schneller und schneller. Unten dann, am Fuß des Klettergartens, bin ich an den einzelnen Felsblöcken, die dort liegen, zerschellt wie eine Puppe, die von einem Kind vom Balkon eines Hochhauses geworfen wird und die nach ein paar Sekunden senkrechten Fluges am harten Asphalt des Parkplatzes aufschlägt. Aber oft zog die Wand ganz langsam an mir vorüber. Vielleicht in der Geschwindigkeit eines Filmnachspanns, der einem Details verrät, die man sonst im Film vielleicht nicht wahrgenommen hat und dessen Vorbeiziehen gerade so schnell ist, dass man vieles, wenngleich aber natürlich nicht alles, davon wahrnehmen kann. Ich sehe dann ganz deutlich die Absprungkante, die ich von unten so oft schon erklettern konnte und die an weniger guten Tagen, wenn der Körper nicht so belastbar scheint, wie er normalerweise ist, eine rettende sein kann. Dort setzt man im Aufstieg seinen letzten Griff und ist froh, die Mühsale der vielen Meter senkrechter Felswand hinter sich gebracht zu haben. Im Langsamflug des Traumes sehe ich dann jede Spalte, ja jede Ritze, die sich im Stein auftut und die man benötigt, wenn man einen der vielen Klemmkeile zu setzen hat, da nicht alle Routen durchgehend mit festen Sicherungspunkten versehen sind. Dann kommen ganz deutlich die bunten Gebetsfähnchen ins Blickfeld, die weiland die Jugendgruppe anlässlich eines Turniers in der Wand fixiert hat und die seit damals Wind und Wetter ausgesetzt und bereits deutlich verblichen sind. Könnte ich die Texte auf den Fähnchen lesen, wäre mir vielleicht am schnellen Weg ins Jenseits geholfen, denn kurz darauf erkenne ich die ersten Sicherungspunkte, die unmittelbar oberhalb der Einstiegsrouten angebracht sind. An diesem Punkt meiner Flugbahn angelangt, spüre und sehe ich nichts mehr. Denn dann wird meine Wahrnehmung dunkelschwarz, in deren Mitte ein einzelner weißer Punkt zu verglühen scheint, der augenblicklich immer kleiner wird, bis letztlich alles ganz dunkel und still ist. Manchmal erwache ich unmittelbar nach diesem Traum und kann mich an alles erinnern, manchmal aber habe ich beim Erwachen am Morgen nur das Gefühl, diesen Traum genau so durchlebt zu haben.

An diese Wand habe ich viele Erinnerungen, gute wie schlechte. Die guten sind häufig an erhabene Klettererlebnisse geknüpft, wie jenes, als ich zum ersten Mal die Route Nummer drei im Vorstieg geschafft hatte und meinen nachsteigenden Partner dabei fast nach oben ziehen musste, als ihn zur Hälfte der Mut und wohl auch die Kraft verlassen hatten.

Aber heute will ich nicht springen, das hatte ich nicht vor. Nur, wie sollte ich ahnen, dass ich an einem Morgen wie heute hier oben nicht allein sein würde. Denn ich will meine Wut aus mir hinausschreien, meine unglaubliche Wut, die ich manchmal nicht anders loswerden kann. Die Wut, die tief in mir drinnen steckt und allem im Weg ist. Sie blockiert das Schlucken, wenn ich eigentlich essen will, hemmt jede Bewegung, jeden Schritt, und verhindert manchmal sogar das ruhige, ausgeglichene Atmen, das dann ins Stocken gerät und wie ein holpernder Wagen klingt, der mit den letzten Tropfen Treibstoff den Weg zur nächsten Tankstelle antritt. In solchen Situationen reicht kein Dauerlaufen im drastisch überhöhten Eiltempo mehr, auch keines über die halbe Marathondistanz, kein wildes kampferprobtes Boxen in den Sandsack, bis ich mich völlig erschöpft niederlegen muss und meine Trainingspartner Nachschau halten, ob ich tatsächlich nur erschöpft oder darüber hinaus auch völlig erledigt bin, sodass sie Ausschau halten nach dem einen Arzt, der täglich zur gleichen Zeit wie ich trainiert.

Wenn alles nicht hilft, dann muss ich schreien, impulsiv und laut. Das hilft, zumindest meistens, und wenn das Schreien geholfen hat, wenn ich mich nachher leichter und unverkrampft fühle, dann ist die Wut draußen. Wenigstens für den Augenblick und vielleicht auch während der nachfolgenden Stunden. Das ist die Zeit, die ich am meisten genießen kann und ich weiß, ich muss sie nutzen, denn so schön sie auch ist, sie wird wieder vergehen. Mein Lieblingsrestaurant ist zwar nicht gerade um die Ecke, aber wenn es mir gut geht, wenn es mir so gut geht, dass ich mich frei von Zwängen fühle, dann setze ich mich in den Bus und fahre geradewegs dorthin. Auf der Strecke muss ich zweimal umsteigen und zwischendurch auf den nächsten Anschluss warten. Aber dann kann ich dort eintreten, mich an meinem Stammplatz niederlassen und genau jenes bestellen, worauf ich gerade Lust habe. Die Speisekarte gehe ich bloß in Gedanken durch. Ich muss sie gar nicht lesen, denn ich habe sie schon so oft studiert, dass ich sie mir eingeprägt habe und sofort bestellen kann, kaum dass der Kellner an meinen Tisch getreten ist und mich so freundlich begrüßt hat, wie man einen Stammgast eben grüßt. Das eine Glas Rotwein, das ich mir gönne, ist obligat. Ein zweites muss gar nicht sein. Dann kommt die Gemüsesuppe, dazu stellt mir Richard, so heißt der Kellner, ein Körbchen auf den Tisch, aus dem das noch warme Baguette duftet. Anschließend serviert er mir ein zartes, innen noch rosafarbenes Stück Fleisch. Dazu wird hier Kartoffelpüree serviert, an das ich mich anfänglich gewöhnen musste und auf das ich in der Zwischenzeit nicht mehr verzichten möchte. Zum Dessert kommt wie von allein ein Mousse au Chocolat, das den perfekten süßen Abschluss bildet. Während der Mahlzeit wechsle ich kaum ein Wort, denn im Grunde ist auch keines notwendig. Das Personal im Restaurant kennt mich seit vielen Jahren, kennt ebenso lange meine Auswahl an Gerichten und Getränken und ich kenne den Preis, der sich in den vielen Jahren nur marginal geändert hat. Zumindest für mich, denn Richard hat noch nie auf eine Preiserhöhung hingewiesen und würde das wohl auch nie tun. Das großzügige Trinkgeld und meine Vorstellung vom Wort Teuerung haben bislang dafür offenbar gereicht.

Aber in weniger guten Momenten drängt es mich förmlich zum lauten Hinausschreien. Und das funktioniert am besten oberhalb der Wand. Ich habe es schon oft auch an anderen Orten ausprobiert, jedoch nie einen Platz gefunden, der dafür besser geeignet wäre. Denn das ist der Ort, von dem aus mein Echo kaum zu hören ist und die Schallwellen der Schreie bereits davor vom Wald so effektiv verschluckt werden, dass sie schon am Parkplatz nicht mehr wahrzunehmen sind. Wenn ich mich zu diesem Zweck hierher stelle, dann an der vordersten Kante der Wand, die sich unter mir auftut, ganz so, als wollte ich demnächst abspringen, auch wenn ich das längst nicht vorhabe. Dann öffne ich meinen Mund ganz weit. So wie ein Kind, das sich nicht anders zu helfen weiß und sich seinen Kummer und Schmerz von der kleinen Seele schreit. Ich pumpe meine Lungen voll mit Luft und presse beim Schreien deren gesamten Inhalt, so fest ich nur kann, in einem hinaus. Was ich schreie, ist dabei eigentlich belanglos. Auch wenn mir immer die gleichen Wörter oder ganz ähnliche, kurze Sätze über die Lippen kommen, die sich in Momenten wie diesen ohnehin kaum berühren. Dann schreie ich: »NEIN!«. Manchmal auch: »IHR ARSCHLÖCHER!«. Oder um einiges spezifischer: »WARUM SIND MEINE ELTERN BLOSS SOLCHE ARSCHLÖCHER?«.

Und dann warte ich gar nicht auf eine Antwort, die allein aus mir selbst herauskommen kann. Denn diese Antwort kenne ich schon lange. Schließlich bin ich letztes Jahr dreißig Jahre alt geworden und damit eine Frau und längst kein unbedarftes Mädchen mehr. Und meine Eltern damit gleichzeitig dreißigjährige Arschlöcher, auch wenn sie selbst natürlich schon beide ihren sechzigsten Geburtstag ordentlich im Kreise ihrer Lieben, wie sie damals meinten, gefeiert haben. Ausgiebig. Sie feierten ausgiebig, wie sie eben immer feiern. Pompös, könnte man sagen, wenn man die lange Gästeliste kannte, auf der jeder Einzelne äußerst penibel vermerkt war. Darauf standen dann nicht ein Herr Müller und eine Frau Müller. Nein, dort standen standesgemäß ein Herr Regierungsrat Doktor Wilhelm August Müller nebst seiner Gattin, Frau Agnes Müller-Hohenheim, Edle von Weinheim und Thurgau. Soviel Genauigkeit muss sein. Zumindest in den Augen meiner Eltern. Und alle kommen natürlich, wenn sie einladen. Nur ich bin zu diesem Fest nicht gekommen. Ich war, wie schon so oft, einfach weg. Ich war wieder einmal nicht dabei und musste mir auch gar keine Entschuldigung oder etwa eine passende Ausrede zurechtlegen, denn ich zähle mich schon lange nicht mehr zu ihren Lieben. Ich bin und war bloß geduldet, weil alles so kam, wie es sich eben ergeben hat und anscheinend nicht anders planen ließ. Auch wenn meine Eltern offensichtlich anderes vorhatten in ihrem Leben, als mich in die Welt zu setzen.

Meine große Schwester, und ich habe auch gar keine andere, weder eine noch größere und ältere noch eine kleinere, war gerade einmal ein Jahr alt, als ich geboren wurde. Sie war von ihrer ersten Stunde an ein sogenanntes Schreikind. Jedenfalls hatten meine Eltern, nachdem sie zur Welt gekommen war, weder ruhige Tage noch Nächte. Schon als Baby war sie stets sehr aktiv, ruderte mit ihren kleinen Ärmchen und Beinchen wie eine Weltklasseschwimmerin und schrie dazu stundenlang, nahezu ohne Unterbrechung. Einschlafen konnte sie hingegen erst, wenn sie sich völlig verausgabt hatte und sie vor Erschöpfung schlichtweg keinen Mucks mehr machen konnte. Dann war sie höchstens für zwei oder drei Stunden ruhig und das Theater, das sie veranstaltete, ging sofort wieder los, sobald sie die Augen aufgeschlagen hatte. Kaum war meine Schwester ein paar Monate alt, musste meine Mutter feststellen, dass sie wieder schwanger war. Darauf waren weder sie noch mein

Vater vorbereitet und allein bei dem Gedanken, sie könnten ein zweites so aktives Kind bekommen, muss ihnen schwarz vor Augen geworden sein. Denn die kurze Zeit, in der meine Schwester in die kleine Familie hineinwuchs, hatte beide Elternteile bereits ziemlich ausgelaugt und ihnen einiges an Energie geraubt, sodass ihre Reserven für ein zweites Kind nach dieser relativ kurzen Zeit bereits sehr eingeschränkt waren. Als ich hingegen das Licht der Welt erblickte, waren sie nicht wenig überrascht, denn ich war wohl von Anfang an ein sehr ruhiges Kind, stets genügsam und zufrieden mit dem, was ich bekam. Dass unsere Familie um ein zweites Kind gewachsen war, schien meine Schwester nicht besonders bemerkt zu haben, denn sie zeigte keinerlei Interesse an mir. Man denkt beim Nachwuchs ja immer daran, dass die älteren Kinder neugierig Nachschau halten, das Kind vielleicht vorsichtig anfassen und wissen wollen, was der Winzling denn schon alles könne und ab wann damit zu rechnen sei, dass man mit dem Kleinen schon spielen oder etwas Kindsames unternehmen könne. Meine Schwester aber interessierte all dies nicht. »Es gab also ein zweites Kind in der Familie, das sollte vorkommen. Na und?«, mochte sie gedacht haben. Und an diesem konsequenten Desinteresse sollte sich auch in den darauffolgenden Jahren nichts ändern. Sie blieb, was sie immer war, sehr auf sich und ihre Bedürfnisse konzentriert und stets darauf bedacht, das zu bekommen, wonach ihr gerade der Sinn stand. Eine kleine Schwester stand auf ihrer Wunschliste wohl nie.

Ein Mensch wie ich, der immer einfach zufriedenzustellen war, der von sich aus nichts verlangte, konnte in ihren Augen nichts bedeuten, nichts heißen und vor allem nichts wert sein. Während sie mit ihrem aufgeregten und immer leicht verärgerten Wesen alles bekam, hielt ich mich nobel zurück, bis der Umstand eintraf, dass mir gar keine Aufmerksamkeit mehr geschenkt wurde, da ich ja ohnehin ein so zufriedenes und genügsames Wesen hatte. Anneliese, meine große Schwester, hingegen perfektionierte ihr Fordern und Drängen, bis meine Eltern jede auch nur noch so kleine Möglichkeit beim Schopf packten, sie mit reichlich Gaben und einem erheblichen Maß an Zuwendung zumindest für kurze Zeit ruhig zu stellen, da sie sich mit diesem Verhalten gleichzeitig auch eine, wenngleich zumeist nur sehr kurze, Atempause erkauften. War diese noch so kurze Weile der Stille jedoch vorüber, erinnerte Anneliese ihre Umgebung sofort wieder sehr deutlich daran, dass es sie gab und dass man auf sie nicht so einfach vergessen konnte.

Unsere Eltern waren zu dem damaligen Zeitpunkt beide berufstätig und so wie sich mein Vater nach einer wieder einmal durchwachten Nacht und einem mehr schlecht als recht überstandenen Morgen auf seine Arbeit freute, wollte auch meine Mutter, sobald es irgendwie ginge, wieder ihrer geregelten Arbeit nachgehen. Sie suchten daher für meine Schwester und mich eine Tagesmutter, die jung und ausgeruht genug war, um die Tage mit uns zu verbringen und uns so stundenweise zu versorgen. Und tatsächlich fand sich alsbald eine Frau in der näheren Umgebung, die über Jahre ihre bettlägerigen Eltern gepflegt hatte, die selbst kinderlos geblieben war und die jetzt, nachdem erst ihre Mutter, nun auch ihr Vater gestorben war, Zeit und Interesse hatte, sich untertags um uns zu kümmern. Ausschlaggebend für ihre Entscheidung war, so erzählte sie mir im Vertrauen viele Jahre später, dass sie sich in mich, ein damals drei Monate altes Baby, auf Anhieb verliebt hätte und ich sie vom ersten Tag an anstrahlte und ihre Liebe erwiderte. Anneliese hingegen schien mit dieser neuen Situation nicht einverstanden zu sein, musste sie sich doch all die Aufmerksamkeit neu erarbeiten. Unsere Tagesmutter schien damit gut zurechtzukommen und konnte sie sein lassen, wie sie eben war, ohne dass sie den dauernden Forderungen meiner Schwester nachkam.

Damit hatte ich für die kommenden Jahre zugleich auch meine neue, meine emotionale Heimat gefunden. Dort, wo meine Gefühle und meine guten Gedanken zu Hause waren. Meine Eltern waren wohl der Ansicht, dass sie sich Anneliese so sehr gewünscht hatten, dass sie nun eben, da das Wunschkind wahr geworden war, in den sauren Apfel beißen und ihr alle Zuneigung schenken mussten. Ich hingegen war weder erwünscht noch erhofft in ihr Leben getreten und musste mich damit abfinden, was ich in der Wahrnehmung meiner Eltern wohl auch bestens tat. Doch meine Familie, in der ich glücklich sein durfte, war damit, ohne dass ihnen damals dieser Umstand besonders aufgefallen wäre, eine andere geworden. In einem Gespräch mit den Nachbarn, die meine Eltern anlässlich einer durchwachten Nacht auf meine Schwester und mich angesprochen hatten, hörte ich sie viele Jahre später schließlich einmal das aussprechen, was ich damals bereits deutlich gefühlt hatte. »Ja, unsere liebe Anneliese hat einmal mehr eine schlechte und durchwachte Nacht gehabt. So arm sie dabei ist, so sehr wissen wir uns manchmal einfach nicht mehr zu helfen. Aber wir haben sie uns ja so sehr gewünscht. Ursula hingegen kann daneben schlafen, als wäre nichts. Aber dieses Kind braucht uns schließlich auch viel weniger. Und Gott sei Dank ist das so und nicht anders. Stellen sie sich vor, Sie bekommen ein Kind, das Sie weder erwartet noch sich gewünscht haben und dann raubt Ihnen dieses auch noch die letzten Nerven. Das ginge nicht gut.«

Der Stempel, den mir meine Eltern damit aufdrückten, war klar. Ein Wunschkind war ich nicht, das war schließlich meine Schwester. Und damit basta. Ich hingegen durfte mich als das fühlen, was ich tatsächlich wohl auch war: ein Kind zweiter Klasse.

Nun trägt man diesen Stempel nicht auf der Stirn mit sich, gut sichtbar für alle. Auch eine Armbinde zweiter Klasse bleibt einem dabei erspart. In der Taufurkunde wurde dies auch nicht extra vermerkt: Ursula, Kind zweiter Klasse, geboren am neunten November. Aber in den besonderen Momenten, auf die es im Leben zumal ankommt, durfte ich diesen Umstand überdeutlich spüren.

Planten meine Eltern einen Ausflug am Wochenende, gar einen mit Freunden, dann *durfte* ich zur Tagesmutter, während meine Schwester mitgenommen wurde. Ich weiß schon, was mein Vater dann immer zu sagen pflegte: »Manchmal ist auch ein anstrengendes Kind genug.« Aber ich, so dachte ich jedenfalls, wäre doch nicht die Anstrengende gewesen. Also ging der Gedankengang meines Vaters in Wirklichkeit wohl anders: Wenn meine Schwester nicht mitkommen darf, entzündet sie ein furioses Theater, das sich die beiden Eltern lieber ersparen wollten. Meine Schwester saß dann sichtlich schadenfroh im Auto und winkte mir durch die geöffnete Scheibe zu, während ich den Nachmittag bei meiner Tagesmutter zu verbringen hatte. Für mich war das ohnehin die bessere Option, denn ich wollte mir nicht ausdenken, wie die gemeinsamen Stunden auf der Rückbank des Autos mit meiner Schwester verlaufen wären. Erst hätte sie, zur Hochform aufgelaufen, mindestens zwei Akte der kleinen Tyrannin gegeben, um ein wenig später das Auto von hinten aus ordentlich zu verschmutzen, indem sie sich mehrmals hintereinander heftig übergeben musste. Meine Schwester vertrug als Kind nämlich das Autofahren schlecht und soweit ich weiß, hat sich daran auch bis heute nur wenig geändert. Und am Reiseziel angekommen, würde das Fahrzeug innen dann immer noch jenen säuerlichen Geruch verströmen, der einen nicht wirklich zu einer entspannten Autofahrt einlädt. Da meine Mutter mit diesem Geruch nur schlecht zurecht kommt, war es dann unausgesprochen stets Vaters Aufgabe, das Fahrzeug so gut es eben ging zu reinigen und den Gestank möglichst zu entfernen.

Obwohl ich eine Schwester habe, kann ich nur wenig davon erzählen, wie wir die Kindheit gemeinsam verbracht haben. Schließlich waren wir häufig voneinander getrennt und die Momente, in denen ich mir ihre Gesellschaft herbeisehnte, waren wenige an der Zahl. Dass Anneliese später genau jene Schulen besuchen durfte, die sie sich im Vorfeld aussuchte, wurde weder hinterfragt noch in Zweifel gezogen, denn jede andere Entscheidung meiner Eltern hätte ihr mehr oder weniger genau jene Bühne bereitet, auf der sie ihre großartigen Auftritte als das kleine Biest erprobte. Dass hingegen ich bis zur Matura die Schulen meiner Wahl besuchen durfte, muss ein großer Zufall, eine Verwechslung oder eine Unaufmerksamkeit zur rechten Zeit gewesen sein, denn im Nachhinein konnte ich mir diesen Umstand nicht mehr erklären.

Drei Jahre bevor ich meine schulische Laufbahn beendet hatte, lernte ich Robert kennen. Ich war damals fünfzehn, er siebzehn Jahre alt und er wohnte bei seinen Großeltern, in einer Nebenstraße, die direkt zu unserem Haus führte. Ich kannte ihn eigentlich schon viel länger, denn wir sind uns aufgrund der räumlichen Nähe von Zeit zu Zeit über den Weg gelaufen, haben denselben Bus genommen oder sind uns im Supermarkt begegnet. Aufgrund des Altersunterschiedes von fast drei Jahren bin ich ihm in den Jahren zuvor jedoch wohl nie aufgefallen. Fast drei Jahre Altersunterschied klingt nicht gerade viel. Wenn man aber fünfzehn Jahre alt ist, dann ist dies die Spanne vom Kind zum Jugendlichen und von dort weiter zum jungen Erwachsenen. Insofern ist dieser Abstand in diesem Lebensabschnitt ein durchaus respektabler. Robert war ein komischer Kauz, wurde in seinem Sein von seiner Umgebung aber als solcher akzeptiert. Er verhielt sich ganz anders als seine Freunde, die im selben Alter waren. Er zog sich anders an und hatte völlig andere Interessen. Während seine Schulkameraden gegen Ende der Woche damit anfingen zu planen, wie sie die Zeit vom Freitag Abend bis zum Sonntag verbringen würden, wen sie in diesen Tagen treffen und wen sie vor allem nicht treffen wollten, saß er meist über ein einzelnes Foto gebückt und studierte aufmerksam, was dort ziemlich klein zu sehen war. Es waren einzelne Kletterrouten, die ihn faszinierten. Die Wege, die steil nach oben durch eine Wand führten, die sich manchmal ganz am Gelände ausrichteten und manchmal auch von diesem scheinbar unberührt ein Massiv durchquerten, das zu durchklettern einem Zuseher mitunter völlig unmöglich schien. Von manchen dieser Routen sah man auf den Fotos bloß Ausschnitte von den sogenannten Schlüsselstellen, wie er meinte, von anderen sah man hingegen eine ganze Tour, die mitten durch ein gewaltiges Felsmassiv führte. Robert interessierte sich für das Klettern. Er trainierte stets für jene Route, die er in den Tagen darauf angehen und bewältigen wollte. Und dazu gehörten vor allem die Tage an den Wochenenden.

Einmal sah ich Robert im Bus über einer kleinen Karte sitzen, in die er mit einem Stift in krakeliger Schrift Einträge machte. Das schien ihm nicht immer leicht zu fallen, da der Bus auf der Strecke nach Hause über holprige, kurvenreiche Straßen unterwegs war. Nachdem Robert sich damit länger abgemüht hatte, sah er wieder minutenlang aus dem Fenster, ganz so, als wollte er über die eine oder andere Option intensiv nachdenken, die sich aus seinen eben gemachten Beobachtungen ergeben hatten. In genau einem solchen Moment beschloss ich, mich im Bus, der zur Mittagszeit gut gefüllt war, auf den freien Platz neben ihm zu setzen. Ich ging geradewegs auf ihn zu. Er schien mich in diesem Moment gar nicht zu bemerken, da er weiter seitlich aus dem Fenster blickte. Dass sich jemand plötzlich neben ihn setzte, schien ihn dann doch zu überraschen, denn er wandte seinen Blick direkt zu mir herüber und hörte auf, hinaus in die vorbeiziehende Landschaft mit den immergleichen Häuserreihen zu blicken. Nach kurzer Zeit ging jedoch ein spontanes Lächeln über seine Lippen, das ich von meinem Sitz aus gut erkennen konnte. Daraufhin wandte er sich mir zu. Ich sah ihn weiter an, und Robert begann zu meiner großen Überraschung ein lockeres und für mich sehr unterhaltsames Gespräch, das ich in dieser Situation keinesfalls erwartet hatte.

Ich hatte fast den Eindruck, dass sich in diesem Moment ein Haken gelöst hatte oder ein kleiner, unsichtbarer Damm gebrochen wäre, denn kaum hatte er damit begonnen, von sich zu erzählen, sprach er durchgehend ohne Unterbrechung, fast ohne Punkt und Beistrich, und dabei doch sehr systematisch, sodass wir beide fast unsere Ausstiegsstelle versäumt hätten. Robert erzählte so, als würden wir uns schon länger kennen, fragte dabei wenig nach und schien seine Fragen ohnehin hintanstellen zu wollen. Jedenfalls hatte ich dabei das Gefühl, dass ich auf eine beliebige Frage an mich kaum richtig antworten könnte. So sehr hing ich an seinen Lippen und lebte in seinen kleinen Geschichten mit, die er im Bus zu erzählen begonnen hatte.

Seine Eltern, so begann er, wären bei einem Autounfall verunglückt und gestorben. Das heißt, sein Vater, der am Steuer saß, wäre wohl sofort tot gewesen. Seine Mutter hingegen verstarb noch in derselben Nacht im Krankenhaus. Die Eltern waren an einem Freitag Abend mit dem Auto auf dem Weg zu Freunden gewesen. Seine Großmutter wäre an diesem Abend bei ihm zuhause geblieben, da er damals erst fünf Jahre alt gewesen sei und daher noch nicht mehrere Stunden allein bleiben konnte. Als die Eltern nach zwei Stunden bei ihren Freunden noch nicht angekommen gewesen wären, hätten diese telefonisch zuhause nachgefragt, wo sie denn blieben. Dies hätte seine Großmutter natürlich erstaunt, denn sie hatte damit gerechnet, dass sie schon längst dort angekommen seien. Kurz darauf hätte dann die Polizei angerufen und zwei Männer vom Roten Kreuz wären zu ihnen nach Hause gekommen, um ihnen die Umstände mitzuteilen. Dadurch hätte zuerst die Großmutter und wenig später auch der Großvater vom schweren Unfall und vom Tod des Vaters erfahren. Bis er mit seinen Großeltern im Krankenhaus angekommen sei, erzählte er weiter, sei auch die Mutter bereits verstorben gewesen. Ein schwer beladener Lastwagen hatte das Auto der Eltern mit seinem riesigen Gewicht flachgedrückt. Der Fahrer des Wagens hätte das Auto der Eltern einfach übersehen und nicht gebremst. Seither lebte er bei den Großeltern, die sich liebevoll um ihn kümmerten. Geschwister hätte er keine. Die Eltern hätten sich zwar Geschwister für ihn gewünscht, doch dazu ist es leider nicht mehr gekommen. Beide Großeltern wären in der Zwischenzeit aber leider schon ziemlich alt, sodass er zumeist auf sich allein gestellt sei. Wenn er nun nach Hause käme, würde ihm die Großmutter etwas liebevoll

Zubereitetes zum Essen servieren, würde ihm vielleicht noch ein wenig Gesellschaft leisten und ihn fragen, wie es ihm in der Schule ergangen sei. Dann aber würde sie sich gemeinsam mit dem Großvater für die restlichen Stunden des Nachmittags zurückziehen, denn die beiden wären um die Mittagszeit schon so müde, als hätten sie die Nacht über wenig oder schlecht geschlafen. Dabei sei eher das Gegenteil der Fall. Beide könnten immer noch gut und ausgiebig schlafen. Am späten Nachmittag dann wären die beiden aber wieder für ein paar Stunden fit und wären bei ihm, bis sie sich schließlich alle drei in ihre Zimmer zur Nachtruhe zurückziehen würden. So vergingen seine Tage, wobei es keinen Unterschied mache, ob gerade Montag oder Sonntag wäre. Die Großeltern hätten den immergleichen Rhythmus, auf den er sich verlassen könne. Freunde würde er daher eher selten zu sich einladen, sondern diese lieber bei ihnen oder in jedem Fall außer Haus treffen.

Seine Geschichte hatte mich so in ihren Bann gezogen, dass ich fast vergaß, mich von ihm zu verabschieden, als sich schließlich unsere Wege vor unserem Haus trennten. Obwohl Robert eine nach außen hin völlig andere Lebensgeschichte als ich hatte, fühlte ich mich ihm vom ersten Moment an sehr verbunden. Ich selber sah nämlich deutlich mehr Gemeinsamkeiten in unserem Dasein als Unterschiede. Zwar hatte er keine Eltern mehr und konnte seine nur durch die Erzählungen seiner Großeltern in Erinnerung halten, doch wenn ich in mich hinein fühlte, waren meine eigenen Eltern in mir ebenso wenig vorhanden und vieles kannte auch ich nur aus Erzählungen. Denn im Grunde waren mir meine Eltern über die Jahre fremd geworden. Die Distanz, die sie zu mir in meinen ersten Lebensjahren aufbauten, wurde eigentlich nie kleiner. Beide, sowohl Vater als auch Mutter, taten ihr ganzes Leben auch nichts dafür, um diese Kluft zu überwinden. Ganz im Gegenteil, der gefühlte Abstand zu ihnen wurde von Jahr zu Jahr größer. Auch wenn ich das selbst nicht immer bemerkte und nur in der Rückschau so erzählen kann, so hatte ich später immer wieder Freunde, die mich ungläubig anstarrten und denen heftig der kalte Schauer über den Rücken lief, wenn ich ihnen meine Geschichte erzählte. Ich selbst spürte diese eisige Kälte, die ihr Handeln im Grunde stets begleitete, lange nicht, bis ich eines Tages ihren kalten Atem selbst erlebte und ab diesem Zeitpunkt erkannte, was ich bis dahin nicht wahrgenommen hatte oder nicht wahrnehmen wollte. Denn schließlich, so dachte ich immer, wären sie ja doch meine Eltern.

Ab diesem Zeitpunkt traf ich Robert häufiger. Wir sahen uns regelmäßig nach der Schule im Bus, aber auch in unserer Freizeit. Dann machten wir uns zumeist auf und gingen einfach miteinander querfeldein spazieren. Dass unser beider Wohnort draußen am äußersten Stadtrand lag, kam uns dabei entgegen. Denn von hier aus konnten wir in weniger als fünf Minuten die letzten Randsiedlungen hinter uns lassen und schier endlos über die angrenzenden Wiesen und Feldwege gehen, ohne dass wir dabei jemandem begegneten.

In unseren Gesprächen erzählten wir uns gegenseitig voneinander, wobei ich stets das Gefühl hatte, dass Robert damit eine der wenigen Möglichkeiten erhielt, jemandem anderen zu erzählen, woran ihm gerade lag, was ihn interessierte und was er mochte. Natürlich begann er bald davon zu erzählen, dass er in seiner Freizeit häufig trainiere, ja intensiv Sport betreibe, um eines Tages einige der berühmten Kletterrouten zu bezwingen, über die er bereits viel wusste und zu denen er auch eine ansehnliche Menge an Büchern besaß. Zwar trainierte er seinen Körper sehr regelmäßig und ganz gezielt, um über ausreichend Kraft und Ausdauer zu verfügen, doch, wie er meinte, seien Kraft, Ausdauer und Geschicklichkeit nur ein Teil dessen, was einen guten Kletterer ausmache. Nicht zu unterschätzen sei jedenfalls die mentale Stärke, die einen guten Kletterer von einem weniger guten unterscheide. Die absolute Zuversicht, die man dafür braucht, dass ein jeder Tritt, den man tätige, der richtige sei, dass jedes Loslassen das Fortbewegen zu einem nächsten und übernächsten Griff sei und, dass dieser auch halte, was er verspreche, sei genauso notwendig wie die passende Ausrüstung. Es seien so viele Unwägbarkeiten in einer Felswand verborgen, dass man stets ganz fest an sich und sein Tun glauben müsse. Sonst sei man hilflos verloren. Und schon vielen, durchaus geübten Kletterern sei es passiert, dass sie mitten im Fels den Mut verloren hätten und dann auf andere angewiesen gewesen seien, sodass diese ihnen zu Hilfe gekommen wären und sie letztlich sicher aus der Wand geführt hätten. Klettern habe für ihn, meinte Robert, viel mit Zuversicht zu tun und diese hätte er in seinem Leben schon in vielerlei Situationen bitter nötig gehabt. Ein Felskletterer stecke in einer völlig anderen Situation als zum Beispiel ein Marathonläufer. Auch dieser brauche Kraft, Ausdauer, Geschicklichkeit und durchaus auch Mut. Nur, wenn ein Läufer auf der Strecke bemerke, dass er nicht mehr weiter könne, nicht mehr vor noch zurück wisse, dann könne dieser eben einfach stehen bleiben und abbrechen. Das wäre im Felsen oft so gut wie unmöglich.

Auf einem unserer Spaziergänge blieb er einmal mitten im Erzählen abrupt stehen und sah mir nach, wie ich noch ein paar Schritte weiterging, bis ich bemerkte, dass er hinter mir zurückgeblieben war. Ich drehte mich zu ihm um, als er schließlich nachkam, mich einholte und fest in seine starken Arme nahm. Ab diesem Zeitpunkt gingen wir Arm in Arm, Hand in Hand und auf unseren einsamen Ausflügen stets eng umschlungen.

Die Wahrnehmung, wie sehr sich meine Eltern von mir im Laufe der Jahre emotional entfernt hatten, ist eine, die ich Robert zu verdanken habe. Nie hat er diesen Umstand selbst ausgesprochen oder gar erwähnt. Doch in seinen Erzählungen über die verstorbenen Eltern und dem tief darunter verschütteten Glück fand ich mich so oft wieder, bis ich mir selbst nicht mehr auskam und das, was ich bislang leidlich hinnahm, einfach nicht mehr wahrhaben, nicht mehr akzeptieren wollte. Das Sprechen darüber half mir besser als jede Pille gegen das

Unglück jemals hätte helfen können und so wurde es uns beiden umso leichter, weiter zueinanderzufinden.

Es dauerte nicht lange, bis ich Robert begleitete, wenn er sich zu einer Tour aufmachte. Ich saß dann, fasziniert von der Leichtigkeit, wie er einen Felsen hinaufsteigen konnte, bequem am Boden und sah ihm zu, wie er Haken um Haken hinter sich ließ und das Seil dabei stets so führte, dass er mit möglichst wenig Umständen weiterkam. Wie eine Spinne wirkte er manchmal, die die bunten Gurte, einen nach dem anderen anvisierte, und wenn sie ihre Funktion verloren hatten, hinter sich ließ. Aber es dauerte schließlich noch einige Monate, bis Robert mich fragte, ob ich ihn denn nicht einmal auf einer Route begleiten wolle. Einer selbstverständlich einfachen und das auch erst, nachdem ich vom Boden aus ein wenig Erfahrung im Felsen und mit den Sicherungstechniken gesammelt hätte.

Ab diesem Moment fragte ich mich, warum ich eigentlich nicht selbst auf diese Idee gekommen war, denn die vielen Erlebnisberichte von Robert hatten mich in der Zwischenzeit bereits einigermaßen neugierig gemacht. Meine Eltern wollten davon nichts hören, als ich vorschlug, sie könnten mir zum nahen Geburtstag eine passende Ausrüstung schenken. Sie taten aber auch nichts dagegen, als ich mir eine ausborgte und diese schließlich nicht mehr zurückgeben musste. Alles an den geborgten Teilen war im Grunde neu, nur die edle Spenderin zu alt, wie sie meinte. Zu meinen Eltern nach Hause brachte ich die Gurte und Karabiner, die Seilstücke und den Helm natürlich nicht. Und es war einfach, alles bei Robert einzulagern. Schließlich ging ich in dieser sehr frühen Phase nie allein in die Übungshalle und immer nur mit ihm. Als wichtiges Trainingsgerät diente mir zu dieser Zeit vor allem die Klopfstange meiner Mutter, die eine solche zwar im Garten hatte, sie aber nur äußerst selten benutzte. Und anscheinend stand diese auch nicht unter der Beobachtung meiner Eltern oder gar meiner Schwester, denn als ich meinen ersten Klimmzug dort versuchte, scheiterte ich kläglich und niemand bekam dies vor Augen. Alsbald aber schaffte ich den ersten, bald den dritten und mit der Zeit jene zehn, die ich mir selbst als Trainingsziel gesteckt hatte. Einzig im Turnunterricht bemerkte meine Lehrerin, dass meine Kraft und Ausdauer mit der Zeit deutlich zugenommen hatten, denn Übungen, die ich sonst nur leidlich schaffte, konnte ich mittlerweile ohne große, sichtbare Anstrengung ausführen. Kurze Klettertouren im dritten Schwierigkeitsgrad, die ich mit Robert an den Wochenenden durchstieg, waren für mich bald keine wirkliche Herausforderung mehr.

Ab diesem Moment dauerte es nicht mehr lange, bis auch ich Blut geleckt hatte und Klettern zu meinem größten Hobby wurde. Ich begleitete Robert nicht mehr nur zu seinen Routen, die er zumeist allein durchstieg, sondern kam auch mit zu dessen Trainingseinheiten, bei denen häufig das Verbessern von Geschicklich- und vor allem Beweglichkeit am Programm standen. Zweimal die Woche trafen wir uns mit anderen in der Turnhalle der nahen Schule, einer der Älteren unter ihnen leitete das Training. Früher sah mich die Halle ausschließlich zum Turnunterricht, bei dem ich ohne großes Interesse mehr oder weniger bei der Sache war. Nun aber hatte ich jede Menge Ansporn, um zu den anderen aufzuschließen. Nach einigen Wochen war ich nicht mehr die Letzte bei allen Übungen, sondern konnte durchaus im Mittelfeld mithalten und am Wochenende darauf fragte mich Robert, ob ich mich nicht einmal in den Vorstieg wagen wolle.

Er wählte für mein erstes Mal eine Tour, die uns schräg durch den Felsen führte und die wir normalerweise, also wenn er vor mir stieg, in weniger als vierzig Minuten schafften. Ein wenig verkrampft begann ich den Einstieg, doch spätestens als ich die vertrauten Griffe und Tritte wiederfand, die ich schon gut kannte, legte sich meine Nervosität und wir schafften den Anstieg in nur unwesentlich längerer Dauer als sonst.

Dem ersten Mal im Vorstieg im Felsen am Vormittag folgte das erste Mal gemeinsam mit Robert im Bett am Nachmittag. Seine Großeltern hatten sich bereits zurückgezogen, als mich Robert an der Hand nahm und deutete, leise zu sein. Wir stiegen gemeinsam vorsichtig und leise die enge und stets knarrende Holztreppe hinauf zu seinem Zimmer, entkleideten uns gegenseitig in Windeseile und überlegten zwei Stunden später, wie wir es wohl anstellen sollten, nach unten zu kommen, ohne von den Großeltern dabei ertappt zu werden. Doch Robert meinte, das Einfachste wäre, einfach gemeinsam in der Küche zu erscheinen, ohne groß davon Aufhebens zu machen. Und genauso machten wir es. Wir gingen die Holztreppe hintereinander hinab in das Erdgeschoß. Linkerhand war die Küche. Die Küchentür stand wie immer weit offen. Die Großeltern waren bereits wieder auf den Füßen und tranken am Tisch gemeinsam Tee. Der Großvater blätterte in der großformatigen Zeitung, die er vor sich ausgebreitet hatte und schien seiner Frau gerade aus einem Beitrag vorzulesen. Wir traten ein, setzten uns dazu und jeder von uns bekam eine Tasse Tee hingestellt, ohne dass jemand dabei ein Wort verloren hätte. Dann übernahm wie selbstverständlich die Großmutter das Gespräch, als sie mich fragte, ob ich mit meiner Familie weiterhin regelmäßig in den Urlaub führe, denn wir hätten eine gemeinsame Bekannte, von der ich bis dahin nichts wusste, die ihr regelmäßig von den Urlauben meiner Familie erzähle. Tatsächlich wusste ich nichts von dieser Gemeinsamkeit und diese Tatsache blieb Thema am Tisch, bis es draußen langsam dunkel wurde und ich mich aufmachte, um rechtzeitig zuhause zu sein.

Es war das schöne Gefühl von Aufgenommen-Sein, das mich auf meinem kurzen Heimweg begleitete. Ich fühlte mich in dieser kleinen Familie wohl, da ich einfach bemerkte, ja deutlich spürte, erwünscht zu sein. Dabei sind es stets die kleinen Gesten, die mir dieses Gefühl vermitteln. Die Blicke, mit denen ich ihnen begegnete und mit denen sie mich bei meiner Ankunft augenblicklich willkommen hießen. Roberts Großeltern brachten mir nicht die großen Gesten mit allerlei Spektakel entgegen. Auch nicht ein Übermaß an ohnehin nur vordergründiger

Aufmerksamkeit. Und auch nicht ein Halali der Sympathiebekundungen. Ich durfte bei Robert sein, so wie ich war und das bedurfte keiner großen Erklärungen oder gar einer Rechtfertigung. Ich war, und das genügte.

Sehr oft konnte ich dieses Gefühl des Willkommen-Seins deutlich auch an mir selbst spürbar wahrnehmen. Ich musste dazu oft erst gar nicht bei Robert sein, allein der Weg dorthin oder das Gefühl, dort zu sein, ließen meinen Körper sich entspannen. Dann spürte ich mich selbst sanft und geschmeidig, und fühlte keine Grenzen, an die ich stoßen könnte. Ich spürte mich nicht so verkrampft, wie immer dann, wenn ich an meine Eltern oder meine Schwester denken musste, an das, was sie vielleicht gerade taten oder bald von mir erwarten würden. Kein Druck war in diesem Moment in mir zu fühlen und das Licht, das ich bei Robert und seinen Großeltern wahrnahm, war hell, hell und von satten Gelb- und sanften Orangetönen geprägt. Zuhause war hingegen, wenn ich an das Licht denken musste, das ich damit stets verbunden hatte, alles entweder grell und stechend, oder finster und ganz und gar schwarz. Ganz so, als würde man eine Sonnenbrille aufsetzen müssen, um nicht erst völlig orientierungslos im Dunkeln stehen zu müssen und anschließend ins Helle gedrängt und schmerzlich geblendet zu werden.

Der Großvater, der sich manchmal still verhielt und in unseren Gesprächsrunden oft nur aufmerksam lauschte, ohne dass er selbst viel dazu beigetragen hätte, war im Grunde kein stiller Mann, wie man vermuten könnte. Er war vielmehr ein Feinsinniger, der in den Gesprächen sehr genau zuhören und ebenso treffsicher antworten konnte und dabei auch gerne von sich und seiner Frau erzählte. Wenn er Robert und mich im Garten gesehen hatte, wie wir uns einander vielleicht gerade zärtlich und sachte an den Händen hielten und Spaß miteinander hatten, trat er manchmal unversehens aus dem Haus, kam dann schnurgerade aber gemächlich auf uns zu und schloss sich uns für einen

Augenblick an, um uns alsbald wieder allein zu lassen, ohne dass wir uns dabei auch nur im Geringsten gestört gefühlt hätten. Sein feinfühliges, freundliches Wesen brachte ihn schnell an andere, wie auch an uns, heran. Dann konnte er lange mitreden, ohne aufdringlich zu wirken und ebenso rasch konnte er sich hinterher wieder aus dem Staub machen, ohne den Eindruck erweckt zu haben, nur kurz und vielleicht sogar oberflächlich dabei gewesen zu sein. Die Gespräche mit ihm hinterließen stets feinsinnige Spuren, die Robert und ich oft aufnahmen und anschließend unter uns beiden weiterführten.

Seit Robert und ich ein Liebespaar waren, und wir versteckten diesen Umstand in der Öffentlichkeit nicht unbedingt, verbrachten wir fast unsere gesamte Freizeit miteinander. Zumeist waren wir bei ihm zuhause, denn die Großeltern schienen sich über meine regelmäßige Anwesenheit zu freuen und fragten nicht danach, wie oder womit wir die gemeinsame Zeit am Nachmittag verbracht hätten. Meinen Eltern gegenüber ließ ich zwar bei so manchen Gelegenheiten den Namen Robert fallen, nachdem sie sich für diesen Umstand aber nicht weiter zu interessieren schienen, erwähnte ich ihn schließlich auch nicht mehr.

Anneliese hatte seit einem Jahr einen neuen Freund, den sie regelmäßig mit nach Hause brachte und der für meine Eltern offensichtlich Gesprächsstoff genug war. Sie erkundigten sich regelmäßig nach ihm, wenn er sich für einige Tage nicht blicken ließ, und steckten meiner Schwester von Zeit zu Zeit Geld zu, sodass die beiden etwas unternehmen konnten, das sie sich sonst vielleicht nicht so einfach hätten leisten können. Den Eltern schien der Umstand, dass sich meine Schwester langsam aber sicher vom Alter einer Jugendlichen hin zum Erwachsen-Sein entwickelte, wichtig zu sein. In den letzten Jahren hatte Anneliese zwar immer wieder Freundschaften zu jungen Männern in unserer Umgebung geschlossen und einige auch mit nach Hause gebracht. Jedoch wollte sie oft schon nach kurzer Zeit nicht mehr nach diesen oder anderen gefragt werden, was darauf hindeutete, dass die Freundschaften und manchmal wohl auch die Liebschaften verloren gegangen waren. Um sie zu trösten, fuhr meine Mutter mit Anneliese dann regelmäßig in die Stadt, damit sie sich ein neues Kleid oder vielleicht eine modische Hose aussuchen konnte, die im Kreis ihrer Freundinnen gerade heiß begehrt waren. Der Trost hielt jedoch oft nicht lange, denn meine Schwester fand oft genug Gründe und Anlässe, um trotzdem unglücklich zu sein. Daher füllte sich ihr Kleiderkasten rapide, was meine Mutter mit einem beiläufigen Achselzucken quittierte, denn in diesem Alter, so meinte sie, wuchsen die Kinder ja immer noch in solchen, völlig unvorhersehbaren Schüben, sodass sie aus ihren Sachen in Nullkommanichts herauswuchsen und daher ständig Neues bräuchten. Als meine Mutter einmal diesen Satz zur Rechtfertigung der häufigen Einkäufe benutzte, wollte ich schon antworten, dass meine Schwester schon lange nicht mehr wuchs, sich jedoch von Zeit zu Zeit ihre Kleidergröße verändere. Nur verkniff ich mir damals diese Bemerkung, da meine Schwester zu dieser Zeit gerade von ihrem Freund verlassen worden, die Stimmung in der Familie ohnehin eher gereizt war und ich nicht unbedingt das abbekommen wollte, was die anderen gerade nervte. Zudem wusste ich um die Antwort, die ich darauf, wie schon oft, erhalten würde: Ich wäre in Sachen Mode nicht nur inkompetent, sondern auch völlig untalentiert. Mit meinen fünf Jeans, fünf T-Shirts und fünf Blusen im Schrank fand ich über lange Zeiträume vollkommen mein Auslangen und wollte daran im Wesentlichen auch nichts verändern. Kleiden wollte ich mich praktisch und dazu brauchte ich keine große Auswahl. Meine Meinung dazu war aber in der Familie nicht gefragt und so gab ich sie nur spärlich zum Besten.

Im Grunde war diese Haltung meiner Eltern, meine Schwester mir gegenüber einmal mehr zu bevorzugen, jedoch bloß eine einzelne Ausprägung des immer gleichen Musters, das ich mir manchmal, in Momenten, in denen ich diese Haltung als ganz besonders frustrierend erlebte, in der Zusammenschau vor Augen hielt. Als Kleinkind war ich einst in der Wahrnehmung von Vater und Mutter so unproblematisch gewesen, dass ich häufig meine Tage bei der Tagesmutter verbringen durfte. Meine Schwester hingegen konnten sie damals nur in Fällen dorthin bringen, in denen die Betreuung durch die Tagesmutter unbedingt sein musste. Dann herrschte in der Familie allerdings ein absoluter Notbetrieb, denn nach wenigen Stunden schon begann Anneliese, dort mich und ihre Umgebung zu terrorisieren, sodass die wenigen Stunden an Gemütlichkeit rar und gezählt waren. Als Kind war ich später ziemlich selbstständig, sodass sich meine Eltern um mich wenig kümmern mussten. Sagten sie. Ich empfand es anders, denn sowohl was die Schule als auch das Lernen anging, waren diese über Jahre hinweg Themen Nummer eins bei uns zuhause. Jedenfalls, was meine Schwester Anneliese betraf, denn sie musste stets mit den schlechtesten Lehrern auskommen und die kniffligsten Tests in der Schule bestehen, was zur Folge hatte, dass sich so manche Lehrer bei uns nachmittags regelrecht die Türklinke in die Hand gaben, um mit ihr mühsam jenen Stoff nachzulernen, der an den Vormittagen von ihnen im Klassenzimmer vermittelt worden war. Ich hingegen, so meine Eltern, hatte diesbezüglich einfach viel mehr Glück. So viel Glück, wie fast immer, meinten sie. Ich besuchte nicht die ausgesuchte Schule für die Besseren in der Gesellschaft, die es einmal zu etwas Großem bringen sollten, sondern jene, die bei uns um die Ecke lag. Fünf Minuten Fußweg musste ich dorthin zurücklegen und konnte dabei den Weg abkürzen, wenn ich den dazwischenliegenden Park diagonal durchquerte. Ganz so, wie es auch die anderen Kinder taten, die mit mir denselben Schulweg teilten. Auch das sei mein großes Glück, betonten die Eltern einmal mehr, als wir von anderen Eltern darauf angesprochen wurden, warum Anneliese und ich nicht dieselbe Schule besuchten.

Die innere Gedächtnisliste, die ich über lange Jahre in mir führte, und die von Mal zu Mal länger wurde, war für mich eine große Last, die schon als Kind drückend auf mir lag. Und ich konnte gar nicht sagen, ob ich dadurch traurig oder doch vielmehr zornig und wütend war. Viel schlimmer aber war für mich der Umstand, dass jeder Gefühlsausdruck, den ich nach außen lassen wollte, von meinen Eltern schlichtweg ignoriert oder im besten Fall als Banalität abgetan würde. Und so verkniff ich mir meiner Familie gegenüber stets jene heilsamen Gefühlsausbrüche, in denen meine Schwester nicht nur Weltmeisterin war, sondern auch wahrgenommen wurde. Damals ahnte ich jedoch gar nicht, wie weit meine Eltern noch gehen konnten, wenn sie sich in ihrer unglaublichen Kälte mir gegenüber einmal mehr ablehnend verhielten.

Es war genau in jenem Monat, in dem ich meinen Schulabschluss machen sollte und bereits konkrete Pläne hatte, im darauffolgenden Herbst mein Studium anzugehen. Meine Schwester studierte zu dieser Zeit bereits etwas glücklos in der nahen Hauptstadt, war aber die meiste Zeit zuhause. Zwar hatte sie am Studienort eine kleine Wohnung zur Verfügung, die Freunden unserer Eltern gehörte, jene aber nie selbst nutzten. Wenn ich Anneliese darauf ansprach, rechtfertigte sie den Umstand, ständig zuhause zu sein, damit, dass sie in den ersten Semestern an der Universität ohnehin wenig anwesend sein musste und lieber daheim für ihre Prüfungen lernte, als etwa mit ihren Kommilitonen im Hörsaal zu sitzen und gelangweilt einem stupiden Vortrag zu lauschen. So verfuhr sie, von Vater und Mutter wie immer geduldet, während der ersten beiden Jahre und legte dabei wohl die eine oder andere Prüfung ab. Dass sie mit diesem Tempo jedoch nie einen Abschluss erzielen würde, verstanden auch unsere Eltern, sodass sich diese in irgendeiner Form zum Handeln gezwungen sahen, wollten sie ihrer Tochter doch eine vielversprechende Karriere bieten, wie sie eine solche einst beide selbst in die Wiege gelegt bekommen hatten und später in ihren Berufen, versehen mit zwei außerordentlich guten Gehältern, durchaus erfolgreich waren.

Dieses Handeln sahen sie wohl am besten darin aufgehoben, einem häufig geäußerten und schließlich nur noch geforderten Wunsch ihrer Tochter nachzukommen. Anneliese lag meinen Eltern seit einem halben Jahr damit in den Ohren, dass ihre beste Freundin, Jacky, zum Studieren nach England gegangen war und ihr ständig davon berichtete, wie toll das Studium dort abliefe und wie wohl sie sich dabei fühlte. Sie hätte dort die besten Lehrer, die man sich vorstellen könnte und den spannendsten Unterricht, den man an einer Uni bekommen könnte. Jackys Eltern waren nicht nur begütert, nein, sie waren so reich, dass sie im Grunde alle ihre Kinder dorthin zum Studieren schicken konnten, wo es ihnen am besten gefiel. Die immensen Kosten, die dabei anfielen, schienen niemanden weiter zu kümmern. Oder besser gesagt, kümmern zu müssen. Unsere Eltern hingegen waren nicht reich. Man konnte sie vielleicht als wohlhabend bezeichnen, waren sie doch beide Einzelkinder, die selbst auch aus wohlhabenden Familien stammten. Und so, wie ich die beiden kannte, dachte ich mir, würden sie eines Tages meiner Schwester doch nachgeben und sie zum Studieren nach England ziehen lassen. Was ich mir allerdings dabei nicht gedacht hatte, war der Umstand, dass die beiden längst im Hintergrund dafür die Fäden zu einem tragfähigen Netz spannen, dass nicht nur Anneliese nach England, sondern auch Vater und Mutter dorthin ziehen sollten. Für wie lange, ließen sie offen. Und eines Tages wurde ich mit diesem Umstand konfrontiert, der mich, völlig unvorbereitet, kalt erwischte.

In meinem Freundeskreis kenne ich fast ausschließlich Menschen, die sich ewig darüber Gedanken machen, wann und wie sie einem eine schlechte Mitteilung unterbreiten. Sei es, dass man einen günstigen Augenblick abwartet, jemanden vorsichtig und schrittweise darauf vorbereitet oder versucht auszuloten, ob der Moment für eine schlechte Nachricht gerade günstig ist. Sei es, dass man auf den günstigsten Moment wartet, dann aber gut vorbereitet und behutsam zur Tat schreitet. Oder sei es, dass man schlechte Nachrichten stets häppchenweise verbreitet und weiß, wann es genug ist. Meine Eltern aber fallen in keine dieser Kategorien und haben anscheinend stets ein perfektes Gespür dafür, wie man am besten ein Kind mit dem Bade ausgießt.

Und so kam es auch diesmal. Wir saßen gerade zu dritt beim Frühstück. Es war ein Montagmorgen einer für mich ereignisreichen Woche und ich dachte eigentlich, die Zeit zu nutzen und die Aufmerksamkeit meiner Eltern ganz auf mich zu lenken. Schließlich standen in den nachfolgenden Tagen einige wichtige Entscheidungen in der Schule an, zu denen ich gerne eine weitere Meinung gehört hätte. Anneliese schlief noch und bis ich aus dem Haus und auf dem Weg zur Schule wäre, würde sie kaum in der Küche erscheinen. Schon gar nicht, nachdem sie das Wochenende ausgiebig dafür genutzt hatte, wenig und wenn, dann nur zum Schlafen, zu Hause zu sein. Ich wollte gerade zu meiner ersten Frage ansetzen, als meine Mutter auch schon loslegte.

Sie meinte, ich hätte in den vergangenen Monaten wohl verstanden, dass meine Schwester an der Uni zur Zeit in einer tiefen Krise stecke. Gerade jetzt wäre dieser Umstand fatal und schwer zu ertragen für sie, wäre doch die Eingangsphase zu einem Studium die allerwichtigste. Und meine Eltern, Vater wie Mutter, wären nach all den Mühen und Plagen, die Anneliese zuerst in der Schule unter Aufbringung von so viel wertvoller Zeit und mit schrecklich viel Energie hinter sich bringen musste, und die jetzt an der Uni von nicht minder sinnlos schlechten Lehrern über das Maß geschunden würde, zur Ansicht gelangt, ihrer Tochter in dieser schwierigen Lage quasi unter die Arme zu greifen und zu helfen. Und das ginge nur durch den Einsatz von Mitteln, die weit über dem Normalen lägen, denn mit dem Üblichen wäre ihr nun nicht mehr geholfen. Nicht im Geringsten würde das meine Schwester wieder auf die Überholspur bringen können, auf der sie sich all die Jahre bereits befunden hätte. Zudem wäre eine Veränderung für ihre zukünftige Karriere nun ohnehin und wirklich das Beste.

Ich saß da, mit offenem Mund, hörte, was meine Mutter sagte, verstand aber nicht, was sie meinte. Meinen Vater sah ich nur von der Seite an. Er saß einfach da und teilte sein Brot zuerst in zwei exakt gleiche Hälften, die man mit einem Lineal nicht genauer getrennt hätte. So tat er es immer, wenigstens seit ich angefangen hatte, ihn beim Essen heimlich zu beobachten. Dann begann er seelenruhig und äußerst konzentriert, wie es schien, damit, die beiden Hälften gleichmäßig mit Butter zu bestreichen. Er drehte und wendete dabei die Hälften so oft und zog die Butter immer wieder von Neuem über das Brot, bis er mit dem Ergebnis ganz und gar zufrieden war. Vom Teller sah er dabei nicht auf, während sich die Minuten, die vergingen, ewig hinzogen. Meine Mutter sprach immer noch im selben Ton, während mir abwechselnd heiß und kalt wurde, bis mir Schauer von oben nach unten über den Rücken zogen. Mein Vater aber sah währenddessen keinen auch nur noch so kleinen Augenblick auf, dafür aber faltete er die Hände, nachdem sie nichts mehr zu tun hatten, und starrte diese weiter so an, als würden sie sich möglicherweise wieder zu bewegen beginnen und er diesen kleinen Moment auf keinen Fall verpassen wollen.

Meine Mutter aber sprach und sprach und sah mich dabei kein einziges Mal an. Sie sprach in den Raum hinein, ganz so, als wäre ich gar nicht anwesend, sondern im Raum nebenan und sie müsste sich anstrengen, lange und deutlich zu sprechen, damit ich sie auch ja ordentlich verstünde.

Und obwohl sie wie immer ordentlich, verständlich und durchaus nicht leise sprach, drangen nur einzelne Wörter durch meine Ohren, kamen nur Fetzen dessen, was sie sagte, in meinem Gehirn an und begannen sich langsam zu einem Ganzen zusammenzufügen. Wörter waren darunter wie »Wegziehen aus der Stadt«, »der Wohnung« und »dem Land«, Bruchstücke wie, »Du bleibst selbstverständlich hier wohnen und kannst über die ganze Wohnung verfügen«, »Dein

Weg ist bereits vorgezeichnet und längst nicht so steinig wie der Deiner Schwester«, »Du warst immer schon so selbstständig und brauchst uns nicht so sehr«, »wir schicken Dir natürlich zwischendurch Flugtickets, damit Du uns besuchen kannst, wann immer Du das möchtest«. Sie sprach und sprach, mein Vater schwieg und schwieg und mir wurde schwarz vor den Augen vor Wut und Zorn. Meine Eltern wollten mich doch tatsächlich verlassen. Mit meiner Schwester quasi auf unbestimmte Zeit auswandern und mich einfach allein zurücklassen.

Ich stand viel zu schnell und außerdem reichlich ungeschickt auf, sodass der Stuhl hinter mir umfiel und ich diesem beim Durchdrücken meiner Beine noch einen Stoß verpasste, sodass er regelrecht nach hinten wegflog. Im Stehen schluckte ich, atmete tief durch und sah ungläubig meine Eltern an. Beide, einen nach dem anderen. Die eine stand immer noch an der Spüle, gespannt darauf, was jetzt wohl folgen würde, der andere saß weiterhin stumm am Frühstückstisch und sah gequält auf sein Brot, das er in der Zwischenzeit immer noch nicht angerührt hatte. Dann packte ich meine Tasche, hob sie vom Boden auf, zog mich noch halb im Gehen rasch an und verließ die Wohnung im Laufschritt.

Ich ließ beide zurück, so wie sie dort stand und er dort saß. Die eisige Kälte, die diese Situation in mir hinterließ, drohte alles zuzufrieren. Mein Weg hinaus war zugleich einer weg aus diesem Frost, der alles Denken, Handeln und Fühlen zum Stillstand brachte. Nur mich brachte er gerade zur rettenden Flucht.

Der Weg zu Robert war der einzige, den ich in diesem Moment antreten konnte. Doch auf halber Strecke fiel mir ein, dass er montags sehr früh aus dem Haus musste und um diese Uhrzeit wahrscheinlich nicht daheim wäre. Als ich dort angekommen an der Haustür anklopfte, öffneten seine Großeltern, die unmittelbar dahinter gestanden sein mussten, denn schon wenige Augenblicke nach meinem Klopfen wurde die Tür geöffnet. Beide waren vollständig angezogen und offensichtlich zum Gehen bereit. Ich war überrascht, sie hier anzutreffen, denn normalerweise waren sie nicht so früh auf den Beinen. Ich bat den Großvater, der mich wie immer sehr freundlich, aber in diesem Augenblick wohl auch ein wenig fragend ansah, einen Moment zu warten, holte rasch meine Kletterausrüstung und bedankte mich. Den Weg zum Bus wollte ich nicht mit ihnen gemeinsam antreten. Ich wollte in diesem Moment lieber allein sein. Daher verabschiedete ich mich, als wir das Gartentor durchschritten und machte mich in die Gegenrichtung auf. Natürlich erkannten die beiden, dass etwas nicht stimmte, dass ich angespannt und völlig durcheinander war, und sie sahen mir noch lange nach. Ich winkte ihnen, so gut ich nur konnte, unauffällig nach und bog um die erste Ecke, die sich mir bot, um möglichst schnell aus ihrem Blickfeld zu gelangen.

Ein wenig unschlüssig, wohin es mich zog, ging ich aus der Siedlung hinaus und machte mich auf den Weg zur Kletterwand. Dort würde ich im Hochsteigen der Wand wieder ganz zu mir finden, mit jedem Tritt der Beine und jedem Hochziehen der Arme jene Konzentration und Ruhe erlangen, die dafür unbedingt notwendig waren, und mit dem kräfteraubenden Training zugleich einen Teil meiner Wut loswerden.

Am Parkplatz angekommen, sah ich, dass bereits ein paar Autos dort abgestellt waren und hörte zugleich Stimmen, die darauf hindeuteten, dass ich im Klettergarten nicht allein sein würde. Als ich näher kam, erkannte ich die drei Männer, mit denen Robert und ich bereits die eine oder andere Tour absolviert hatten. Alle drei standen am Fuß der Wand und sicherten ihre Partnerinnen, die im oberen Drittel des Felsens einen Quersteig versuchten. Ich ging ganz gezielt zur äußerst rechten Kante, zog mir meine Gurte über, hängte mir Schlaufen und Karabiner für den Notfall um und begann, die schwierige Route Nummer sechs in Angriff zu nehmen. Dort waren Seile an Bohrhaken befestigt, die alle paar Monate getauscht wurden, sonst aber dauerhaft dort angebracht waren.

Die ersten Meter in der Wand brachte ich schnell hinter mich. Diese waren verhältnismäßig einfach und wenig kraftraubend. Dann aber musste ich mit meinen Armen und Beinen weit ausholen, um die passenden Griffe und Tritte zu erreichen, und um sicher weiter nach oben zu kommen. Mein Körper war von der Nacht noch gut ausgeruht und mein Trainingsstand zu diesem Zeitpunkt nicht der schlechteste, sodass es nicht lange dauerte, bis ich auf der Höhe der anderen Kletterinnen angekommen war. Diese sahen mich von unten rasch näher kommen und warteten ab, bis wir direkten Sichtkontakt hatten. Wir winkten uns kurz zu und während die anderen noch ein wenig in ihrem Stand verharrten, zog es mich gleich weiter nach oben. In diesem Tempo hatte ich die Wand noch nie durchstiegen, auch nicht auf einer der kürzeren oder weniger schwierigen Routen. Aber heute zog es mich förmlich hinauf und ich gab in kurzer Zeit alles Können und alle Kraft, die in mir steckten. Oben angekommen, hängte ich meine Sicherungen ab und setzte mich auf den weichen grasigen Boden, der dort, direkt an der Felskante, begann.

Ein paar kleine gelbe Blumen waren auf dem schmalen Grünstreifen erblüht, Insekten summten zwischen ihren bunten Landepunkten im Gras, die Sonne erwärmte langsam das sich bietende Szenarium und gerne hätte ich dieses Schauspiel weiter verfolgt und genossen, bis sich der drängende Gedanke wieder in den Vordergrund kämpfte und sofort ins unmittelbare Bewusstsein gelangte, weshalb ich eigentlich hierher gekommen war.

Meine Eltern wollten mit meiner Schwester wegziehen, und mich wollten sie zurücklassen. Einfach so. Ohne groß Bedenken zu äußern oder mich gar in das Kommende einzubinden. Mit mir darüber im Vorfeld zu sprechen, war ihnen anscheinend nicht möglich. Hatten sie Zeit meines Lebens schon die ohnehin ständig anwesende Distanz zu mir stets groß und manchmal für mich schier unüberwindbar gehalten, so dehnten sie diese nun ins gefühlsmäßig Unendliche aus. In mir tat sich damit eine große Leere auf, die ich wohl immer schon gespürt, nie aber so bewusst wahrgenommen hatte. Eine Leere, die sich nun anfühlte wie ein schwarzes Loch im Universum, das einen zuerst sanft aber beständig anzog, um einen schließlich rasend schnell zu verschlucken. Ein Entkommen war dabei ganz und gar unmöglich, jede Rettung aussichtslos.

Aussichtslos war in diesem Sinne auch mein Sein. Ich konnte tun was ich wollte. Ich wusste, es würde keine Änderung bewirken, auch keine noch so kleine herbeiführen. Völlig aussichtslos stellte ich mich mit diesem Gedanken im Kopf an die vorderste Geländekante, die Zehen und der Vorderfuß standen frei, unter ihnen war kein Boden zu spüren. Mein ganzes Gewicht lagerte nur noch am Mittelfuß und der Ferse. Das war kein Problem für mich, schließlich hatte ich gelernt, auch auf kleinem Untergrund meinen Körper in Balance zu halten. Ich schaute senkrecht nach unten. Kleine Vorsprünge waren oft von oben besser zu sehen als von unten. Ich sah die Seile frei und leicht im Wind baumeln, denn niemand war mir nachgestiegen und hätte sie dadurch gespannt gehalten. So bewegte sie der Wind sachte und ganz vorsichtig, wie mir schien. Ob ich hier oben stehen bleiben würde, wie es sich die ein wenig später bereits herannahenden Lebensretter wünschten oder ich einen kleinen Schritt nach vorne machte und dabei ins Leere träte, würde keinen Unterschied machen. Nicht für mich, nicht für meine gefühllosen Eltern und wohl auch nicht für meine egoistische Schwester. Es wäre egal. Und wenn es nicht so sein sollte, nicht egal wäre, dann würde dieser kleine mutige Schritt das Allereinzigste sein, das Gewicht in meinem Leben gehabt hätte.

So stand ich in diesem Moment genau an jenem Punkt, der die Kippe in meinem weiteren Leben war, der alles veränderte und schließlich alles gut werden ließ. Ich stand und ich blieb stehen. Eine ganze Weile stand ich so dicht am Abgrund, so nah am Untergang, und letztlich doch ganz fest im Hier und Jetzt. Ich würde weder den Schritt nach vorne setzen noch einen Sprung in die Tiefe wagen. Das stand für mich in diesem Augenblick fest. Und daran hat sich bis heute nichts geändert. Meine Familie, die konnte mich mal.

Erst als ich im Hintergrund meine Retter herannahen hörte, holte ich ein wenig aus, ganz so, dass diese mein Tun verstehen würden und ging einen großen Schritt nach hinten. Dann drehte ich mich um und ging ihnen zwei, drei Schritte entgegen. Dort, auf sicherem Terrain und weit genug vom Abgrund entfernt blieb ich stehen und ließ mich vom ersten der drei fest und sicher umarmen. Wie viele Minuten wir in dieser Haltung dort stehen blieben, kann ich nicht sagen, aber schließlich zog uns einer der anderen sanft aber bestimmt ein Stück weiter nach unten.

Das weitere Prozedere war vorgegeben und ich fügte mich diesem ganz gelassen, in Ruhe und Sicherheit. Nach dem obligaten Abstecher in die Psychiatrie wurde ich wieder nach Hause entlassen. Ein paar Wochen später ging ich mit Robert, der mich ab diesem Zeitpunkt zu vielen Terminen begleitete, zum ersten Treffen der Selbsthilfegruppe und lernte dort jene Menschen kennen, die mir seitdem freundschaftlich und eng verbunden zur Seite stehen. Philipp, Christina, Kevin und Johannes, die mir einen Teil der Tragweite dessen aufzeigten, was Wut in mir, was sie in uns allen auslösen kann.

## Quellenangaben


1 Remschmidt, Helmut: Wenn junge Menschen töten. Ein Kinder- und Jugendpsychiater berichtet. Verlag C. H. Beck. München, 2019. Online unter: `https://doi.org/10.17104/9783406741265`

2 Adler, Alfred: Wozu leben wir? (Engl. 1931: What Life Should Mean to You.) Fischer Taschenbuch Verlag. Frankfurt a. M., 1981.

3 Kury, Helmut: Im Gehirn des Bösen. Die spektakulärsten Fälle eines Gerichtsgutachters. Piper Verlag. München, 2014.

4 Bilgeri, Robert: Denn sie wissen nicht, was sie tun ... Oder wissen sie es doch? In: Perner, Rotraud: Missbrauch. Kirche – Täter – Opfer. LIT Verlag, Wien, 2010. S. 149–186.

5 Keesen, Günter & Rattner, Josef (Hrsg.): Minderwertigkeitsgefühl und Minderwertigkeitskomplex. In: Kaminski, Katharina & Mackenthun, Gerald: Individualpsychologie auf neuen Wegen. Verlag Königshausen & Neumann. Würzburg, 1997. S. 41–52.